AN AUDIO-LINGUAL
FRENCH COURSE
FOR INDUSTRY AND COMMERCE

An Audio-Lingual French Course for Industry and Commerce

BARBARA BISHOP

M.A., M.Ed., F.I.L.

Lecturer in Languages
Department of Business and Social Studies
Southampton College of Technology

Pitman Publishing

First published 1970

SIR ISAAC PITMAN AND SONS LTD.
Pitman House, Parker Street, Kingsway, London, W.C.2
P.O. Box 6038, Portal Street, Nairobi, Kenya

SIR ISAAC PITMAN (AUST.) PTY. LTD.
Pitman House, Bouverie Street, Carlton, Victoria 3053, Australia

PITMAN PUBLISHING COMPANY S.A. LTD.
P.O. Box 9898, Johannesburg, S. Africa

PITMAN PUBLISHING CORPORATION
6 East 43rd Street, New York, N.Y. 10017, U.S.A.

SIR ISAAC PITMAN (CANADA) LTD.
Pitman House, 381–383 Church Street, Toronto, 3, Canada

THE COPP CLARK PUBLISHING COMPANY
517 Wellington Street, Toronto, 2B, Canada

©

Barbara Bishop

1970

ISBN: 0 273 43919 7

Made in Great Britain at the Pitman Press, Bath
G0—(F.76)

Preface

THIS course, which has been programmed for use in a language laboratory, is considered suitable for all technical colleges and sixth-form colleges in French language classes where the emphasis is on the business and commercial aspect of France, and not the literary. In particular, it is recommended for Ordinary National Diploma and Higher National Diploma courses, for Secretarial-Linguist classes, and for use with all students preparing for the higher languages certificates of various examination bodies such as the Royal Society of Arts, the London Chamber of Commerce and the Institute of Linguists, and with students preparing for G.C.E. "A" level, especially if studying economics as well as French. It is equally suitable for crash-courses and short courses for businessmen and for adult evening classes.

The course has been prepared to meet the following requirements—

1. To prepare students hoping to embark on careers in industry and commerce and particularly those in connection with the import and export trade, to be able to speak with confidence and fluency in French on industrial and commercial topics and on everyday affairs.
2. To serve as a refresher course for businessmen who need to brush up their French for business purposes.
3. To provide aural/oral practice in technical and commercial phraseology and everyday speech.
4. To enable students to listen to, repeat and learn facts about French industry and commerce. All the dialogues and basic texts are intended to increase the students' factual knowledge of some of the more important aspects of present-day trends in French commercial, industrial and economic life.
5. To provide a certain amount of basic grammar revision for students of at least G.C.E. "O" level standard. Emphasis will be placed on the revision of those grammatical points arising naturally from the dialogues and basic texts which appear frequently in everyday speech. For this reason the Past Historic and the Past Subjunctive have been omitted.

This course consists of 18 units, each of which advances the student decisively in his/her understanding and use of the technical, commercial and everyday spoken French language. Each unit deals with one separate aspect of industry or commerce and is therefore somewhat longer than a traditional text-book lesson. Each unit comprises a Dialogue, Questionnaire, Basic Text, Questionnaire, Structure Drills, Completion Exercises and a Translation Drill. At the end of each unit is a selected vocabulary list related to that unit.

The Questionnaires and Completion Exercises which have been added are intended to assist in the work of memorizing the most useful phrases and expressions in the Dialogues and Basic Texts, and can, of course, be usefully supplemented by both lecturer and student. The Structure Drills are intended to provide a rapid oral revision of essential points of grammar. The oral Translation Drills, based entirely on vocabulary and expressions used in the units, have been kept short and easy to promote and encourage the students' oral fluency and confidence.

All the material has been recorded on tape and tested in the Language Laboratory at Southampton College of Technology.

Acknowledgements

The author and publishers would like to acknowledge their indebtedness for permission to make use of extracts from the following books, and wish to express their gratitude to the following authors and publishers for their courtesy—

La France (La Documentation Française, Paris, 1969);

La Documentation Photographique (La Documentation Française, Paris, 1959);

Guide France by Guy Michaud (Hachette, 1964);

La France d'Aujourd'hui by Marc Blancpain (4th ed. Hatier, 1964);

Manuel de Français Commercial by G. Mauger and J. Charon (Larousse, 1958);

Cours Pratique de Commerce by A. Veyrenc (23rd ed. G. Durassié et Cie, 1960);

L'Industrie Automobile by J. Pierjant, *L'Industrie Aéronautique* by D. Molho and R. Peladan, *Le Pétrole* by E. Dalemont, *Caoutchoucs et Textiles Synthétiques* by J. Vène, and *Les Ports Maritimes* by P. Célérier (Collection "Que sais-je?", Presses Universitaires de France, 1964, 1957, 1966, 1961, and 1965 respectively);

Le Pétrole and *Les Avions* by A. Grée (Collection "Cadet-Rama", Casterman, 1965 and 1964 respectively);

La France by R. P. L. Ledésert, M. Ledésert and M. Holland Smith (Harrap, 1964);

Les Chemins de Fer en France (La Société Nationale des Chemins de Fer français, Paris, 1959 and 1966);

also to the editors and publishers of the following journals—

Paris Match; L'Express; La France-Loisirs (Mary Glasgow Publications Ltd.);

and to l'Ambassade de France, Service de Presse et d'Information for facts and figures on France's economic and industrial expansion.

Contents

xi

ERRATA

page 1, heading: for "le barrage" *read* "l'usine".

page 4, bottom line: for "de fuel" *read* "du fuel".

page 6, ques. 12, answer: for "Lacq's appelle" *read* "Lacq s'appelle".

page 6, ques. 13, answer: insert "utiliser" *before* "la puissance".

page 53, ques. 10: for "spécialéise" *read* "spécialisée".

page 87, line 12: for "Europe" *read* "d'Europe".

page 167, line 10 from bottom: for "elles" *read* "telles".

page 167, line 11 from bottom: for "de réformes" *read* "des réformes".

page 183, bottom line: insert "sont" *before* "cadres".

page 191, line 13: for "aurient" *read* "auraient".

page 191, line 14: for "de centaines" *read* "des centaines".

page 191, line 23: for "acquéri" *read* "acquis".

I

L'Électricité

LE BARRAGE MARÉMOTRICE

En France la consommation d'énergie électrique double tous les dix ans. Grâce au travail des ingénieurs de l'É.D.F., c'est-à-dire de *l'Électricité de France*,[1] on a déjà construit des barrages à Tignes, Génissiat, Donzère-Mondragon et Serre-Ponçon. Plus récemment en 1966 un nouveau barrage, faisant l'admiration du monde entier, a été construit sur l'estuaire de la Rance entre Saint-Malo et Dinard. Dix mille visiteurs de cinquante pays différents sont déjà venus le voir. Écoutez maintenant la conversation qui suit—

JOURNALISTE. Nous voici sur la Rance près de Saint-Malo sur la Côte d'Émeraude. Nous y sommes venus voir le nouveau barrage installé par l'É.D.F.

INGÉNIEUR. Ce barrage est différent de ceux déjà installés à Tignes, Génissiat et Donzère.

J. Je sais. Le barrage sur la Rance est unique, car pour la première fois la puissance de la marée a été utilisée.

I. Oui, vous avez raison. C'est la marée elle-même qui, pour la première fois, fabrique notre électricité.

J. Quand a-t-on commencé à réaliser ce projet, vous souvenez-vous?

I. Oui, je me rappelle bien qu'il y a déjà quatorze ans les ingénieurs de l'É.D.F. s'y intéressaient.

J. (*qui commence à prendre note de quelques détails*) Vraiment? Il y a quatorze ans?

I. Oui, comme vous savez, depuis le XIIe siècle les riverains de la Rance cherchaient à domestiquer le flux et le reflux des eaux de cet estuaire. Des moulins, dont les roues étaient entraînées par la marée, avaient été construits. Ceci a donné à nos ingénieurs l'idée que la marée de cette région, qui est la plus forte du monde, était assez puissante pour produire de l'électricité.

J. C'était une idée formidable, n'est-ce pas?

I. Oui. C'était un projet qui a attiré beaucoup de publicité, car c'était la première fois que des hommes se sont attaqués à cette immense force, la marée.

J. Et quand a-t-on commencé la construction du barrage?

I. En 1961 on a construit un mur pour repousser les 180 000 mètres cubes d'eau du courant de flot. Dès lors la Rance est devenue un lac de retenue.

J. Avec quels matériaux ce mur a-t-il été fabriqué?

I. Il a été construit en béton et constitué de 25 cylindres de 20 mètres de haut et de 9 mètres de diamètre. Le béton utilisé pour les digues est d'une

---

[1] Production et distribution d'électricité sont presque entièrement aux mains de l'Électricité de France, nationalisée en 1946.

composition spéciale, dont beaucoup d'ingénieurs étrangers ont voulu connaître le secret.

J. Vraiment? Et avez-vous pu révéler aux étrangers le secret de votre formule de béton?

I. Oui, nous leur avons confié notre formule. En effet un certain Russe, Boris Kotserjinsky, est venu spécialement de Russie pour apprendre cette formule. Sa mission accomplie, il est retourné en avion le soir.

J. Et après la construction du mur, a-t-on dû attendre l'assèchement du lac de retenue?

I. Oui, le pompage de l'eau du lac a duré cinq mois. Après ça les travaux de fondation du barrage ont pu être commencés.

J. Est-il vrai que vous avez éprouvé des difficultés à cause du site de ce barrage?

I. Oui, c'est vrai. Nous avons eu plus de difficultés que d'habitude car outre les problèmes techniques qui s'imposaient on devait faire face en même temps au problème esthétique du site.

J. Oui, c'est un site magnifique: d'un côté on voit le large, de l'autre côté on voit l'estuaire de la Rance. Alors, dites-moi, comment avez-vous réussi à sauvegarder la beauté du site et en même temps construire ce barrage énorme?

I. En effet, notre barrage a créé un nouveau site touristique. Nous avons décidé de construire un pont de 720 mètres qui consistait en une écluse, une usine électrique, une digue morte, un rocher (nommé le Galibert) et un barrage mobile à six vannes.

J. Et l'usine électrique elle-même, quelle puissance a-t-elle?

I. L'usine a vingt-quatre «groupes Bulbe» qui développent une puissance totale de 240 000 kilowatts/heure. C'est une vraie forteresse de béton et d'acier.

J. Ces «groupes Bulbe», comment fonctionnent-ils?

I. Ils turbinent dans le sens estuaire-mer quand la marée descend, puis dans le sens mer-estuaire quand elle monte, enfin ils pompent l'eau de mer pour la rejeter dans la Rance.

J. Est-ce que les frais de marche de l'alternateur qui se charge de faire monter le niveau du lac de retenue sont élevés?

I. Heureusement non. Il utilise la nuit un courant bon marché.

J. Et à quelle date a-t-on terminé l'usine?

I. L'usine a été terminée le 22 août 1966 et le Président de la République, le Général de Gaulle, est venu lui-même inaugurer ce barrage.

J. C'est une grande réussite pour la France, n'est-ce pas?

I. Mais oui, c'est une grande réussite et nous sommes très fiers du résultat de nos efforts.

J. Eh bien, monsieur, je vous remercie de m'avoir répondu avec tant de gentillesse et de patience. Maintenant je vais voir de plus près l'écluse qui ouvre le trafic aux bateaux, et le pont-levant qui permet le trafic routier. Après ça, je vais prendre des photos pour l'hebdomadaire dont je suis journaliste. Au revoir, monsieur, et merci.

Questions

Maintenant répondez aux questions suivantes—

1. Qui a installé le nouveau barrage sur la Rance?
   L'Électricité de France a installé le nouveau barrage sur la Rance.

2. Pourquoi le barrage sur la Rance est-il unique?
   Le barrage sur la Rance est unique, car, pour la première fois, la puissance de la marée a été utilisée.

3. Est-ce que ce projet a attiré beaucoup de publicité?
   Oui, il en a attiré beaucoup.

4. Quand a-t-on commencé la construction du barrage?
   On a commencé la construction du barrage en 1961.

5. Qui a voulu connaître le secret de la formule du béton utilisé pour les digues?
   Beaucoup d'ingénieurs étrangers ont voulu connaître le secret de la formule du béton utilisé pour les digues.

6. Est-ce que les ingénieurs français ont confié leur formule secrète à tous les ingénieurs étrangers?
   Oui, ils l'ont confiée à tous les ingénieurs étrangers.

7. Combien de temps a duré le pompage de l'eau du lac?
   Le pompage de l'eau du lac a duré cinq mois.

8. Pourquoi les ingénieurs de l'É.D.F. ont-ils éprouvé plus de difficultés que d'habitude?
   Ils ont éprouvé plus de difficultés que d'habitude, car outre les problèmes techniques qui s'imposaient on devait faire face en même temps au problème esthétique du site.

9. Quand l'usine a-t-elle été terminée?
   L'usine a été terminée le 22 août 1966.

10. Qui est venu inaugurer ce barrage?
    Le Président de la République, le Général de Gaulle, est venu lui-même inaugurer ce barrage.

Basic Text

L'ÉNERGIE ÉLECTRIQUE: LES CENTRALES THERMIQUES,
HYDRO-ÉLECTRIQUES ET ATOMIQUES ET L'USINE
MARÉMOTRICE

En France aujourd'hui la production d'énergie électrique des centrales thermiques, hydro-électriques et atomiques est devenue essentielle pour le développement des industries modernes. Le progrès de toutes les grandes industries françaises dépend de la production d'une quantité suffisante d'énergie. Voilà

3

pourquoi, depuis la fin de la deuxième guerre mondiale, la France a fait tant d'efforts spéciaux pour développer sa production de charbon, d'électricité thermique et hydraulique, d'énergie atomique, de gaz naturel et de pétrole.

L'énergie consommée en France qui était en 1954 équivalente à 2,4 tonnes de charbon par habitant s'est élevée en 1964 à l'équivalent de 3,4 tonnes de charbon (ce qui indique une augmentation de 40 pour cent en dix ans). De plus, la Communauté Économique Européenne prévoit qu'elle atteindra l'équivalent de 4,5 tonnes de charbon par habitant en 1975. Cette augmentation annuelle dans la consommation d'énergie oblige la France à étendre ses moyens de production.

La France a dû résoudre le problème essentiel de ses sources d'énergie, car, comme on le sait, sa production de charbon est insuffisante, tandis que sa production de pétrole brut n'est que faible. Pour cette raison la France s'est décidée à développer sa production d'énergie électrique. En ce qui concerne l'augmentation et l'amélioration de la quantité et du rendement de sa production d'électricité, la France a fait beaucoup de progrès: le rendement de l'électricité en France s'est élevé de 22 milliards de kilowatts/heure en 1938, à 46 milliards de kilowatts/heure en 1954, à 91 milliards de kilowatts/heure en 1964. On voit donc que tous les dix ans sa production d'électricité double.

Depuis la guerre on a construit beaucoup de nouvelles centrales thermiques et hydro-électriques. Les principales centrales hydrauliques sont situées dans les régions montagneuses, pour la plupart dans le Massif Central, les Alpes, le Jura, et en Savoie, car les barrages hydro-électriques utilisent la puissance d'eau des torrents ou l'énergie contenue dans le courant des rivières. On sait que le plus grand barrage de France et l'un des plus importants d'Europe, celui de Roselend en Savoie, construit par l'É.D.F., est situé à 1 500 mètres d'altitude dans le massif montagneux du Beaufortain, à 38 kilomètres d'Albertville. Ce barrage, construit en 1961, permet d'alimenter la centrale de la Bathie par une chute nette de 1 133 mètres. Cette usine hydro-électrique dont la puissance totale est de 496 000 kilowatts produit au total un milliard de kW/heure par an.

Au contraire, les principales centrales thermiques se trouvent dans le Bassin Parisien, et dans le Nord et le Nord-Est, car la plupart des centrales thermiques utilisent de grandes quantités de charbon des houillères du Nord, de Pas-de-Calais et de Lorraine. Par exemple dans le Bassin Parisien la centrale moderne de Creil, sur l'Oise, serrée entre les voies ferrées et la rivière, dresse ses hautes cheminées au milieu de la vallée enfumée. Elle appartient à un vaste ensemble de centrales thermiques comme celles de Porcheville et de Montereau sur la Seine, destiné à relayer les centrales de la proche banlieue. Toutes ces centrales sont construites au bord de l'eau. Cette eau est vaporisée par des chaudières et le vapeur anime les turbo-réacteurs dont l'électricité, portée à haute tension par les transformateurs, alimente le réseau général. Ces centrales utilisent beaucoup de charbon—chacune environ 4 000 tonnes de charbon par jour. Voilà pourquoi de nombreuses centrales ont déjà été équipées pour pouvoir consommer de fuel à la place du charbon.

4

A cause de la pauvreté relative des ressources charbonnières on a fait beaucoup de recherches en France en vue d'augmenter le rendement des centrales thermiques par les méthodes magnéto-hydro-dynamiques et aussi par l'exploitation du gaz naturel. Pour la première fois en France en 1958 une centrale électrique, celle de Nantes-Cheviré, sur la Loire Atlantique, fonctionnait au gaz naturel. L'équipement au méthane des chaudières de la centrale alimentées jusqu'en 1958 au charbon et au fuel, a été mené à son terme. Cette centrale thermique fournit aujourd'hui un important débouché pour le gaz naturel de Lacq, puisqu'elle absorbe 600 000 à 700 000 mètres cubes par an. Plus récemment on a construit une nouvelle centrale à gaz naturel à Artix dans les Basses Pyrénées près de Lacq. De plus, parce que la production de charbon est insuffisante pour toutes ses centrales thermiques, la France a fait un réseau d'interconnexions qui permet aux centrales hydrauliques de relayer les centrales thermiques aux heures de pointe et aux saisons de pluie ou de fonte des neiges.

Seul, le barrage sur la Rance en Bretagne reste unique, car inauguré en 1966, c'est la première centrale à utiliser la puissance de la marée. Celle-ci a une capacité de 240 000 kilowatts/heure et un rendement annuel de 550 millions de kilowatts/heure. Il est probable qu'à mesure que les sources d'énergie du charbon et du pétrole diminuent, on verra un plus grand développement de l'énergie dérivée de la marée et de la mer. Jusqu'ici la France est le premier pays à exploiter cette source importante d'énergie électrique.

Dans le domaine nucléaire l'É.D.F. et le Commissariat à l'Énergie Atomique poursuivent un programme important de construction de centrales atomiques. Trois d'entre elles, établies dans la région de Chinon, produisent déjà de l'électricité et sont connectées au réseau général. La centrale prototype de Brennilis en Bretagne est entrée en service en 1967 et É.D.F. 4 à Saint-Laurent-des-Eaux vient d'entrer en divergence. D'autres sont en construction sur le Rhin, à Fessenheim et à Bugey. A Chooz et à Tibrange, la France s'est associée à la Belgique pour construire des centrales nucléaires. A cause de la nature complexe et dangereuse de leurs fabrications, il est nécessaire que ces centrales atomiques soient bien éloignées des zones de population dense.

Les installations atomiques de Marcoule, de Saclay, Pierrelatte et Cadarache mettent la France au quatrième rang des puissances atomiques. Ces centres atomiques ont toutes les installations essentielles pour la production d'énergie atomique: des ateliers de préparation du graphite choisi comme ralentisseur et réflecteur des neutrons; des piles ou réacteurs dont la matière énergétique est l'uranium irradié; des usines spéciales, où on s'occupe de la séparation du plutonium et de la récupération de l'uranium, et qui fournissent du combustible aux centrales atomiques où la production d'électricité est l'objectif essentiel. On espère que bientôt les grandes centrales nucléaires produiront de vastes quantités d'électricité pour augmenter la production totale de l'électricité en France.

Questions

Répondez aux questions suivantes—

1. De quoi dépend le progrès de toutes les grandes industries en France?
   Le progrès de toutes les grandes industries en France dépend de la production d'une quantité suffisante d'énergie.

2. Est-ce que la France a assez de charbon pour ses besoins industriels?
   Non, sa production de charbon est insuffisante.

3. Est-ce que sa production d'électricité s'accroît toujours?
   Oui, tous les dix ans sa production d'électricité double.

4. Combien de milliards de kilowatts/heure produisait-elle en 1964?
   En 1964 elle produisait 91 milliards de kilowatts/heure.

5. Où sont situées les principales centrales hydro-électriques?
   Elles sont situées dans les régions montagneuses, pour la plupart dans le Massif Central, les Alpes, le Jura et en Savoie.

6. D'où les barrages hydro-électriques obtiennent-ils leur source d'énergie?
   Les barrages hydro-électriques obtiennent leur source d'énergie de l'eau des torrents ou de l'énergie contenue dans le courant des rivières.

7. Quel est le plus grand barrage hydro-électrique de France?
   Le plus grand barrage hydro-électrique de France est celui de Roselend en Savoie.

8. Où se trouve le barrage de Roselend?
   Il se trouve à 1 500 mètres d'altitude dans le massif montagneux du Beaufortain, à 38 kilomètres d'Albertville.

9. Comment s'appelle la centrale alimentée par le barrage de Roselend?
   La centrale alimentée par le barrage de Roselend s'appelle la Bathie.

10. Où se trouvent la plupart des centrales thermiques qui utilisent le charbon?
    La plupart des centrales thermiques qui utilisent le charbon se trouvent dans le bassin parisien, et dans le Nord et le Nord-Est.

11. Quelle était la première centrale à fonctionner au gaz naturel en France?
    La première centrale à fonctionner au gaz naturel en France était celle de Nantes-Cheviré sur la Loire Atlantique.

12. Comment s'appelle la nouvelle centrale à gaz naturel près de Lacq dans les Basses Pyrénées?
    La nouvelle centrale à gaz naturel près de Lacq s'appelle Artix.

13. Pourquoi la centrale sur la Rance en Bretagne est-elle unique?
    La centrale sur la Rance en Bretagne est unique parce qu'elle est la première à la puissance de la marée.

14. Qui poursuit un programme de centrales atomiques en France?
    L'É.D.F. et le Commissariat à l'Énergie Atomique poursuivent un programme de construction de centrales atomiques en France.

15. Est-ce que ces centrales atomiques sont situées dans les zones peuplées?
    Non, elles sont situées dans les zones à faible population.

Structure Drills

I. *Revision of Present Tense*
Modèle—
Vous entendez: Le journaliste prend note de quelques détails. Et les autres?
Vous dites: Ils prennent note de quelques détails.
Commencez—

1. Le journaliste prend note de quelques détails. Et les autres?
Ils prennent note de quelques détails.

2. Cet ingénieur fait face à ce problème. Et les autres?
Ils font face à ce problème.

3. La France se sert de l'énergie atomique. Et les autres pays?
Ils se servent de l'énergie atomique.

4. Ce barrage hydro-électrique obtient sa source d'énergie de l'eau. Et les autres barrages hydro-électriques?
Ils obtiennent leur source d'énergie de l'eau.

5. Cet étranger apprend le secret de la formule. Et les autres?
Ils apprennent le secret de la formule.

6. Ce journaliste vient d'arriver. Et les autres?
Ils viennent d'arriver.

7. Cet ingénieur construit ce barrage marémotrice. Et les autres?
Ils construisent ce barrage marémotrice.

8. Cette centrale atomique produit beaucoup d'électricité. Et les autres centrales atomiques?
Elles produisent beaucoup d'électricité.

9. Cette industrie dépend de la production d'une quantité suffisante d'électricité. Et les autres industries?
Elles dépendent de la production d'une quantité suffisante d'électricité.

10. Cette centrale thermique peut utiliser le gaz naturel. Et les autres centrales thermiques?
Elles peuvent utiliser le gaz naturel.

Present Tense (cont.)
Reply in the affirmative, substituting pronouns for nouns.
Modèle—
Vous entendez: Vous souvenez-vous de la date de l'inauguration de ce barrage?
Vous dites: Oui, je m'en souviens.
Commencez—

1. Vous souvenez-vous de la date de l'inauguration de ce barrage?
Oui, je m'en souviens.

2. Conduisez-vous seul à ce site magnifique?
Oui, j'y conduis seul.

7

3. Allez-vous voir ce barrage marémotrice?
   Oui, je vais le voir.

4. Espérez-vous prendre des photographies?
   Oui, j'espère en prendre.

5. Attendez-vous l'assèchement du lac?
   Oui, je l'attends.

6. Savez-vous ce que vous devez voir?
   Oui, je sais ce que je dois voir.

7. Réussissez-vous à sauvegarder la beauté du site?
   Oui, je réussis à la sauvegarder.

8. Connaissez-vous le secret de cette formule?
   Oui, je le connais.

9. Voulez-vous voir de plus près cette écluse-là?
   Oui, je veux la voir de plus près.

10. Êtes-vous fier de la réussite de l'É.D.F.?
    Oui, j'en suis fier.

II. *Revision of Perfect Tense with* **avoir** *and Object Pronouns,* **le, la, l'** *and* **les.**
Modèle—
   Vous entendez: Avez-vous éprouvé toutes ces difficultés?
   Vous dites: Oui, je les ai éprouvées.
Commencez—
   1. Avez-vous éprouvé toutes ces difficultés?
      Oui, je les ai éprouvées.

   2. A-t-on construit ce mur?
      Oui, on l'a construit.

   3. A-t-on terminé cette usine électrique?
      Oui, on l'a terminée.

   4. Avons-nous résolu tous les problèmes techniques?
      Oui, nous les avons résolus.

   5. Avez-vous révélé le secret de la formule?
      Oui, je l'ai révélé.

   6. A-t-on dû attendre l'assèchement du lac?
      Oui, on a dû l'attendre.

   7. Avez-vous réussi à sauvegarder la beauté du site?
      Oui, j'ai réussi à la sauvegarder.

   8. Avez-vous décidé de construire le pont?
      Oui, j'ai décidé de le construire.

   9. Avez-vous voulu connaître le secret?
      Oui, j'ai voulu le connaître.

10. Avez-vous pu voir ce barrage?
    Oui, j'ai pu le voir.

III. *Passive > Active*
Modèle—
Vous entendez: La puissance de la marée a été utilisée.
Vous dites: Oui, on a utilisé la puissance de la marée.
Commencez—
  1. La puissance de la marée a été utilisée.
     Oui, on a utilisé la puissance de la marée.

  2. Un nouveau barrage a été construit.
     Oui, on a construit un nouveau barrage.

  3. Des moulins ont été construits.
     Oui, on a construit des moulins.

  4. Un mur a été fabriqué.
     Oui, on a fabriqué un mur.

  5. L'usine a été terminée en 1966.
     Oui, on a terminé l'usine en 1966.

  6. Ce barrage a été inauguré par le Général de Gaulle.
     Oui, le Général de Gaulle a inauguré ce barrage.

  7. La formule secrète a été confiée aux étrangers par cet homme.
     Cet homme a confié la formule secrète aux étrangers.

  8. Ce barrage marémotrice a été construit par les ingénieurs de l'É.D.F.
     Oui, les ingénieurs de l'É.D.F. ont construit ce barrage marémotrice.

  9. Le secret de notre formule a été appris par ces étrangers.
     Oui, ces étrangers ont appris le secret de notre formule.

  10. Beaucoup de difficultés ont été éprouvées par nos ingénieurs.
      Oui, nos ingénieurs ont éprouvé beaucoup de difficultés.

IV. *Prepositions*
Complete the following sentences by adding the necessary preposition.
Modèle—
Vous entendez: Il est retourné . . . avion.
Vous dites: Il est retourné en avion.
Commencez—
  1. Il est retourné . . . avion.
     Il est retourné en avion.

  2. Il a 20 mètres . . . haut et 9 mètres . . . diamètre.
     Il a 20 mètres de haut et 9 mètres de diamètre.

  3. Elle appartient . . . un vaste ensemble.
     Elle appartient à un vaste ensemble.

9

4. Nous avons décidé . . . construire un pont.
   Nous avons décidé de construire un pont.

5. Nous sommes très fiers . . . résultat . . . nos efforts.
   Nous sommes très fiers du résultat de nos efforts.

6. Avez-vous réussi . . . sauvegarder la beauté du site?
   Avez-vous réussi à sauvegarder la beauté du site?

7. Je vous remercie . . . m'avoir répondu avec tant de gentillesse.
   Je vous remercie de m'avoir répondu avec tant de gentillesse.

8. La consommation d'énergie oblige la France . . . étendre ses moyens de production.
   La consommation d'énergie oblige la France à étendre ses moyens de production.

9. Il est construit . . . béton.
   Il est construit en béton.

10. Le progrès de toutes les grandes industries dépend . . . la production d'une quantité suffisante d'énergie.
    Le progrès de toutes les grandes industries dépend de la production d'une quantité suffisante d'énergie.

V. Completion Exercise

Complete the following sentences with reference to the text—

1. Le Président de la République, le Général de Gaulle, est venu lui-même. . . .
   (*inaugurer le barrage*)

2. D'un côté on voit le large, de l'autre côté on voit. . . .
   (*l'estuaire de la Rance*)

3. Outre les problèmes techniques qui s'imposaient, on devait faire face en même temps. . . .
   (*au problème esthétique du site*)

4. Nous avons eu plus de difficultés que. . . .
   (*d'habitude*)

5. Ils turbinent dans le sens estuaire-mer quand la marée descend, puis dans le sens mer-estuaire. . . .
   (*quand elle remonte*)

6. La plupart des centrales thermiques utilisent. . . .
   (*de grandes quantités de charbon*)

7. Les principales centrales hydrauliques sont situées dans. . . .
   (*les régions montagneuses*)

8. La France s'est associée à la Belgique pour construire. . . .
   (*des centrales nucléaires*)

9. Le barrage sur la Rance est la première centrale au monde à utiliser. . . .
   (la puissance de la marée)
10. Le plus grand barrage de France et l'un des plus importants d'Europe est celui. . . .
    (de Roselend en Savoie)

VI. Translation Drill
   A spontaneous oral translation into French is to be given immediately after you have heard the English phrase—

The tidal dam on the Rance	Le barrage marémotrice sur la Rance
was completed	a été terminé
on 22nd August 1966	le 22 août 1966
and the President of the Republic	et le Président de la République
General de Gaulle	le Général de Gaulle
came himself	est venu lui-même
to inaugurate this dam.	inaugurer ce barrage.
It is a great success	C'est une grande réussite
for France	pour la France
and everyone is very proud	et tout le monde est très fier
of the result	du résultat
of the efforts of E.D.F.	des efforts de l'É.D.F.

Selected Vocabulary List: Unit 1

alimenter, to supply, feed
l'alternateur (m), alternator, alternating current generator
l'amélioration (f), improvement
l'assèchement (m), drying out, pumping dry
l'augmentation (f), rise, increase
le barrage, dam
  le barrage de retenue, retaining dam
  le barrage hydro-électrique, hydro-electric dam
  le barrage marémotrice, tidal dam
le besoin, need
  les besoins (mpl), requirements, needs
le béton, concrete
  le béton spécial, special concrete
la centrale, power station

la centrale atomique, atomic power station
la centrale hydro-électrique, hydro-electric power station
la centrale nucléaire, nuclear power station
la centrale thermique, thermal power station
le centre atomique, atomic centre
la chaudière, boiler
la cheminée, chimney
la chute, fall, head of water
le combustible, fuel
la construction, erection, construction, building
construire, to build, construct
le courant, current
dépendre (de), to depend (on)
dérivé de, derived from

la digue, *dyke, dam, embankment*
l'écluse (*f*), *lock, flood-gate*
s'élever, *to rise*
éloigné, *distant*
l'énergie atomique (*f*), *atomic energy*
l'énergie marémotrice, *tidal power*
éprouver des difficultés, *to experience difficulties*
l'estuaire (*m*), *estuary*
faire face à, *to cope with (problem)*
le filon d'uranium, *vein of uranium*
le flux et le reflux, *ebb and flow, high and low tide*
fournir, *to supply*
les frais (*mpl*) de marche, *running cost, running expenses*
le gisement d'uranium, *stratum of uranium*
le graphite, *graphite, black lead*
l'hebdomadaire (*m*), *weekly paper*
les heures de pointe, *peak hours, peak periods*
aux heures de pointe, *at peak periods*
une houillère, *colliery, coal-pit*
inaugurer, *to inaugurate, to open*
l'ingénieur, *engineer*
insuffisant, *insufficient*
le lac de retenue, *reservoir*
livrer, *to deliver*
la marée, *tide*
marémotrice, *tidal*
les matériaux nucléaires (*mpl*), *nuclear materials*

mener à terme, *to bring to an end*
les moyens de production, *means of production*
la pile atomique, *atomic pile*
la pile électrique, *electric battery*
le pompage, *pumping*
le pont, *bridge*
produire, *to produce*
la puissance, *power*
la puissance atomique, *atomic power*
la puissance d'eau, *water power*
le ralentisseur, *decelerating substance*
le réacteur, *reactor*
réacteur énergétique, *power reactor*
la recherche, *research*
le réflecteur, *reflector*
le rendement, *output*
repousser, *to repel, push back*
les ressources (*fpl*), *resources, means*
la réussite, *success*
sauvegarder, *to safeguard*
se servir de, *to use, make use of*
la haute tension, *high tension*
le transformateur, *transformer*
la turbine à vapeur, *steam turbine*
turbiner, *to "turbine" (water)*
l'usine électrique (*f*), *power station*
utiliser, *to use*
la vanne, *sluice-gate*
le vapeur, *steam*
vaporiser, *to vaporize, volatilize*
la voie ferrée, *railway track*

2

Le Charbon

L'ÉCONOMIE du XIXe siècle s'est édifiée sur le charbon qui a fourni à l'industrie naissante l'énergie à bon marché pour animer ses machines. Cependant au cours de la première moitié du XXe siècle deux nouvelles sources d'énergie, l'électricité et le pétrole, sont venus menacer l'industrie charbonnière. Maintenant écoutez la conversation qui suit—

INGÉNIEUR DES MINES. Le charbon, considéré longtemps comme le pain indispensable de l'industrie, est à sa période de déclin.

VISITEUR. Est-il menacé par l'électricité et le pétrole?

I. Oui. Néanmoins sa suprématie est trop bien établie pour ne céder que lentement à la pression de nouveaux-venus.

V. Surtout que le charbon est assez bon marché et que la facilité d'utilisation et de transport de ce combustible lui assureront pour longtemps encore une place prépondérante.

I. Je l'espère. Malheureusement sa part dans la consommation française d'énergie continue à diminuer.

V. Combien de grands bassins houillers y a-t-il en France?

I. En France il y a quatre grands bassins, le bassin du Nord et du Pas-de-Calais, le bassin de Lorraine, le bassin du Massif Central et celui d'Aquitaine.

V. Les houillères françaises sont-elles nationalisées?

I. Oui, les Houillères et Charbonnages de France, nationalisés en 1946, font maintenant partie de la Communauté Européenne du Charbon et de l'Acier (la C.E.C.A.).[1]

V. (remarquant l'ascenseur) Est-ce que nous allons descendre?

I. Oui, tout de suite. Entrons dans l'ascenseur.

(Ils entrent dans l'ascenseur)

V. Est-ce que les mineurs descendent chaque jour dans la mine comme nous?

I. Bien sûr. Nous voici déjà au fond du puits.

(A l'arrêt de l'ascenseur ils sortent)

V. Est-ce que les mineurs sont armés de pics?

I. (riant) Non, pas aujourd'hui. Leurs outils sont plus mécanisés. Les pics d'autrefois sont remplacés par des marteaux-piqueurs et des haveuses.

V. La vie des mineurs, est-elle encore dangereuse?

[1] La Communauté Européenne du Charbon et de l'Acier (la C.E.C.A.) qui associe la France, la Belgique, la Hollande, le Luxembourg, la République Fédérale allemande et l'Italie, est un marché unique à l'intérieur duquel, depuis le début de 1953, les convois de charbon et d'acier circulent librement sans droits de douane.

I. Oui, bien que le grisou fasse moins de victimes qu'avant l'invention de la lampe de Davy, les explosions, les éboulements et les inondations coûtent encore des vies humaines.

V. Est-ce que vous essayez d'éviter ces dangers?

I. Oui, comme vous voyez, les galeries sont soutenues par des poutres métalliques au lieu de poutres de bois; en tout cas les conditions de vie du mineur ont été beaucoup ameliorées.

V. Ces mineurs-là, que font-ils?

I. Ils détachent des blocs et les chargent sur des waggonets circulant sur rails électriques vers le puits de sortie. Comme vous voyez, dans cette mine ils ne se servent plus de pics. Ils emploient des haveuses et des marteaux-piqueurs.

V. Est-ce que les mineurs préfèrent cette mécanisation des mines?

I. Pour la plupart, oui, parce qu'elle facilite leur travail. Néanmoins, il y a toujours le danger que des machines de plus en plus automatiques permettent de réduire le nombre de mineurs.

V. Et les mineurs, ont-ils peur du chômage?

I. Bien sûr. Personne ne veut être en chômage. Il y a aussi le problème du charbon qui s'épuise, le problème des puits qui ferment, des mineurs qui deviennent soucieux car ils ont peur d'être privés de travail.

V. Est-ce que la France produit assez de charbon pour ses besoins industriels?

I. Non. Malgré un remarquable accroissement de la productivité, le rendement reste relativement faible.

V. (*étonné*) Mais pourquoi le rendement est-il si faible?

I. Parce que certains gisements sont profonds et peu riches.

V. Aussi s'efforce-t-on de réduire sa consommation?

I. Oui, voilà pourquoi le charbon est de moins en moins utilisé en France pour le chauffage domestique, les chemins de fer ou pour les bateaux.

V. Néanmoins ne faut-il pas utiliser le charbon dans l'industrie française?

I. Oui. Cependant pour les besoins de l'industrie, la France ne produit pas assez de charbon, elle doit en importer 20%.

V. Quelles industries demandent tant de charbon?

I. Le charbon est utilisé pour la fabrication de l'électricité aux centrales thermiques, pour l'industrie chimique, et surtout pour la sidérurgie.

Questions

Répondez aux questions suivantes—

1. Sur quoi l'économie du XIXe siècle s'est-elle édifiée?

   L'économie du XIXe siècle s'est édifiée sur le charbon.

2. Quelles nouvelles sources d'énergie sont venues menacer l'industrie charbonnière au cours de la première moitié du XXe siècle?

   L'électricité et le pétrole sont venus menacer l'industrie charbonnière au cours de la première moitié du XXe siècle.

3. Quels sont les quatre grands bassins houillers en France?
Les quatre grands bassins houillers en France sont le bassin du Nord et du Pas-de-Calais, le bassin de Lorraine, le bassin du Massif Central et celui d'Aquitaine.

4. De quelle Communauté les Houillères et Charbonnages de France font-ils partie?
Ils font partie de la Communauté Européenne du Charbon et de l'Acier.

5. Par quoi les pics d'autrefois sont-ils remplacés?
Les pics d'autrefois sont remplacés par des marteaux-piqueurs et des haveuses.

6. Quels sont les grands dangers qui menacent les mineurs?
Les dangers qui les menacent sont le grisou, les explosions, les éboulements et les inondations.

7. Est-ce que la mécanisation des mines facilite le travail des mineurs?
Oui, elle le facilite beaucoup.

8. Pourquoi la mécanisation des mines menace-t-elle le travail des mineurs?
Elle le menace parce qu'elle permet de réduire le nombre de mineurs.

9. Pourquoi les mineurs deviennent-ils soucieux?
Ils deviennent soucieux parce qu'ils ont peur d'être privés de travail.

10. Est-ce que la France produit assez de charbon pour tous ses besoins industriels?
Non. Elle n'en produit pas assez pour tous ses besoins industriels.

Basic Text

LES MALHEURS DU CHARBON

Des affiches sont collées depuis quelques jours dans les bassins charbonniers: vertes en Lorraine, jaunes dans la Loire, elles énumèrent les avantages offerts aux mineurs changeant de métier: primes, salaires garantis, etc. Une nouvelle étape de la réduction de la production charbonnière française commence.

De 59 millions de tonnes en 1959, cette production est passée à 49,5 millions en 1967. Où en sera-t-elle en 1975, quand l'É.D.F., le plus gros consommateur actuel, aura pris le tournant nucléaire? A quel niveau la production française se stabilisera-t-elle? On ne sait pas. La politique exposée aux délégués syndicaux ne comporte plus aucun objectif de production. Celle-ci baissera au fur et à mesure que les mineurs, avec l'aide financière de l'État et de la C.E.C.A., se convertiront. La C.G.T. a refusé de signer le «protocole sur les primes de conversion», la direction des Charbonnages n'ayant pu lui donner l'assurance formelle que seuls les volontaires changeraient de métier.

Le charbon européen est en état d'infériorité, d'abord à l'égard des autres produits énergétiques. Sa part dans la consommation nationale d'énergie a diminué de moitié en dix ans, alors que celle du pétrole a doublé et celle du gaz naturel, quintuplé. Il est aussi battu pour le prix de revient, par les charbons russes et américains. Extrait dans des conditions plus économiques (gisements plus riches, faibles profondeurs), le charbon américain coûte, rendu au Havre, 35% moins cher que le charbon français, dont le prix est artificiellement abaissé grâce aux subventions.

Pour les bassins peu productifs (comme la Loire et les Cévennes), cette subvention dépasse sensiblement le salaire payé au mineur. «On aurait parfois avantage à payer les gens à ne rien faire», a dit un financier. Un comble: la chimie des Charbonnages, créée pour transformer le charbon, se prépare maintenant à traiter aussi les produits pétroliers.

Engagés dans une sorte de «lutte pour la vie», les mineurs français admettent difficilement ces arguments économiques: «Pourquoi continuer à acheter autant de charbon étranger?» 15 millions de tonnes sont entrées en France en 1966. Il s'agit, précisent les techniciens, de se procurer des qualités qui manquent et d'exécuter (notamment avec l'U.R.S.S. et la Pologne) des accords permettant de vendre des produits industriels. «Fermer de trop nombreux puits serait une folie. Qui peut dire comment évoluera, dans quinze ou vingt ans, le marché de l'énergie? Est-ce que le pétrole ne nous manquera pas un jour? Et l'énergie atomique tiendra-t-elle ses promesses?» L'argument est solide. Il a longtemps porté sur les pouvoirs publics. Une fois fermé, un puits ne peut plus être rouvert et d'énormes investissements sont perdus. Cependant le maintien à un niveau suffisant de l'exploitation charbonnière est une prime coûteuse que le pays doit payer: 1,16 milliard a été versé en 1967 par l'État aux Charbonnages et l'on prévoit 1,41 milliard en 1968.

MAINTENANT ÇA ROULE À BÉTHUNE

Le charbon s'épuise. Un à un les puits se ferment. Le visage des mineurs devient soucieux. En 1955 rien ne va plus à Béthune. Dans chacune des années suivantes ils seront 1 000 à être privés de travail. Les mineurs regardent vers l'est. Là, une partie du bassin est encore exploitable. 4 500 d'entre eux y ont trouvé une autre vie. Mais une autre vie c'est aussi le bouleversement de leurs habitudes. Cela crée ce que l'on appelle des «déracinés»: des êtres morts sans attache solide avec leur terre. Il n'y a pas de solution. La ville est comme prise à la gorge. Il faudrait créer 2 200 emplois nouveaux. Et cela, sans arrêt, chaque année, pour que chaque enfant parvenu à l'âge d'homme trouve sa place parmi les autres hommes.

En 1966 Béthune est devenue une cité témoin. Des immeubles ont surgi: 1 200 appartements nouveaux. Et le maçon n'a pas fini sa chanson: 2 500 autres sont en voie d'achèvement. Les lycées se sont agrandis. L'exode des travailleurs a cessé. Soudain tout le monde a trouvé ce qu'il cherchait. Béthune est devenue une ville économe; signe de prospérité, les dépôts journaliers de la Caisse d'épargne sont passés de 1 à 8 millions d'anciens francs. Que s'est-il passé à Béthune en dix ans? Quel miracle entre cette ville déclarée «critique» par le gouvernement et cette cité moderne?

Une industrie nouvelle, *Firestone-France*, s'est implantée dans la région, et d'autres ensuite à son exemple sont venues s'implanter là. Rien n'est simple. Pas plus l'accoutumance d'un travailleur à un nouveau métier que l'implantation d'une usine dans une nouvelle région. *Firestone* est arrivée avec d'excellents techniciens. Les ouvriers de Béthune sont venus avec la meilleure volonté du monde, prêts à se laisser former et modeler. Les ex-mineurs avaient peur de débuter encore et de n'arriver à rien ou à très peu. Mais *Firestone* leur donne comme garantie sa célébrité: première marque de pneumatiques du monde. Chez *Firestone* l'ouvrier peut «grimper» à l'américaine. Un programme de formation et de spécialisation est prévu pour ceux qui le désirent.

Questions

Répondez aux questions suivantes—

1. Quels avantages sont offerts aux mineurs changeant de métier?
   Les avantages offerts aux mineurs changeant de métier sont des primes et des salaires garantis.

2. Pourquoi la C.G.T. a-t-elle refusé de signer «le protocole sur les primes de conversion?»
   Elle a refusé de le signer parce que la direction des Charbonnages n'a pu lui donner l'assurance formelle que seuls les volontaires changeraient de métier.

3. De combien la part du charbon a-t-elle diminué en 10 ans dans la consommation nationale d'énergie?
   Elle a diminué de moitié en dix ans.

4. Est-ce que le charbon américain coûte plus cher que le charbon français?
   Non, il coûte 35% moins cher que le charbon français.

5. Comment le prix du charbon français est-il artificiellement abaissé?
   Il est artificiellement abaissé grâce aux subventions.

6. Combien de millions de tonnes de charbon sont entrées en France en 1966?
   15 millions de tonnes sont entrées en France en 1966.

7. Qui doit payer la prime coûteuse du maintien de l'exploitation charbonnière?
   L'État doit la payer.

8. Combien a été versé en 1967 par l'État aux Charbonnages?
   1,16 milliard a été versé en 1967 par l'État aux Charbonnages.

9. Pourquoi le visage des mineurs de Béthune devient-il soucieux?
   Le visage des mineurs de Béthune devient soucieux parce que le charbon s'épuise et un à un les puits se ferment.

10. Combien de mineurs y ont trouvé une autre vie?
    4 500 y ont trouvé une autre vie.

11. Combien d'emplois nouveaux faudrait-il créer?
    Il faudrait créer 2 200 emplois nouveaux.

12. Quelle industrie nouvelle est venue s'implanter à Béthune?
    L'industrie nouvelle, Firestone-France, est venue s'implanter à Béthune.

13. Est-ce que d'autres industries sont venues s'implanter là à son exemple?
    Oui, d'autres industries sont venues s'implanter là à son exemple.

14. Qu'est-ce que l'industrie *Firestone-France* fabrique?
    Elle fabrique les pneumatiques.

15. Quel programme est prévu pour ceux qui le désirent?
    Un programme de formation et de spécialisation est prévu pour ceux qui le désirent.

Structure Drills

I. *The Perfect Tense with* être
   Present > Perfect
   Modèle:
   Vous entendez: Béthune devient une ville économe.
   Vous dites: Béthune est devenue une ville économe.
Commencez:
  1. Béthune devient une ville économe.
     Béthune est devenue une ville économe.

  2. Le rendement du charbon reste relativement faible.
     Le rendement du charbon est resté relativement faible.

  3. Une industrie nouvelle arrive avec d'excellents techniciens.
     Une industrie nouvelle est arrivée avec d'excellents techniciens.

  4. Des ingénieurs viennent de Suisse et de Grande Bretagne.
     Des ingénieurs sont venus de Suisse et de Grande Bretagne.

  5. Les mineurs descendent dans la mine.
     Les mineurs sont descendus dans la mine.

  6. Un jeune mineur part pour faire son service militaire.
     Un jeune mineur est parti pour faire son service militaire.

  7. L'ex-mineur revient à Béthune.
     L'ex-mineur est revenu à Béthune.

  8. Il vient solliciter un emploi.
     Il est venu solliciter un emploi.

  9. Il entre dans l'usine *Firestone.*
     Il est entré dans l'usine Firestone.

 10. Il devient ouvrier qualifié.
     Il est devenu ouvrier qualifié.

 11. Il sort de l'usine.
     Il est sorti de l'usine.

12. Il rentre chez lui.
    Il est rentré chez lui.

13. Il va suivre des cours de spécialisation.
    Il est allé suivre des cours de spécialisation.

14. Il reste à l'usine toute la journée.
    Il est resté à l'usine toute la journée.

15. Il ne retourne pas sur le passé.
    Il n'est pas retourné sur le passé.

II. *The Perfect Tense of Reflexive Verbs with* **être**
   Present > Perfect
   Modèle—
   Vous entendez: Une industrie nouvelle s'implante dans la région.
   Vous dites: Une industrie nouvelle s'est implantée dans la région.
   Commencez—
   1. Une industrie nouvelle s'implante dans la région.
      Une industrie nouvelle s'est implantée dans la région.

   2. Qu'est-ce qui se passe à Béthune?
      Qu'est-ce qui s'est passé à Béthune?

   3. Les lycées s'agrandissent.
      Les lycées se sont agrandis.

   4. A quel niveau la production française se stabilise-t-elle?
      A quel niveau la production française s'est-elle stabilisée?

   5. La chimie des Charbonnages se prépare à traiter les produits pétroliers.
      La chimie des Charbonnages s'est préparée à traiter les produits pétroliers.

   6. Le charbon s'épuise à Béthune.
      Le charbon s'est épuisé à Béthune.

   7. Un à un les puits se ferment.
      Un à un les puits se sont fermés.

   8. Les mineurs se servent de haveuses.
      Les mineurs se sont servis de haveuses.

   9. Les ex-mineurs s'adaptent rapidement aux exigences de ces nouvelles activités.
      Les ex-mineurs se sont rapidement adaptés aux exigences de ces nouvelles activités.

   10. Le niveau de vie des ex-mineurs s'améliore.
       Le niveau de vie des ex-mineurs s'est amélioré.

III(a). Question Forms by use of Interrogatives
Turn the following statements into question forms by using the interrogative given—
Modèle—
Vous entendez: Il y a de grands bassins houillers en France. Combien?
Vous dites: Combien de grands bassins houillers y a-t-il en France?
Commencez—

1. Il y a de grands bassins houillers en France. Combien?
   Combien de grands bassins houillers y a-t-il en France?

2. Les houillères françaises sont nationalisées. Depuis quand?
   Depuis quand les houillères françaises sont-elles nationalisées?

3. Nous allons voir. Qu'est-ce que?
   Qu'est-ce que nous allons voir?

4. Le rendement est faible. Pourquoi?
   Pourquoi le rendement est-il faible?

5. La mécanisation facilite leur travail. Comment?
   Comment la mécanisation facilite-t-elle leur travail?

6. Les mineurs ont peur du chômage. Pourquoi?
   Pourquoi les mineurs ont-ils peur du chômage?

7. Les mineurs descendent dans la mine. A quelle heure?
   A quelle heure les mineurs descendent-ils dans la mine?

8. La France doit en importer. Combien?
   Combien la France doit-elle en importer?

9. Les mineurs sont devenus soucieux. Quand?
   Quand les mineurs sont-ils devenus soucieux?

10. Les Houillères et Charbonnages de France font partie de la Communauté Européenne du Charbon et de l'Acier. Depuis quand?
    Depuis quand les Houillères et Charbonnages de France font-ils partie de la Communauté Européenne du Charbon et de l'Acier?

III(b). Question Forms by Inversion
Turn the following statements into questions by using inversion of word-order.
Modèle—
Vous entendez: La vie des mineurs est encore dangereuse.
Vous dites: La vie des mineurs, est-elle encore dangereuse?
Commencez—

1. La vie des mineurs est encore dangereuse.
   La vie des mineurs, est-elle encore dangereuse?

2. Les pics d'autrefois sont remplacés par des haveuses.
   Les pics d'autrefois, sont-ils remplacés par des haveuses?

3. Les galeries sont soutenues par des poutres métalliques.
   Les galeries, sont-elles soutenues par des poutres métalliques?

4. La vie du mineur a été améliorée.
   La vie du mineur, a-t-elle été améliorée?

5. Dans cette mine ils n'emploient pas de pics.
   N'emploient-ils pas de pics dans cette mine?

6. Ils se servent de haveuses.
   Se servent-ils de haveuses?

7. La France ne produit pas assez de charbon.
   La France, ne produit-elle pas assez de charbon?

8. Il faut utiliser le charbon dans l'industrie française.
   Faut-il utiliser le charbon dans l'industrie française?

9. Le charbon est utilisé pour la fabrication de l'électricité.
   Le charbon, est-il utilisé pour la fabrication de l'électricité?

10. Il y a le problème du charbon qui s'épuise.
    Y a-t-il le problème du charbon qui s'épuise?

IV. *Completion Exercise*
   Complete the following sentences with reference to the text—

1. Le charbon américain coûte 35% moins cher que. . . .
   (*le charbon français*)

2. Le prix est artificiellement abaissé, grâce. . . .
   (*aux subventions*)

3. Des affiches énumèrent les avantages offerts aux mineurs. . . .
   (*changeant de métier*)

4. Le charbon s'épuise; un à un les puits. . . .
   (*se ferment*)

5. Une industrie nouvelle s'est implantée dans la région et d'autres ensuite à son exemple. . . .
   (*sont venues s'implanter là*)

6. Les ex-mineurs avaient peur de débuter encore et de n'arriver. . . .
   (*à rien ou à très peu*)

7. Un programme de formation et de spécialisation est prévu. . . .
   (*pour ceux qui le désirent*)

8. Le charbon est de moins en moins utilisé en France pour. . . .
   (*le chauffage domestique, les chemins de fer et les bateaux*)

9. Pour les besoins de l'industrie la France ne produit pas assez de charbon; elle doit en importer. . . .
   (*vingt pour cent*)

21

10. Les Houillères et Charbonnages de France font maintenant partie de. . . .
(la Communauté Européenne du Charbon et de l'Acier) (la CECA)

V. Translation Drill

A spontaneous oral translation into French is to be given immediately after you have heard the English phrase—

European coal is	Le charbon européen est
in a state of inferiority	en état d'infériorité
with regard to other sources	par rapport aux autres sources
of energy.	d'énergie.
Its share in the national consumption	Sa part dans la consommation nationale
of energy	d'énergie
has diminished by half in ten years.	a diminué de moitié en dix ans.
American coal costs	Le charbon américain coûte
35 per cent less than French coal	trente-cinq pour cent moins cher que le charbon français
the price of which is artificially lowered	dont le prix est artificiellement abaissé
thanks to subsidies.	grâce aux subventions.
For French coalfields	Pour les bassins houillers français
where the output is poor	où le rendement est pauvre
this subsidy exceeds	cette subvention dépasse
the salary paid to the miner.	le salaire payé au mineur.
The town of Bethune,	La ville de Béthune,
declared critical by the government,	déclarée en état critique par le gouvernement,
has now become a prosperous town.	est maintenant devenue une ville prospère.
New industries have been set up	Des industries nouvelles se sont implantées
in the area.	dans la région.
The ex-miners of Bethune have come	Les ex-mineurs de Béthune sont venus
with the best will in the world	avec la meilleure volonté du monde
to adapt themselves to the requirements	s'adapter aux exigences
of these new activities.	de ces nouvelles activités.

Selected Vocabulary List: Unit 2

abaisser, to lower, reduce, lessen
un accord, an agreement
un accroissement, growth, increase
s'adapter, to adapt
une affiche, poster, bill
s'agrandir, to extend
améliorer, to improve
animer, to animate
l'ascenseur (m), lift
baisser, to lower, be on the decline

le bassin houiller, coalfield
le besoin industriel, industrial need
le bloc de charbon, lump of coal
le bouleversement, upheaval
la Caisse d'épargne, Savings Bank
changer de métier, to change employment
le charbon, coal
le charbonnage, collieries, coal-mining
le chauffage, heating

22

le chômage, *unemployment*
être en chômage, *to be out of work*
coller, *to stick*
le comble, *final blow*
le combustible, *fuel*
la Communauté Européenne du Charbon et de l'Acier, *European Coal and Steel Community*
le consommateur, *consumer*
débuter, *to begin, commence*
le délégué, *shop steward*
dépasser, *to exceed*
déraciner, *to uproot*
détacher, *to detach, break off*
diminuer, *to diminish, to reduce*
la direction, *management*
l'éboulement (*m*), *falling in (of mine)*
l'emploi (*m*), *employment*
épuiser, *to work out, exhaust, use up*
une étape, *stage*
éviter, *to avoid*
une exigence, *requirement, demand*
exploitable, *workable*
l'exploitation charbonnière (*f*), *getting, winning of coal*
la fabrication, *manufacture, making*
faire des progrès, *to make progress*
le fond (du puits), *bottom (of shaft)*
fournir, *to supply*
la galerie, *gallery, drift*
le gisement, *coal seam*
le grisou, *fire-damp*
une habitude, *a habit, custom*
une haveuse, *a coal-cutter*
une houillère, *coal-pit, colliery*
l'implantation (*f*), *installation*
l'implantation d'une industrie nouvelle, *the setting up of a new industry*
importer, *to import*
l'industrie charbonnière, *coal industry*
une inondation, *flood*
un investissement, *investment*
la lutte pour la vie, *struggle for existence*
le maçon, *mason, bricklayer*

le maintien, *maintenance*
le manœuvre, *unskilled labourer*
manquer, *to lack*
le marteau-piqueur, *pneumatic pick*
le maximum de sécurité, *maximum safety*
la mécanisation, *mechanization*
mécaniser, *to mechanize*
le métier, *trade, profession, craft*
la mine de charbon, *coal mine*
le mineur, *miner*
nationaliser, *to nationalize*
le niveau, *level*
un outil, *tool*
un ouvrier, *worker*
un ouvrier qualifié, *qualified, skilled worker*
le personnel, *staff*
le pic, *pick, pickaxe*
le pneu, *tyre*
la politique, *policy*
la poutre métallique, *girder*
prévoir, *to foresee*
la prime, *bonus*
produire, *to produce*
profond, *deep*
le programme de formation, *training programme*
le puits, *pit, shaft*
le rail électrique, *electric rail*
refuser de, *to refuse to*
le rendement, *output*
le salaire, *salary*
le service militaire, *military service*
solliciter un emploi, *to apply for a post*
soucieux, *anxious, concerned, worried*
soutenir, *to support*
se stabiliser, *to become stable, steady*
la subvention, *subsidy*
suivre un cours, *to follow a course (of lectures)*
la suprématie, *supremacy*
traiter, *to treat, deal with*
le volontaire, *volunteer*

3
Le Pétrole

PROSPECTION, RAFFINAGE, DISTRIBUTION

Les vastes prospections entreprises depuis 1945 ont abouti à la découverte de gisements importants de pétrole à Parentis, dans les Landes. Là, dans une région sauvage couverte d'étangs et de forêts de pins, les ingénieurs se dépêchent d'exploiter cette richesse inattendue: le pétrole brut. Maintenant écoutez la conversation qui suit entre un visiteur et l'ingénieur qui est chef du forage—

Ingénieur. Le pétrole est un produit naturel du sol, comme le charbon. Nous avons trouvé qu'il y en a des quantités énormes ici. Une nappe de pétrole est à quelques centaines de mètres sous nos pieds.

Visiteur. Vraiment! Comment pouvez-vous en être sûr? Comment savez-vous localiser une nappe de pétrole?

I. Une nappe de pétrole est facilement localisée à l'aide d'instruments spéciaux.

V. Enfin, quand vous l'avez trouvée, que faites-vous?

I. Nous dressons un derrick, une haute tour métallique qui sert à supporter l'appareil de forage. Puis nous commençons le forage.

V. Est-ce sous ce derrick que vous allez trouver du pétrole?

I. Oui, monsieur, je l'espère. Regardez! Sur la haute tour du derrick se trouve une tige de forage terminée par un trépan. Celle-ci tourne à grande vitesse et le trépan creuse le sol.

V. Est-ce que ce trépan attaque le sol et les roches?

I. Oui, le trépan doit pénétrer directement dans les couches de roche. Il doit être d'une solidité à toute épreuve.

V. Est-il vrai que les dents du trépan sont en diamant?

I. Oui, c'est vrai. Le diamant est très commode, car c'est le plus dur des minéraux.

V. Et quelle est la longueur de la tige de forage?

I. Elle mesure trente mètres.

V. Est-ce que le trou que le trépan creuse est renforcé?

I. Oui, bien sûr. Le puits est consolidé par un tubage en ciment.

V. Est-ce que vous enlevez les morceaux de roche arrachés par le trépan?

I. Bien sûr. Nous injectons la boue sous pression dans la tige, ce qui permet à la fois d'évacuer les débris et de graisser le trépan.

V. A quelle profondeur, ce trépan, va-t-il creuser?

I. Le trépan continuera à creuser jusqu'au moment où le forage atteint la nappe de pétrole.

V. Qu'est-ce qui se passe?

I. Le forage a atteint la nappe de pétrole! Hourra! Le pétrole jaillit à la surface!

V. Pourquoi le pétrole jaillit-il si haut?

I. Ici la pression du gaz naturel est assez forte pour projeter le pétrole à la surface.

V. (*étonné*) Quel spectacle!

I. (*souriant*) Quand un puits est foré, il peut arriver que le pétrole sorte en gerbes plus ou moins élevées, dont on a peine à maîtriser le débit.

V. Qu'est-ce qui arriverait s'il n'y avait pas de gaz pour faire jaillir le pétrole à la surface?

I. On serait obligé d'extraire le pétrole au moyen de pompes puissantes.

V. Comment allez-vous recueillir le pétrole que vous avez trouvé ici?

I. C'est facile. Nous allons installer un «arbre de Noël» qui maîtrisera le jaillissement du pétrole.

V. Un «arbre de Noël», qu'est-ce que c'est?

I. C'est un système de vannes réglant le débit du puits en exploitation et alimentant le pipeline. Il nous permettra de recueillir tout le pétrole brut que nous désirons.

V. Le pétrole brut, qu'est-ce que c'est?

I. Eh bien, le pétrole brut, c'est le liquide que vous voyez maintenant tel qu'il jaillit du sol. Malheureusement tel qu'il est, il n'est pas utilisable.

V. (*étonné*) Pas utilisable! Alors, comment est-il rendu utilisable?

I. Il doit subir un raffinage. Il est transporté dans les oléoducs ou dans les pétroliers à la raffinerie. Là, il est dirigé vers des colonnes de distillation où il est raffiné.

V. Et après ça, peut-on l'utiliser?

I. Oui, car à la raffinerie on en tire l'essence, le gaz, le mazout, le kérosène, les huiles de graissage, le bitume, même le gas-oil pour les moteurs diesel.

V. Est-ce que tous ces produits pétrolifères sont sélectionnés à la raffinerie?

I. Oui, ils sont dirigés vers des réservoirs différents.

V. Et l'essence pour mon auto? Comment est-elle transportée de la raffinerie à ma station-service?

I. Elle est amenée en ville dans un wagon-citerne, puis un camion-citerne en fait la livraison.

V. (*riant*) La prochaine fois que je vais chercher de l'essence à ma station-service, je penserai à cette réserve naturelle de pétrole brut que vous êtes en train d'exploiter.

I. N'oubliez pas, monsieur, que ces réserves naturelles sont loin d'être épuisées. L'industrie du pétrole joue aujourd'hui un rôle essentiel dans la vie économique de la France.

Questions

Répondez aux questions suivantes—

1. Comment la présence d'une nappe de pétrole est-elle facilement localisée?

La présence d'une nappe de pétrole est facilement localisée à l'aide d'instruments spéciaux.

2. Pourquoi le pétrole jaillit-il si haut?
   Il jaillit si haut parce que la pression du gaz naturel est assez forte pour le projeter à la surface.

3. Qu'est-ce qui arriverait s'il n'y avait pas de gaz pour faire jaillir le pétrole à la surface?
   S'il n'y avait pas de gaz pour faire jaillir le pétrole à la surface, on serait obligé de l'extraire au moyen de pompes puissantes.

4. Comment l'ingénieur va-t-il recueillir le pétrole?
   Il va installer un « arbre de Noël » qui maîtrisera le jaillissement du pétrole.

5. « Un arbre de Noël », qu'est-ce que c'est?
   C'est un système de vannes réglant le débit du puits en exploitation et alimentant le pipeline.

6. Est-ce que le pétrole brut, tel qu'il est, est utilisable?
   Non, le pétrole brut, tel qu'il est, n'est pas utilisable: il doit subir un raffinage.

7. Comment est-il transporté à la raffinerie?
   Il est transporté à la raffinerie dans les oléoducs ou dans les pétroliers.

8. Est-ce que tous les produits pétrolifères sont sélectionnés à la raffinerie?
   Oui, ils sont tous sélectionnés à la raffinerie et dirigés vers des réservoirs différents.

9. Comment l'essence est-elle livrée à la station-service?
   L'essence est livrée dans un camion-citerne à la station-service.

10. Est-ce que l'industrie du pétrole joue aujourd'hui un rôle essentiel dans la vie économique de la France?
    Oui, l'industrie du pétrole joue aujourd'hui un rôle essentiel dans la vie économique de la France.

Basic Text

LE PÉTROLE ET LE GAZ NATUREL

Le pétrole est un fluide. Par les minuscules fissures et canaux de la roche-magasin, dans les gisements, il s'écoule vers les puits de production; sous la pression des forces souterraines, ou attiré par les pompes, il monte vers la surface. Il progresse dans les pipelines; il coule et il emplit les citernes des pétroliers qui, sur toutes les mers, l'emportent vers les pays consommateurs. Dans les raffineries il circule, fractionné dans les tours de distillation, modifié dans les réacteurs d'unités de transformation. Pipelines, wagons, chalands, camions le distribuent, en un réseau capillaire. Et les bacs de stockage, aux différentes étapes de ce voyage, ne sont, eu égard aux quantités mises en œuvre, que des haltes toutes provisoires, représentant le volant nécessaire pour éviter les à-coups dans ce flux gigantesque et continu.

Le pétrole est un fluide et, on pourrait dire plaisamment, un fluide-moteur, une des grandes sources mondiales d'énergie. L'on n'aura garde d'oublier les lubrifiants sans lesquels aucune machine au monde ne manquerait de gripper; et tant d'autres produits dérivés, du bitume des routes aux matières de base pour textiles de synthèse.

La découverte par *Esso* du gisement de Parentis en France en 1954 a été déterminante dans l'essor de la recherche du pétrole en France. Jusqu'en 1954 la France se croyait très pauvre en pétrole car les gisements de Pechelbronn en Alsace et de Lacq en Aquitaine ne fournissaient que 2% de sa consommation. Mais les vastes prospections entreprises depuis 1945 ont abouti à la découverte de gisements importants à Parentis, dans les Landes, et au Sahara. L'exploitation de ces gisements réduit déjà sensiblement la part des importations de pétrole brut. De récentes découvertes de pétrole laissent supposer que les ressources naturelles de la France en ce domaine sont loin d'être connues et exploitées.

Actuellement la France consomme environ 22 millions de tonnes de pétrole mais ne produit sur son territoire national qu'à peine plus de 3 millions de tonnes de pétrole brut. Produisant peu, la France, par contre, raffine beaucoup. A proximité des grands ports maritimes ou fluviaux s'élèvent de puissantes raffineries (basse Seine, estuaire de la Gironde, étang de Berre, Strasbourg). Leur capacité, 38 millions de tonnes, est supérieure aux besoins français. Aussi exportent-ils leur excédent en produits de raffinage: essence, pétrole flambant, goudron, etc.

Les installations pétrolières de Lavéra s'efforcent de s'adapter aux tailles croissantes des pétroliers (une drague travaille sans relâche à l'aprofondissement de la passe). De gigantesques bacs de stockage sont comme posés sur la roche à peine aplanie; certains contiennent 20 000 mètres cubes de pétrole brut. Celui-ci est distribué aux raffineries du groupe de l'étang de Berre; la plus proche du port est celle de Lavéra dont les unités de distillation et de cracking se dressent. Les raffineries de pétrole fournissent non seulement des produits énergétiques (essence, gas-oil, mazout), mais aussi des matières premières pour l'industrie pétrochimique. De plus en plus, des usines satellites se construisent à proximité des raffineries, constituant ainsi de véritables «complexes industriels».

Les raffineries de pétrole appartiennent au type d'industries fixées sur le littoral. Dans les ports français les pétroliers se chargent de transporter le pétrole sur tous les océans. Actuellement on songe à construire des pétroliers géants d'un million de tonnes. Ces géants de la mer seront deux fois plus grands (558m. de long au lieu de 298m.) que le paquebot *France*. Une seule cargaison suffira à fournir l'essence d'un mois à tous les automobilistes français. Des cales de 300 000 tonnes sont en projet à la Ciotat et Saint-Nazaire. Ces «dinosaures de la mer» ne pourront pas franchir certaines passes comme le Canal de Suez ou le Pas de Calais. Ces bateaux d'un million de tonnes auront un tirant d'eau de 38 m. Pour aller du Moyen-Orient en Europe, ils devront contourner le Cap de Bonne Espérance puis décharger leur cargaison dans des ports très profonds.

27

En France, Le Havre devra pouvoir recevoir en 1972 des pétroliers de 350 000 à 400 000 tonnes et le futur port marseillais de Fos, des tankers de 200 000 tonnes. N'oublions pas le gaz naturel de Lacq. Après une campagne méthodique, menée par la Société Nationale des Pétroles d'Aquitaine, le gaz naturel à Lacq a jailli en 1951. Qui se serait douté voici quelques années de la présence d'un formidable gisement de gaz naturel logé entre 3 300 et 4 300 mètres au-dessous de la verdoyante vallée du Gave de Pau? Son énorme pression et sa forte teneur en hydrogène sulfuré ont d'abord paralysé la mise en valeur. Patiemment il a fallu mettre au point de nouvelles techniques, créer de nouveaux matériaux, capables de résister à la corrosion. En 1957 les installations ont commencé à fonctionner. Distribué par conduites spéciales le gaz peut alimenter des industries comme les cimenteries, la chimie, la sidérurgie, la céramique ou encore des centrales thermiques près desquelles se sont fixées des usines d'aluminium. Le gaz est enfin une merveilleuse matière première pour la chimie de synthèse. Un vaste complexe industriel est en train de naître autour du gisement de Lacq.

Questions

Répondez aux questions suivantes—

1. A votre avis, le pétrole est-il une des grandes sources mondiales d'énergie de nos jours?
   Oui, à mon avis, le pétrole est de nos jours une des grandes sources mondiales d'énergie.

2. Qu'est-ce qui a été déterminant dans l'essor de la recherche du pétrole en France?
   La découverte par Esso du gisement de Parentis a été déterminante dans l'essor de la recherche du pétrole en France.

3. Pourquoi la France se croyait-elle très pauvre en pétrole jusqu'en 1954?
   La France se croyait très pauvre en pétrole jusqu'en 1954 parce que les gisements de Pechelbronn et de Lacq ne fournissaient que 2% de sa consommation.

4. A quoi les vastes prospections entreprises ont-elles abouti?
   Les vastes prospections entreprises ont abouti à la découverte de gisements importants à Parentis dans les Landes et au Sahara.

5. Est-ce que l'exploitation des gisements à Parentis et au Sahara a réduit la part des importations de pétrole brut en France?
   Oui, l'exploitation de ces gisements a sensiblement réduit la part des importations de pétrole brut en France.

6. Peut-on supposer que les ressources naturelles de la France en ce domaine sont loin d'être connues et exploitées?
   Oui, on peut supposer que les ressources naturelles de la France en ce domaine sont loin d'être connues et exploitées.

7. Combien de millions de tonnes de pétrole la France consomme-t-elle actuellement?
   Actuellement la France consomme environ 22 millions de tonnes de pétrole.

8. Combien de millions de tonnes de pétrole brut la France produit-elle actuellement sur son territoire national?

   La France produit actuellement à peine plus de 3 millions de tonnes de pétrole brut sur son territoire national.

9. Où s'élèvent les puissantes raffineries françaises?

   Elles s'élèvent à proximité des grands ports maritimes ou fluviaux.

10. Est-ce que la capacité des raffineries françaises est supérieure aux besoins français?

    Oui, la capacité des raffineries françaises, 38 millions de tonnes, est supérieure aux besoins français.

11. Combien de mètres cubes de pétrole brut contiennent certains des gigantesques bacs de stockage à Lavéra?

    Certains des gigantesques bacs de stockage à Lavéra contiennent 20 000 mètres cubes de pétrole brut.

12. Qu'est-ce qu'on songe à construire pour transporter le pétrole sur tous les océans?

    On songe à construire des pétroliers géants d'un million de tonnes pour transporter le pétrole sur tous les océans.

13. Quels ports en France devront pouvoir recevoir ces pétroliers géants?

    En France Le Havre devra recevoir en 1972 des pétroliers de 350 000 à 400 000 tonnes et le futur port marseillais de Fos des tankers de 200 000 tonnes.

14. Quand le gaz naturel à Lacq a-t-il jailli?

    Le gaz naturel à Lacq a jailli en 1951.

15. Qu'est-ce qui est en train de naître autour du gisement de Lacq?

    Un vaste complexe industriel est en train de naître autour du gisement de Lacq.

Structure Drills

I. aller + *Infinitive* > *Future Tense*

Modèle—

Vous entendez: Ces géants de la mer vont être deux fois plus grands que le *France.*

Vous dites: Oui, ces géants de la mer seront deux fois plus grands que le *France.*

Commencez—

1. Ces géants de la mer vont être deux fois plus grands que le *France.*
   Oui, ces géants de la mer seront deux fois plus grands que le France.

2. Une seule cargaison va suffir à fournir l'essence d'un mois.
   Oui, une seule cargaison suffira à fournir l'essence d'un mois.

3. Ces bateaux d'un million de tonnes vont avoir un tirant d'eau de 38 mètres.
   Oui, ces bateaux d'un million de tonnes auront un tirant d'eau de 38 mètres.

4. Ces pétroliers énormes vont devoir contourner le Cap de Bonne Espérance.
   Oui, ces pétroliers énormes devront contourner le Cap de Bonne Espérance.

5. Le Havre va pouvoir recevoir en 1972 ces pétroliers énormes.
   Oui, Le Havre pourra recevoir en 1972 ces pétroliers énormes.

6. Ces géants de la mer vont avoir 558 mètres de long.
   Oui, ces géants de la mer auront 558 mètres de long.

7. Ce trépan va continuer à creuser.
   Oui, ce trépan continuera à creuser.

8. Les foreurs vont trouver du pétrole brut ici.
   Oui, les foreurs trouveront du pétrole brut ici.

9. Le visiteur va penser à cette réserve naturelle de pétrole brut.
   Oui, le visiteur pensera à cette réserve naturelle de pétrole brut.

10. Il va acheter de l'essence à sa station-service.
    Oui, il achètera de l'essence à sa station-service.

II. *Reply in the negative, using the negative form given, and substituting all nouns for pronouns in your responses—*
Modèle—
   Vous entendez: Avez-vous trouvé le gisement? (ne . . . pas)
   Vous dites: Non, je ne l'ai pas trouvé.
Commencez—
   1. Avez-vous trouvé le gisement? (ne . . . pas)
      Non, je ne l'ai pas trouvé.

   2. Avez-vous commencé le forage? (ne . . . pas encore)
      Non, je ne l'ai pas encore commencé.

   3. Le pétrole brut, est-il utilisable? (ne . . . jamais)
      Non, il n'est jamais utilisable.

   4. Pouvez-vous être sûr de ce fait? (ne . . . plus)
      Non, je ne peux plus en être sûr.

   5. Enlevez-vous quelque chose? (ne . . . rien)
      Non, je n'enlève rien.

   6. Allez-vous transporter le pétrole à la raffinerie (ne . . . pas)
      Non, je ne vais pas l'y transporter.

   7. Est-il possible? (ne . . . guère)
      Non, il n'est guère possible.

   8. Avez-vous décidé de commencer le forage? (ne . . . point)
      Non, je n'ai point décidé de le commencer.

9. Allez-vous installer un arbre de Noël? (ne. . . aucun)
   Non, je ne vais installer aucun arbre de Noël.

10. Peut-on l'utiliser? (ne . . . jamais)
    Non, on ne peut jamais l'utiliser.

III. qu'est-ce qui? qu'est-ce que?
Modèle—
  Vous entendez: La nappe de pétrole est facilement localisée.
  Vous dites: Qu'est-ce qui est facilement localisé?
Commencez—
  1. La nappe de pétrole est facilement localisée.
     Qu'est-ce qui est facilement localisé?

  2. Le forage a atteint la nappe de pétrole.
     Qu'est-ce qui a atteint la nappe de pétrole?

  3. Un camion-citerne fait la livraison.
     Qu'est-ce qui fait la livraison?

  4. L'industrie du pétrole joue un rôle essentiel.
     Qu'est-ce qui joue un rôle essentiel?

  5. Le trépan pénètre directement dans les couches de roche.
     Qu'est-ce qui pénètre directement dans les couches de roche?

  6. Je vais chercher de l'essence.
     Qu'est-ce que je vais chercher?

  7. Il va installer un arbre de Noël.
     Qu'est-ce qu'il va installer?

  8. Il a fallu mettre au point de nouvelles techniques.
     Qu'est-ce qu'il a fallu mettre au point?

  9. Ils empêchaient les prix de monter.
     Qu'est-ce qu'ils empêchaient de monter?

  10. Il va recueillir le pétrole.
      Qu'est-ce qu'il va recueillir?

IV. *Prepositions*
  You will hear a sentence in which the preposition has been omitted. Repeat the sentence inserting the correct preposition.
Modèle—
  Vous entendez: Une seule cargaison suffira . . . fournir l'essence d'un mois à tous les automobilistes français.
  Vous dites: Une seule cargaison suffira à fournir l'essence d'un mois à tous les automobilistes français.

Commencez—

1. Une seule cargaison suffira . . . fournir l'essence d'un mois à tous les automobilistes français.
   Une seule cargaison suffira à fournir l'essence d'un mois à tous les automobilistes français.

2. Je penserai . . . cette réserve naturelle de pétrole.
   Je penserai à cette réserve naturelle de pétrole.

3. Les prospections ont abouti . . . la découverte importante.
   Les prospections ont abouti à la découverte importante.

4. Actuellement on songe . . . construire des pétroliers géants.
   Actuellement on songe à construire des pétroliers géants.

5. On ne peut parler . . . l'organisation d'une grande société.
   On ne peut parler de l'organisation d'une grande société.

6. Les installations ont commencé . . . fonctionner.
   Les installations ont commencé à fonctionner.

7. Les pétroliers se chargent . . . transporter le pétrole.
   Les pétroliers se chargent de transporter le pétrole.

V. *Completion Exercise*
   Complete the following sentences with reference to the text—

1. Le puits est consolidé par. . . .
   (*un tubage en ciment*)

2. Le pétrole est un produit naturel du sol comme. . . .
   (*le charbon*)

3. Le diamant, c'est le plus dur. . . .
   (*des minéraux*)

4. La pression du gaz naturel est assez forte pour. . . .
   (*projeter le pétrole à la surface*)

5. Dans les ports français les pétroliers se chargent de. . . .
   (*transporter le pétrole sur tous les océans*)

6. La découverte du gisement de Parentis en France a été déterminante dans. . . .
   (*l'essor de la recherche du pétrole en France*)

7. Les installations pétrolières de Lavéra s'efforcent de s'adapter. . . .
   (*aux tailles croissantes des pétroliers*)

8. Les raffineries de pétrole appartiennent au type d'industries. . . .
   (*fixées sur le littoral*)

9. Une seule cargaison suffira à fournir l'essence d'un mois à. . . .
   (*tous les automobilistes français*)

10. Un vaste complexe industriel est en train de naître autour. . . .
    (*du gisement de Lacq*)

32

VI. *Translation Drill*

A spontaneous oral translation into French is to be given immediately after you have heard the English phrase—

For some time the French have been thinking	*Depuis quelque temps les Français songent*
of building some gigantic tankers	*à construire des pétroliers géants*
which will be twice as big as	*qui seront deux fois plus grands que*
the liner *France*.	*le paquebot France.*
These giants of the sea	*Ces géants de la mer*
will be 558 metres long	*auront 558 mètres de long*
instead of 298 metres.	*au lieu de 298 mètres.*
One single cargo will be sufficient	*Une seule cargaison suffira*
to supply a month's petrol	*à fournir l'essence d'un mois*
to all French motorists.	*à tous les automobilistes français.*
These enormous tankers	*Ces pétroliers énormes*
will not be able to pass through	*ne pourront pas franchir*
the Suez Canal or the Straits of Dover.	*le Canal de Suez ou le Pas de Calais.*
In order to go from the Middle East	*Pour aller du Moyen-Orient*
into Europe	*en Europe*
they will have to go round	*ils devront contourner*
the Cape of Good Hope	*le Cap de Bonne Espérance*
and then unload their cargo	*et puis décharger leur cargaison*
in very deep ports.	*dans des ports très profonds.*
In 1972 Le Havre will be able	*En 1972 Le Havre pourra*
to accommodate tankers of 350,000 tons	*recevoir des pétroliers de 350 000 tonnes*
and the future Marseilles port of Fos	*et le futur port marseillais de Fos*
tankers of 200,000 tons.	*des pétroliers de 200 000 tonnes.*

Selected Vocabulary List: Unit 3

une action, *share*
appartenir à, *to belong to*
le bac de stockage, *storage tank*
le bitume, *bitumen*
la boue, *sludge, mud*
le camion-citerne, *petrol tanker*
la campagne, *campaign*
la cargaison, *cargo*
le chaland, *lighter, barge*
circuler, *to circulate*
la colonne de distillation, *distillation tower*

le complexe, *complex*
le consommateur, *consumer*
contenir, *to contain*
contourner, *to go round*
la couche de roche, *layer of rock*
creuser, *to dig*
le débit, *discharge, delivery, rate of oil-flow*
le débris, *excavated material*
décharger, *to unload*
la découverte, *discovery*
diriger, *to direct*

33

se douter, *to suspect, surmise*
la drague, *dredger*
une échelle, *scale*
l'efficacité (*f*), *effectiveness, efficiency*
empêcher, *to prevent*
entreprendre, *to undertake*
épuiser, *to work out, exhaust, use up*
l'essence (*f*), *petrol*
une étape, *stage (of journey)*
une exigence, *demand, requirement*
l'exploitation, *exploiting, getting (of oil)*
exploiter, *to exploit, get (oil)*
faire la livraison, *to make delivery*
la fissure, *fissure, cleft (in rock)*
le fluide, *fluid*
le forage, *drilling, bore-hole, boring*
le foreur, *driller*
la fourniture, *supply*
fractionner, *to crack (mineral oils)*
le fret, *freight*
le gaz, *gas*
   le gaz naturel, *natural gas*
le gisement, *layer, bed, stratum*
   le gisement pétrolifère, *oil-field*
le goudron, *tar*
une huile de graissage, *lubricating oil*
l'industrie pétrochimique (*f*), *petro-*
   leum chemical industry
l'industrie pétrolière, *mineral-oil in-*
   dustry
l'installation (*f*), *plant*
investir, *to invest*
l'investissement (*m*), *investment*
jaillir, *to gush (forth), to spout up*
le kérosène, *paraffin oil*
le littoral, *coast*

localiser, *to localize, locate*
le lubrifiant, *lubricant*
maîtriser, *to get under control*
la matière de base, *basic material*
les matières premières, *raw materials*
le mazout, *fuel oil*
le moteur diesel, *diesel engine*
une nappe de pétrole, *oil-sheet*
l'oléoduc (*m*), *pipeline*
le pétrole, *oil*
   le pétrole brut, *crude oil*
le pétrolier, *oil tanker*
la pression, *pressure*
le producteur, *producer*
le produit pétrolifère, *oil product*
la prospection, *prospecting*
le raffinage, *refining*
raffiner, *to refine*
la raffinerie, *refinery*
le raffineur, *refiner*
réduire, *to reduce*
le réservoir, *reservoir, tank*
la roche-magasin, *reservoir rock*
la station-service, *filling station*
la taille croissante, *increasing size*
le taux, *rate*
la tige de forage, *drilling tube, drill pipe*
le tirant d'eau, *(ship's) draught*
transporter, *to transport*
le transporteur, *transporter*
le trépan, *drilling-bit*
le tubage, *tubing, casing*
l'utilisateur, *user*
utiliser, *to use*
le vendeur, *seller, vendor*
le wagon-citerne, *tank-wagon*

4

La Métallurgie

L'INDUSTRIE sidérurgique en France est concentrée autour des gisements de fer de Lorraine et autour des mines de charbon du Nord et du Pas-de-Calais. Cette industrie, qui fournit de l'acier à la plupart des autres industries françaises, est donc une des plus importantes de France. Maintenant écoutez la conversation qui suit entre un métallurgiste et un visiteur à l'usine sidérurgique—

MÉTALLURGISTE. Dans la course au progrès entreprise par la France, la sidérurgie tient une place de choix.

VISITEUR. Est-ce que la sidérurgie s'adapte bien à toutes les techniques?

M. Oui, l'acier sous toutes ses formes est présent dans les réalisations les plus spectaculaires de la technique française.

V. Pouvez-vous m'en donner quelques exemples?

M. Acier laminé, acier moulé, acier forgé ou fileté, câbles porteurs et sus-pentés, fontes et tubes, armatures pour béton armé sont entrés pour plus de 15 000 tonnes dans la contruction du pont de Tancarville sur l'estuaire de la Seine.

V. Le pont de Tancarville, c'est le plus grand pont de l'Europe continentale, n'est-ce pas?

M. Oui. D'autre part 26 000 tonnes de tôles et de profilés ont été utilisées pour la construction du paquebot *France*. Comme vous savez déjà, le *France*, lancé en 1960, est l'un des navires les plus modernes du monde!

V. Oui, j'ai déjà vu ce transatlantique moderne. C'est une réalisation très spectaculaire de la technique française. Mais dites-moi, est-ce que le centre de cette usine sidérurgique est constitué par ces hauts fourneaux là-bas?

M. Oui, symbole de la puissance industrielle, le haut fourneau reste, jusqu'à présent, l'élément fondamental du paysage sidérurgique.

V. Est-ce que cette industrie peut se fixer sur le minerai, sur le charbon ou encore près des ports?

M. Oui, en France elle s'est fixée sur le minerai de Lorraine, sur le charbon du Nord et du Pas-de-Calais, et près du port de Dunkerque.

V. Où se trouve le foyer sidérurgique le plus important de France?

M. Il s'est développé sur le minerai lorrain. Presque 66% de la production sidérurgique est concentrée autour des gisements de fer de Lorraine.

V. Est-ce que le traitement sur place du minerai lorrain réduit les frais?

M. Oui, dans le but de réduire les frais, le traitement sur place par des installations puissantes s'est révélé indispensable.

V. Combien de tonnes de minerai par jour traite un de ces hauts fourneaux?

M. Ici le plus gros de ces huit fourneaux traite par jour en moyenne 1 800 tonnes de minerai.

V. Est-ce que le minerai est mélangé au coke au sommet du haut fourneau?

M. Oui, il s'y ajoute environ 600 tonnes de coke et un tonnage variable de «fondant» et de ferrailles.

V. Et à la sortie du fourneau, peut-on voir la fonte en fusion?

M. Oui, de plus en plus la coulée de la fonte s'effectue d'une façon continue.

V. Est-ce que les canalisations répartissent les gaz chauds nécessaires à la combustion?

M. Oui, une partie de ces gaz est récupérée et fournie aux installations annexes.

V. Quelles sont les installations annexes?

M. Ce sont les aciéries, les laminoirs, les cimenteries et les usines d'engrais.

V. Où se trouvent les grandes aciéries françaises?

M. Les grandes aciéries d'*Usinor* sont à Dunkerque et celles de *Lorraine-Escaut* sont à Longwy et Thionville. En 1966 ces deux géants ont été fusionnés en un groupe.

V. Ce groupe, représente-t-il un grand chiffre d'affaires?

M. Bien sûr. Il représente une quinzaine d'usines, près de 50 000 ouvriers, et un chiffre d'affaires d'environ 3 milliards et demi de francs.

V. Produit-il une grande partie de la production française d'acier?

M. Oui, il produit le tiers de la production française d'acier brut, la moitié de celle de tôles fines et les trois quarts de celle de tubes.

V. N'y a-t-il pas d'autres grandes aciéries en France?

M. Oui, il y a celles des *Wendel* qui ont récemment dû accepter la fusion avec *Sidelor* et *La Mosellane de Sidérurgie*.

V. Est-il vrai que ce groupe est maintenant au premier rang en France?

M. Oui. Il est aussi quatrième dans la sidérurgie européenne avec un chiffre d'affaires supérieur à 5 milliards et une production de 7,2 millions de tonnes d'acier.

V. Est-il vrai que l'acier est essentiel pour toutes les industries mécaniques?

M. Oui, l'acier alimente toutes les industries mécaniques et transformatrices des métaux.

V. Est-ce que les industries de transformation des métaux se servent seulement de l'acier?

M. Non, elles se servent aussi du cuivre, du plomb, de l'étain, du zinc et de la bauxite.

V. Est-ce que vous pouvez m'expliquer le mot «bauxite»?

M. Oui, avec plaisir. C'est un minerai dont on extrait l'aluminium. Il tire son nom d'une localité de Provence, les Baux.

V. Est-ce que la France est riche en fer et en bauxite?

M. Oui. La France occupe le premier rang en Europe et le troisième dans le monde pour la production du fer tandis que sa production de la bauxite a triplé depuis la dernière guerre et place la France au 4e rang dans le monde.

V. Est-ce que la France produit beaucoup de cuivre, de plomb, d'étain ou de zinc?

M. Non, elle n'en produit que très peu.

V. Est-il vrai que la France, pour la première fois, va produire du tungstène?

M. Oui, un gisement va être mis en exploitation d'ici à trois ans dans l'Ariège à Salau.

V. A quoi le tungstène sert-il?

M. Il sert à la fabrication d'aciers spéciaux et son utilisation augmente dans la recherche spatiale.

V. Mais c'est surtout la sidérurgie qui est un des moteurs de l'industrie française, n'est-ce pas?

M. Oui, sans doute. L'industrie sidérurgique fournit de l'acier à toutes les industries de transformation. Le travail d'un ouvrier sidérurgique permet l'activité de dix ouvriers des industries mécaniques.

V. Quelles sont les principales industries de transformation?

M. Les principales sont l'industrie automobile, l'industrie aéronautique et la construction navale. Elles fournissent aussi des machines et du matériel extrêmement variés, comme par exemple machines agricoles, locomotives et wagons, armes, matériel électrique, etc.

V. Et toutes ces industries dépendent de l'industrie sidérurgique!

M. Oui, l'industrie sidérurgique qui fournit de l'acier à la plupart des autres industries constitue par là un des principaux moteurs de l'expansion.

Questions

Répondez aux questions suivantes—

1. Où l'industrie sidérurgique en France est-elle concentrée?

   L'industrie sidérurgique en France est concentrée autour des gisements de fer de Lorraine et autour des mines de charbon du Nord et du Pas-de-Calais.

2. Qu'est-ce que l'industrie sidérurgique fournit à la plupart des autres industries françaises?

   Elle fournit de l'acier à la plupart des autres industries françaises.

3. Qu'est-ce qui est présent dans les réalisations les plus spectaculaires de la technique française?

   L'acier sous toutes ses formes est présent dans les réalisations les plus spectaculaires de la technique française.

4. Quel est le plus grand pont de l'Europe continentale?

   Le pont de Tancarville est le plus grand pont de l'Europe continentale.

5. Combien de tôles et de profilés ont été utilisés pour la construction du paquebot *France*?

   26 000 tonnes de tôles et de profilés ont été utilisées pour la construction du paquebot France.

6. Quel est le symbole de la puissance industrielle et l'élément fondamental du paysage sidérurgique?

Le haut fourneau est le symbole de la puissance industrielle et l'élément fondamental du paysage sidérurgique.

7. Que voit-on à la sortie du fourneau?
   A la sortie du fourneau on voit la fonte en fusion.

8. Quel pourcentage de la production sidérurgique est concentré autour des gisements de fer de Lorraine?
   Presque 66% de la production sidérurgique est concentré autour des gisements de fer de Lorraine.

9. Quelles installations sont annexes au fourneau?
   Ce sont les aciéries, les laminoirs, les cimenteries et les usines d'engrais.

10. Quelles sont les principales industries de transformation des métaux?
    Les principales sont l'industrie automobile, l'industrie aéronautique et la construction navale.

Basic Text

LE GÉNIE INDUSTRIEL

Derrière la façade étincelante de l'immeuble Heurtey, 1 300 personnes sur les 2 200 de son effectif—ingénieurs, techniciens et employés répartis en de multiples bureaux et ateliers—conçoivent, dessinent et élaborent les plans et maquettes du monde industriel de demain. A peine franchi le seuil de cette étonnante maison, on est saisi par le génie du lieu, et le génie du lieu c'est, visiblement, un sens puissant de l'organisation. Ici l'an 2000 est tout proche. Tout fonctionne dans le silence et l'harmonie avec cette perfection presque inhumaine que nous attribuons, un peu naïvement, aux âges futurs. Les ascenseurs, bien sûr, sont électroniques, les employés sont en blouse blanche, les téléphonistes ont un millier de lignes intérieures et une centaine d'extérieures au bout de leurs doigts, et c'est à un ordinateur que les divers services techniques confient le soin de calculer et de se souvenir. Pourtant, ce qui se passe au 32 de la rue Guersant à Paris est aussi éloigné que possible de l'univers fantastique de la science-fiction. L'activité du Groupe Heurtey est liée directement à un besoin croissant de l'industrie moderne, c'est-à-dire, en fait, aux produits quotidiennement utilisés par le consommateur.

Les grandes réalisations industrielles ne peuvent désormais se passer du recours à ce qu'il faut bien appeler l'*Engineering*. A ce terme anglais on pourrait préférer celui de «Génie Industriel», mais le mot *Engineering*, qui a reçu ses lettres de noblesse en Amérique, est le plus courant. Les méthodes de l'*Engineering* peuvent être appliquées à la plupart des problèmes que pose une société technicienne. Ce que le Génie est à l'armée, l'*Engineering* l'est chaque jour davantage aux activités les plus variées de la vie moderne, qu'il s'agisse de construire un ensemble industriel, d'organiser des loisirs collectifs ou de rationaliser la circulation routière. Son intervention, en fin de compte, représente une économie considérable de personnel et de temps.

Les principales activités Heurtey concernent l'*engineering*, c'est-à-dire la conception, l'étude et la réalisation d'ensembles ou d'unités industrielles. Elles comprennent: le pétrole et la pétrochimie, la chimie, le chauffage et l'air conditionné, la sidérurgie et les métaux non ferreux, l'énergie nucléaire, les échangeurs, l'automatisation, la lyophilisation[1] de produits alimentaires, la chromisation de l'acier, le revêtement de bandes métalliques. Quelques-unes de ses nombreuses réalisations sont le four à arc pour la fusion d'aciers spéciaux, la climatisation du nouvel immeuble de la C.S.F.,[2] le tableau de commande à programmateur du chargement automatique des hauts fourneaux d'*Usinor* à Dunkerque, une unité de distillation de la raffinerie *Shell* à Berre, enfin une montagne de soufre aux *Pétroles d'Aquitaine* à Lacq, où les travaux réalisés par Heurtey ont contribué à faire de la France le second producteur du monde de soufre, après les États-Unis, avec un chiffre annuel de 1 500 000 tonnes.

La France compte aujourd'hui plusieurs sociétés d'*Engineering* d'importance, sans oublier les grandes sociétés étrangères qui ont droit de cité en France par le truchement de leurs propres filiales, mais il faut appeler réellement «Sociétés d'*Engineering*» celles qui groupent plus de 400 à 500 personnes, et elles sont encore rares en France.

Heurtey se situe en haut de l'échelle et dans ses spécialités ne le cède à personne. Heurtey peut aussi bien se contenter de préparer les plans d'une unité métallurgique et de vendre ses études, que de la réaliser et de la livrer «clés en main». Heurtey peut assurer les mêmes services à d'autres branches de l'industrie.

L'*Engineering* Heurtey se caractérise par sa souplesse de service et par une grande faculté d'adaptation qui est l'essentiel de son dynamisme. La promotion des techniques de pointe, le recours aux automatisations les plus perfectionnées, l'utilisation optimum de matériaux travaillant dans des conditions sévères mais sûres, l'observation des délais, les contrôles qualitatifs dans une planification rigoureuse sont ses préoccupations majeures et en constituent l'atout maître. Dans tous les contrats passés avec les fournisseurs, il se réserve le droit d'intervenir à tout moment dans leurs ateliers pour surveiller les qualités de matériaux, leur conformité aux normes, et s'assurer du respect des délais. Pour mener à bien cette tâche difficile, Heurtey dispose de spécialistes triés sur le volet. Ils étaient 35 en 1935, ils sont 2 200 aujourd'hui répartis en sociétés autonomes françaises, allemande, anglaise, belge, espagnole, italienne, suédoise, américaine et sud-africaine. Le rapprochement de ces deux chiffres illustre la fulgurante progression de l'*Engineering*. Sur ces 2 200 personnes, on compte 450 ingénieurs français et étrangers.

Ce que vend Heurtey, c'est essentiellement de l'intelligence: de la matière grise, ce qu'on entend, plus précisément, par l'expression anglaise *know-how*. Cela fait quelque chose de très particulier et de très original. On rencontre dans ses laboratoires, dans ses ascenseurs, dans ses ateliers, penchés sur des maquettes, sur des planches à dessin, plus de «grosses têtes» (*egg heads* comme disent les

---

[1] *la lyophilisation*: la nouvelle technique de conservation de produits alimentaires.
[2] *la C.S.F.*: la Compagnie télégraphique Sans Fil.

Américains) que dans la plupart des autres entreprises. La grosse majorité du personnel porte cravate: ces ouvriers de l'*Engineering* sont le plus souvent cadres. Le grand public ne le sait pas et pourtant cette entreprise est présente partout dans les industries de base. S'agit-il d'une aciérie, d'une usine d'alliages légers ou de cuivreux, d'une raffinerie pétrolière, d'une usine pétrochimique, d'un complexe chimique, il est rare que les hommes de Heurtey, de près ou de loin, n'aient eu leur mot à dire.

Questions

Répondez aux questions suivantes—

1. Combien de personnes sont réparties en de multiples bureaux et ateliers de l'immeuble Heurtey à Paris?
   1 300 personnes sur les 2 200 de son effectif sont réparties en de multiples bureaux et ateliers de l'immeuble Heurtey à Paris.

2. Qu'est-ce que les ingénieurs, les techniciens et les employés de l'entreprise Heurtey conçoivent et dessinent?
   Ils conçoivent et dessinent les plans et les maquettes du monde industriel de demain.

3. Combien de lignes intérieures et extérieures les téléphonistes ont-ils au bout de leurs doigts?
   Ils ont un millier de lignes intérieures et une centaine d'extérieures au bout de leurs doigts.

4. A quoi les divers services techniques confient-ils le soin de calculer et de se souvenir?
   Ils confient le soin de calculer et de se souvenir à un ordinateur.

5. Lequel est le plus courant en France: le terme français de «Génie Industriel» ou le mot anglais *Engineering*?
   Le mot anglais Engineering *est le plus courant en France.*

6. Quelles sont les principales activités Heurtey?
   Ce sont la conception, l'étude et la réalisation d'ensembles ou d'unités industrielles.

7. Qu'est-ce que les travaux réalisés par Heurtey à Lacq ont contribué à faire de la France?
   Ils ont contribué à faire de la France le second producteur du monde de soufre.

8. Combien de tonnes de soufre par an sont produites en France?
   1 500 000 tonnes de soufre par an sont produites en France.

9. Est-ce que les sociétés étrangères d'*engineering* ont le droit de cité en France?
   Oui, elles ont le droit de cité en France par le truchement de leurs propres filiales.

10. Qu'est-ce qu'on appelle réellement une société d'*engineering*?
    *On appelle réellement une société d'*engineering *celle qui groupe plus de 400 à 500 personnes.*

11. Y a-t-il beaucoup de sociétés françaises d'*engineering*?
Non, elles sont encore rares en France.

12. Comment l'entreprise Heurtey se caractérise-t-elle?
Elle se caractérise par la souplesse de service et par une grande faculté d'adaptation.

13. Quel droit se réserve-t-elle dans tous les contrats passés avec les fournisseurs?
Elle se réserve le droit d'intervenir à tout moment dans leurs ateliers pour surveiller les qualités de matériaux, leur conformité aux normes, et s'assurer du respect des délais.

14. Sur les 2 200 personnes employées par l'entreprise Heurtey, combien d'ingénieurs compte-t-on?
Sur les 2 200 personnes employées par l'entreprise Heurtey on compte 450 ingénieurs.

15. Pourquoi la majorité du personnel porte-t-elle cravate?
La majorité du personnel porte cravate parce que les ouvriers sont le plus souvent cadres.

Structure Drills

I. *Adjectives* > *Comparative* > *Superlative*
Demonstrative Adjectives, **ce, cet, cette**
Modèle—
   Vous entendez: Cet élément est fondamental.
   Vous dites: Cet élément-ci est plus fondamental que cet élément-là.
       C'est l'élément le plus fondamental du monde.
Commencez—
   1. Cet élément est fondamental.
   Cet élément-ci est plus fondamental que cet élément-là.
   C'est l'élément le plus fondamental du monde.

   2. Cette réalisation est spectaculaire.
   Cette réalisation-ci est plus spectaculaire que cette réalisation-là.
   C'est la réalisation la plus spectaculaire du monde.

   3. Cette activité est variée.
   Cette activité-ci est plus variée que cette activité-là.
   C'est l'activité la plus variée du monde.

   4. Cette industrie est importante.
   Cette industrie-ci est plus importante que cette industrie-là.
   C'est l'industrie la plus importante du monde.

   5. Ce travail est bon.
   Ce travail-ci est meilleur que ce travail-là.
   C'est le meilleur travail du monde.

   6. Cette aciérie est grande.
   Cette aciérie-ci est plus grande que cette aciérie-là.
   C'est la plus grande aciérie du monde.

41

7. Cette technique est industrielle.
   Cette technique-ci est plus industrielle que cette technique-là.
   C'est la technique la plus industrielle du monde.

8. Ce terme est courant.
   Ce terme-ci est plus courant que ce terme-là.
   C'est le terme le plus courant du monde.

9. Cette matière est technique.
   Cette matière-ci est plus technique que cette matière-là.
   C'est la matière la plus technique du monde.

10. Cette tâche est difficile.
    Cette tâche-ci est plus difficile que cette tâche-là.
    C'est la tâche la plus difficile du monde.

II. en + *Present Participle*
Modèle—
Vous entendez: L'homme d'affaires et le commis-voyageur attendaient dans une longue file; ils discutaient la crise.

Vous dites: En attendant dans une longue file l'homme d'affaires et le commis voyageur discutaient la crise.
Commencez—

1. L'homme d'affaires et le commis-voyageur attendaient dans une longue file; ils discutaient la crise.
   En attendant dans une longue file, l'homme d'affaires et le commis-voyageur discutaient la crise.

2. Le directeur a vu la longue file de 40 ou 50 personnes; il a décidé de ne pas attendre.
   En voyant la longue file de 40 ou 50 personnes, le directeur a décidé de ne pas attendre.

3. Le directeur est rentré à son bureau; il a déversé sa colère sur sa secrétaire.
   En rentrant à son bureau, le directeur a déversé sa colère sur sa secrétaire.

4. La secrétaire s'est rendue compte que la ligne n'était pas libre; elle a décroché l'appareil.
   En se rendant compte que la ligne n'était pas libre, la secrétaire a décroché l'appareil.

5. Le directeur attendait longtemps la réponse d'un client; il dictait quelques lettres à sa secrétaire.
   En attendant longtemps la réponse d'un client, le directeur dictait quelques lettres à sa secrétaire.

6. L'homme d'affaires essayait d'obtenir son numéro à New York; il passait son temps écroulé sur la banquette de la salle d'attente.
   En essayant d'obtenir son numéro à New York, l'homme d'affaires passait son temps écroulé sur la banquette de la salle d'attente.

7. La secrétaire a vu que son patron était occupé; elle ne l'a pas dérangé.
En voyant que son patron était occupé, la secrétaire ne l'a pas dérangé.

8. L'homme d'affaires a évité les moments de pointe; il a enfin réussi à obtenir son numéro d'appel.
En évitant les moments de pointe l'homme d'affaires a enfin réussi à obtenir son numéro d'appel.

III. après + *Past Infinitive*
Modèle—
Vous entendez: L'homme d'affaires est entré dans son bureau, puis il a consulté l'annuaire.
Vous dites: Après être entré dans son bureau, l'homme d'affaires a consulté l'annuaire.
Commencez—

1. L'homme d'affaires est entré dans son bureau, puis il a consulté l'annuaire.
Après être entré dans son bureau, l'homme d'affaires a consulté l'annuaire.

2. Il consulte longtemps l'annuaire téléphonique, puis il trouve enfin le numéro cherché.
Après avoir longtemps consulté l'annuaire téléphonique, il trouve enfin le numéro cherché.

3. Le commis-voyageur a mis le jeton dans la fente, puis il a décroché l'appareil et fait son numéro.
Après avoir mis le jeton dans la fente le commis-voyageur a décroché l'appareil et fait son numéro.

4. Il a entendu la voix de son patron, puis il a appuyé sur le bouton.
Après avoir entendu la voix de son patron il a appuyé sur le bouton.

5. Il a fini de téléphoner. Il raccroche.
Après avoir fini de téléphoner, il raccroche.

6. La secrétaire est entrée dans le bureau de poste. Elle a demandé des timbres-poste.
Après être entrée dans le bureau de poste la secrétaire a demandé des timbres-poste.

7. Le directeur est rentré à son bureau. Il a prié sa secrétaire de dactylographier les lettres qu'elle a déjà prises en sténographie.
Après être rentré à son bureau le directeur a prié sa secrétaire de dactylographier les lettres qu'elle a déjà prises en sténographie.

8. Les chefs d'entreprises se sont consultés. Ils ont refusé d'accepter des projets de décentralisation industrielle.
Après s'être consultés, les chefs d'entreprises ont refusé d'accepter des projets de décentralisation industrielle.

Complete the following sentences with reference to the text—

1. L'acier sous toutes ses formes est présent. . . .
   (dans les réalisations les plus spectaculaires de la technique française)

2. Dans la course au progrès entreprise par la France, la sidérurgie. . . .
   (tient une place de choix)

3. 26 000 tonnes de tôles et de profilés ont été utilisées. . . .
   (pour la construction du paquebot France)

4. Symbole de la puissance industrielle, le haut fourneau reste jusqu'à présent. . . .
   (l'élément fondamental du paysage sidérurgique)

5. Le travail d'un ouvrier sidérurgique permet l'activité. . . .
   (de 10 ouvriers des industries mécaniques)

6. L'industrie sidérurgique qui fournit de l'acier à la plupart des autres industries constitue par là. . . .
   (un des principaux moteurs de l'expansion)

7. Tout fonctionne dans le silence et l'harmonie avec cette perfection presque inhumaine. . . .
   (que nous attribuons un peu naïvement aux âges futurs)

8. Le génie industriel se caractérise par sa souplesse de service et par. . . .
   (sa faculté d'adaptation)

9. Dans tous les contrats passés avec les fournisseurs il se réserve le droit d'intervenir à tout moment dans leurs ateliers pour. . . .
   (surveiller les qualités de matériaux, leur conformité aux normes, et s'assurer du respect des délais)

10. Le grand public ne le sait pas et pourtant cette entreprise est présente. . . .
    (partout dans les industries de base)

V. Translation Drill

A spontaneous oral translation into French is to be given immediately after you have heard the English phrase—

The iron-smelting industry in France	L'industrie sidérurgique en France
is concentrated around the iron ore	est concentrée autour du minerai
of Lorraine	de Lorraine
and around the coalmines of the North	et autour des mines de charbon du Nord
and of Pas-de-Calais.	et du Pas-de-Calais.
A symbol of industrial power	Symbole de la puissance industrielle
the blast furnace remains,	le haut fourneau reste,
up to the present time	jusqu'à présent,
the fundamental element of the landscape.	l'élément fondamental du paysage.

At Rombas, the largest of the
   eight furnaces
treats an average of 1,800 tons
of iron-ore per day.
The steelworks are annexed to the
   furnace.
Steel is essential for
all the mechanical and metal-
   transforming industries.
The work of one worker in the
   iron-smelting industry
permits the activity of 10 workers
in mechanical industries.

*A Rombas, le plus gros des
   huit fourneaux
traite une moyenne de 1 800 tonnes
de minerai par jour.
Les aciéries sont annexes au
   fourneau.
L'acier est essentiel pour
toutes les industries mécaniques et
   transformatrices de métaux.
Le travail d'un ouvrier dans
   l'industrie sidérurgique
permet l'activité de dix ouvriers
dans les industries mécaniques.*

Selected Vocabulary List: Unit 4

l'acier (*m*), *steel*
   l'acier fileté, *drawn steel*
   l'acier forgé, *wrought steel*
   l'acier laminé, *rolled steel*
   l'acier moulé, *cast steel, moulded steel*
une aciérie, *steelworks*
alimenter, *to supply, feed*
un alliage léger, *a light alloy*
s'appliquer à, *to apply to*
l'armature (*f*), *reinforcement (of concrete), truss (of girder)*
les armes (*fpl*), *arms, weapons*
l'ascenseur (*m*), *lift*
l'atelier (*m*), *workshop*
l'atout maître, *masterpiece, trump card*
attribuer à, *to attribute to*
avoir droit de cité, *to have freedom of
   the city*
le béton armé, *reinforced concrete*
le béton spécial, *special concrete*
le but, *aim, purpose, goal*
le câble, *cable*
   le câble porteur, *suspension cable*
le cadre, *business executive*
calculer, *to calculate*
la canalisation, *pipes, pipe-work, mains*
se caractériser par, *to be distinguished by*
le chauffage, *heating*

le chiffre d'affaires, *turnover*
la chimie, *chemistry*
chimique, *chemical*
le chrome, *chromium*
la chromisation, *chromium-plating (of
   metal)*
la cimenterie, *cement-works*
la combustion, *combustion, burning*
le complexe, *complex*
se concentrer sur, *to centre upon, around*
concevoir, *to conceive, imagine (idea)*
confier, *to trust, entrust*
le consommateur, *consumer*
la construction, *building, erection*
   la construction navale, *boat building*
contribuer à, *to contribute to*
la coulée, *tapping*
courant, *in current use, current*
le cuivre, *copper*
désormais, *henceforth, in future*
dessiner, *to design*
disposer (de), *to dispose (of), to have at
   one's disposal*
l'échelle (*f*), *ladder, scale*
s'effectuer, *to be carried out, accomplished*
électronique, *electronic*
l'élément fondamental, *fundamental
   element*

45

l'énergie nucléaire, *nuclear energy*
l'ensemble industriel, *industrial unit*
l'entreprise (*f*), *business concern*
l'étain (*m*), *tin*
l'étude (*f*), *study*
la façade, *façade, frontage*
la faculté d'adaptation, *power of adaptation*
la ferraille, *old iron, scrap iron*
la filiale, *branch (of company)*
se fixer sur, *to be fixed on*
fonctionner, *to function*
le fondant, *flux*
la fonderie, *foundry*
la fonte, *cast iron*
le fourneau, *furnace*
  le haut fourneau, *blast furnace*
fournir, *to supply*
le fournisseur, *supplier*
le foyer de chaudière, *boiler furnace*
le foyer sidérurgique, *centre of iron-smelting*
la fusion, *smelting (of ore), merger (of companies)*
fusionner, *to merge (companies)*
le génie industriel, *engineering*
le gisement de fer, *iron vein*
l'industrie aéronautique, *aircraft industry*
l'industrie automobile, *car industry*
l'industrie mécanique et transformatrice des métaux, *mechanical and metal-working industry*
l'industrie sidérurgique, *iron-smelting industry*
l'ingénieur, *engineer*
une installation annexe, *annexed plant*
intervenir, *to intervene*
le laboratoire, *laboratory*
le laminoir, *rolling-mill*
lancer, *to launch*
les machines agricoles (*fpl*), *agricultural machinery*

la maquette, *model*
le matériel, *equipment*
  le matériel électrique, *electrical equipment*
mélanger, *to mix*
le métal (les métaux), *metal(s)*
le métallurgiste, *metallurgist, iron-master, metal-worker*
le minerai, *mineral ore*
le navire, *ship*
la norme, *norm, standard*
un ordinateur, *computer*
un ouvrier, *worker*
le paquebot, *liner*
le paysage, *landscape*
penché (sur), *leaning (over)*
la planche à dessin, *drawing-board*
le plomb, *lead*
une préoccupation majeure, *a major concern*
préparer les plans, *to prepare plans*
les profilés en acier, *steel sections, sectional steel*
la progression, *progress, advancement*
la puissance industrielle, *industrial power*
la raffinerie, *refinery*
la réalisation, *realization, carrying out (of a plan)*
la recherche spatiale, *space research*
récupérer, *to recover*
réduire les frais, *to reduce the cost*
répartir, *to distribute*
réserver le droit, *to reserve the right*
le revêtement, *coating, casing*
un service technique, *technical department*
se servir de, *to use, make use of*
la sidérurgie, *metallurgy of iron, iron-smelting*
sidérurgique, *pertaining to the metallurgy of iron*
la société anonyme, *limited (liability) company, joint-stock company*

le soufre, *sulphur*
se souvenir, *to remember*
le spécialiste, *specialist*
surveiller, *to supervise, superintend*
le tableau de commande, *control panel*
une tâche difficile, *a difficult task*
la tôle, *sheet-metal*
la tonne, *ton*
le traitement sur place, *treatment in position*

traiter, *to treat*
trier sur le volet, *to select with great care*
   trié sur le volet, *very select (company)*
le truchement, *go-between, spokesman*
le tube, *tube, pipe*
le tungstène, *tungsten*
une usine, *factory, works*
   une usine d'engrais, *fertilizer factory*
   une usine pétrochimique, *petro-chemical works*

5

L'Industrie Automobile

LE CRÉDIT à la consommation qui a connu un développement remarquable depuis la dernière guerre est l'un des moyens les plus efficaces pour accroître les ventes, notamment dans le cas de l'industrie automobile. Il peut arriver que les personnes qui vendent des automobiles soient en même temps celles qui assurent le service et les réparations des automobiles. L'appareil de commercialisation des véhicules à moteur recouvre dans une large mesure le réseau de garages et d'ateliers de réparation automobile existant en France. Maintenant écoutez la conversation qui suit entre le vendeur et un client—

VENDEUR. Regardez l'allure sportive et le museau agressif, monsieur. Ce coupé *Simca* avalera les kilomètres à toute allure.

CLIENT. A quelle vitesse de pointe?

V. A une vitesse d'environ 175 km/h.

C. (*commençant à s'intéresser*) C'est un petit bolide qui a du punch, n'est-ce pas?

V. Oui, monsieur, c'est formidable.

C. Pour moi, comme pour tous les amateurs de voitures de sport, la vitesse c'est le paradis. Est-ce que cette voiture a deux carburateurs?

V. Oui, monsieur, deux carburateurs double-corps, double sortie d'échappement.

C. Est-ce qu'elle a des freins à disque?

V. Oui, monsieur, bien sûr, et pour voir venir de loin, regardez ces phares à iode.

C. (*avec enthousiasme*) Formidable! Est-ce que je peux m'asseoir dedans?

V. Avec plaisir, monsieur. Montez! (*le client monte dans la voiture*) Vous voilà bien calé en position semi-allongée. Remarquez, monsieur, le dessin parfait, l'arrondi accueillant des sièges baquets, confortables, enveloppants.

C. (*excité*) Quelle visibilité exceptionnelle!

V. Oui, monsieur, la très grande surface vitrée laisse entrer librement la lumière, dégage totalement la vue.

C. Je vois que tous les éléments essentiels de la conduite sont groupés près du conducteur.

V. Oui. Il ne faut pas de temps mort entre votre réflexe et la réaction de la voiture.

C. Le tableau de bord est tout à fait élégant et fonctionnel.

V. Oui, monsieur. Sans lâcher le volant vous pouvez manipuler lanternes, phares à iode, avertisseurs, dégivreurs et essuie-glaces.

C. Est-ce que je peux faire un essai?

V. Certainement, monsieur, mais il faut que je conduise l'auto moi-même. (*le vendeur prend le volant et le client s'installe dans le siège à côté de lui*).

C. Allons-y!

V. D'abord le démarreur, puis un coup d'accélérateur. Libérez les chevaux!

C. (*étonné*) C'est le départ en flèche!

V. Un coup d'œil au compte-tours 2000, 3000 . . . 4000, 5000 tr/mn et vous choisissez votre régime.

C. (*regardant droit devant lui*) Heureusement la route est longue et droite.

V. Oui. Lâchons la puissance.

C. Quelle tenue de route impeccable!

V. Oui, monsieur. Notez bien la merveilleuse sensation de confort. C'est un mélange d'efficacité, de dynamisme et de confort raffiné.

C. Attention! Nous nous approchons d'un virage en S.

V. (*riant*) Un petit coup de frein suffit avant la boucle. Les disques mordent sec.

C. Et pour rétrograder?

V. Rien n'est de plus facile! Ce coupé est équipé d'une boîte à quatre vitesses synchronisées.

C. Et la suspension?

V. La suspension à roues indépendantes l'accroche parfaitement à la route même dans les virages les plus serrés.

C. Cette voiture coûte cher, n'est-ce pas?

V. Assez cher, à peu près 14 000 francs. Mais vous ne trouverez pas mieux à l'heure actuelle. Nous en avons déjà vendu un grand nombre.

C. Je n'en doute pas. Je regrette qu'il soit un peu au-dessus de mes moyens de la payer comptant.

V. Ça ne fait rien, monsieur. Ce n'est pas nécessaire de payer comptant! La vente à tempérament[1] vous permettra de l'acquérir facilement.

C. La vente à tempérament?

V. Oui, monsieur, une partie du prix du véhicule est payée au moment où vous en prenez possession.

C. Et le reste du paiement?

V. Le reste du paiement est fractionné en un certain nombre de mensualités qui incluent les frais de crédit et les intérêts.

C. En ce cas je pourrai l'acheter. Voulez-vous que je vous verse un acompte maintenant?

V. (*souriant*) Merci, monsieur.

Questions

Répondez aux questions suivantes—

1. Qu'est-ce qui a connu un développement remarquable depuis la dernière guerre?

---

[1] On estime à 3,4 milliards de francs le montant des crédits consentis pour l'achat de voitures neuves en 1967 (590 000 véhicules); et à 1,8 milliard ceux destinés à l'achat des voitures d'occasion (600 000).

Le crédit à la consommation a connu un développement remarquable depuis la dernière guerre.

2. Quelle marque de voiture, le vendeur montre-t-il à son client?
   Il lui montre un coupé Simca.

3. Quelle vitesse, cette voiture peut-elle atteindre?
   Elle peut atteindre une vitesse d'environ 175 km/h.

4. Combien de carburateurs la voiture a-t-elle?
   Elle a deux carburateurs.

5. Quelle sorte de freins a-t-elle?
   Elle a des freins à disque.

6. Où les éléments essentiels de la conduite sont-ils groupés?
   Ils sont groupés près du conducteur.

7. Qui prend le volant pendant l'essai?
   Le vendeur prend le volant pendant l'essai.

8. Combien la voiture coûte-t-elle?
   Elle coûte à peu près 14 000 francs.

9. Est-ce que le client peut la payer comptant?
   Non, il ne peut pas la payer comptant.

10. Qu'est-ce qui lui permettra de l'acquérir facilement?
    La vente à tempérament lui permettra de l'acquérir facilement.

Basic Text

L'INDUSTRIE AUTOMOBILE

L'industrie automobile est une industrie jeune. Elle est née à la fin du siècle dernier, s'est affirmée peu après 1900, a pris un essor prodigieux au cours des années 1920–30 et occupe aujourd'hui la première place dans l'ensemble des industries de transformation.

La France a été, dès les débuts, parmi les grands pays producteurs d'automobiles. Et si elle s'est laissée distancer depuis par des pays plus dynamiques et économiquement plus puissants, elle n'en conserve pas moins dans ce domaine une place enviable à l'échelon international.

L'industrie de la construction automobile à elle seule occupe, avec plus de 100 000 ouvriers, la première place dans la région parisienne. La *Régie Renault* est considérée comme la première entreprise de France. Enfin l'automobile verse à l'État des sommes évaluées en 1962 à plus de 10 milliards de francs sous forme d'impôts et de taxes diverses.

La production est concentrée en un nombre restreint de firmes. Pour les voitures particulières et commerciales elle est presque entièrement le fait de quatre très grands constructeurs: *Renault, Citroën, Simca* et *Peugeot*. Ces firmes sont couramment appelées par les journalistes les « quatre grands de l'automobile ».

La *Régie Renault* occupe sans conteste la première place parmi les constructeurs français avec une production totale en 1962 dépassant 500 000 véhicules. Billancourt dans la banlieue parisienne, berceau de la première voiture Renault, constitue, avec plus de 35 000 ouvriers, le noyau essentiel de l'entreprise avec sa fonderie, ses presses, ses chaînes de montage, ses ateliers d'outillage et de réparation. Des grandes marques qui se partagent le marché, seule la Régie Renault a été nationalisée.

La Société anonyme Citroën constitue aujourd'hui par sa renommée et la valeur de sa technique, le deuxième «grand» de l'automobile française. On désigne souvent la firme Citroën par l'expression «la maison du quai de Javel»; les principales usines aujourd'hui encore sont groupées dans la zone industrielle Javel-Balard dans la banlieue parisienne. La firme automobile *Panhard* a conclu en 1955 avec Citroën un accord de coopération financière, industrielle et commerciale pour que de nombreux commentateurs aient pris l'habitude de parler du groupe *Citroën-Panhard*.

Simca, le troisième grand, présente la particularité d'avoir fait appel à un financement international et d'être, depuis le début de 1963, sous le contrôle de la puissante firme américaine *Chrysler*, qui détient quelque 63% de son capital. C'est à Poissy dans la région parisienne que sont construites les voitures particulières *Simca*.

Peugeot, le quatrième «grand» est la société la plus ancienne des quatre. Le centre de production de la société est situé à Sochaux-Montbéliard en Franche-Comté. *Peugeot* n'a ni le gigantisme de *Renault*, ni l'audace technique de *Citroën*, ni le dynamisme commercial de *Simca*, mais ses produits sont mondialement réputés pour leur qualité. Le 22 avril 1966 elle a conclu un accord avec la *Régie Renault: Renault-Peugeot* ont associé leurs forces, pour faire face aux concurrents du Marché Commun.

Un constructeur important non encore évoqué jusqu'ici parce qu'il ne construit pas—ou ne construit plus—de voitures: *Berliet*. Cette société, située à Vénissieux dans la région lyonnaise, est en effet spécialisée dans la construction des poids lourds, des moteurs, des véhicules spéciaux et des engins de génie civil. Dans ce vaste domaine, avec une production annuelle dépassant, en 1962, 13 000 véhicules, un chiffre d'affaires de 916 millions de francs et un effectif de 15 400 salariés *Berliet* occupe la première place parmi les constructeurs français de poids lourds.

Au point de vue de la localisation territoriale de l'industrie automobile, précisons qu'en France celle-ci s'est surtout développée dans la région parisienne. Deux autres centres moins importants existent toutefois: la Franche-Comté (*Peugeot* à Sochaux) et la région lyonnaise (*Berliet* à Vénissieux). De plus les grands constructeurs parisiens (*Renault*,[1] *Citroën*,[2] *Simca*) qui étouffaient dans

---

[1] Au cours de la dernière décennie, la *Régie Renault* s'est progressivement décentralisée, implantant de puissantes et modernes installations à Flins, dans la grande banlieue parisienne, au Mans, à Orléans et à Cléon, si bien qu'en 1963 près de la moitié du personnel de la *Régie Renault* travaille en province.

[2] Au cours de la période 1952–58 la firme *Citroën* s'est principalement étendue dans la

les limites trop étroites de la région parisienne ont été conduits à essaimer en province, ce qui a diversifié davantage la carte d'implantation de l'industrie automobile française.

Le rayonnement de l'automobile dépasse d'ailleurs largement le domaine économique. Chaque année, par exemple, le Salon de l'Automobile, en dehors de sa fonction précise d'exposition, prend l'allure d'une kermesse nationale et internationale où viennent se côtoyer, dans l'ambiance surchauffée des halls d'exposition, l'industriel de Levallois, l'agriculteur des Ardennes, le garagiste de Toulon et le commerçant de Rennes, sans compter les nombreux ressortissants des pays voisins venus, caméras à la main, contempler en vase clos le spectacle que leur offrent continuellement, à peu de choses près, les rues de leurs capitales!

Le Salon de l'Automobile de Paris qui a ouvert pour la cinquante-quatrième fois ses portes le 5 octobre 1967 marque un tournant dans l'histoire automobile. C'est le dernier avant l'ouverture complète des frontières de l'Europe par le Marché Commun.[1] Qui avant un an, pensent les constructeurs, tombera? Qui survivra? Qui dominera ensuite les autres? Comme lors des salons de la grande époque des années 1920 où les constructeurs voulaient convaincre les Français de rouler en voiture, ceux d'aujourd'hui veulent convaincre l'Europe de la supériorité de leurs créations respectives. Ainsi l'offre a rarement été aussi riche pour toutes les bourses et tous les âges.

Questions

Répondez aux questions suivantes—

1. Quelle place l'industrie automobile occupe-t-elle dans l'ensemble des industries de transformation?
   Elle occupe la première place dans l'ensemble des industries de transformation.

2. Qui sont ceux couramment appelés les «quatre Grands de l'Automobile»?
   Les firmes Renault, Citroën, Simca et Peugeot sont couramment appelés les «quatre Grands de l'Automobile».

3. Qui occupe la première place parmi les constructeurs français d'automobiles?
   La Régie Renault occupe la première place parmi les constructeurs français d'automobiles.

4. Où se trouve le noyau essentiel de l'entreprise *Renault*?
   Le noyau essentiel de l'entreprise Renault se trouve à Billancourt.

5. Par quelle expression désigne-t-on souvent la firme *Citroën*?
   On la désigne souvent par l'expression «la maison du quai de Javel».

---

ceinture parisienne à Saint-Ouen, Clichy, Asnières, Saint-Denis, Puteaux, Aubervilliers, Levallois. Puis devant les difficultés croissantes rencontrées pour trouver des terrains adéquats, la société *Citroën* a décidé en 1958 d'implanter une importante usine à La Janais dans la banlieue de Rennes.

[1] Le Marché Commun. Par le Traité de Rome (le 25 mars 1957) les six États associés dans la C.E.C.A. (France, Allemagne fédérale, Italie, Pays-Bas, Luxembourg et Belgique) ont décidé d'entreprendre, à partir du 1er janvier 1959, un effort méthodique pour créer un Marché Commun.

6. A quelle date la firme automobile *Panhard* a-t-elle conclu avec *Citroën* un accord de coopération financière, industrielle et commerciale?
Elle l'a conclu avec Citroën *en 1955.*

7. Depuis quand la firme *Simca* est-elle sous le contrôle de la puissante firme américaine *Chrysler*?
La firme Simca est sous le contrôle de la puissante firme américaine Chrysler *depuis 1963.*

8. Laquelle des quatre sociétés automobiles françaises est la plus ancienne?
La société Peugeot *est la plus ancienne.*

9. Pourquoi les firmes *Renault* et *Peugeot* ont-elles associé leurs forces?
Elles ont associé leurs forces pour faire face aux concurrents du Marché Commun.

10. En quoi la société *Berliet* est-elle spécialéise?
Elle est spécialisée dans la construction des poids lourds, des moteurs, des véhicules spéciaux et des engins de génie civil.

11. Dans quelle région l'industrie automobile s'est-elle surtout développée?
Elle s'est surtout développée dans la région parisienne.

12. Pourquoi les grands constructeurs *Renault, Citroën* et *Simca*, ont-ils été conduits à essaimer en province?
Ils ont été conduits à essaimer en province parce qu'ils étouffaient dans les limites trop étroites de la région parisienne.

13. Dans quelle région se trouve la firme *Berliet*?
Elle se trouve dans la région lyonnaise à Vénissieux.

14. Quels gens se côtoient dans l'ambiance surchauffée des halls d'exposition du Salon de l'Automobile?
L'industriel de Levallois, l'agriculteur des Ardennes, le garagiste de Toulon, le commerçant de Rennes, et de nombreux ressortissants des pays voisins viennent se côtoyer dans l'ambiance surchauffée des halls d'exposition du Salon de l'Automobile.

15. De quoi les constructeurs d'automobiles veulent-ils convaincre l'Europe?
Ils veulent convaincre l'Europe de la supériorité de leurs créations respectives.

Structure Drills

I. *Revision of Relative Clauses and Relative Pronouns* **qui** *and* **que**
Modèle—
Vous entendez: L'industrie automobile occupe la première place dans la région parisienne. Elle a plus de 100 000 ouvriers.
Vous dites: L'industrie automobile, qui a plus de 100 000 ouvriers, occupe la première place dans la région parisienne.
Commencez—
1. L'industrie automobile occupe la première place dans la région parisienne. Elle a plus de 100 000 ouvriers.

53

L'industrie automobile, qui a plus de 100 000 ouvriers, occupe la première place dans la région parisienne.

2. La France s'est laissée distancer par des pays plus dynamiques. Elle a été dès les débuts parmi les grands pays producteurs d'automobiles.

   La France, qui a été dès les débuts parmi les grands pays producteurs d'automobiles, s'est laissée distancer par des pays plus dynamiques.

3. Les quatre firmes sont très bien connues. Les journalistes les appellent les quatre grands de l'automobile.

   Les quatre firmes, que les journalistes appellent les quatre grands de l'automobile, sont très bien connues.

4. La production est concentrée en un nombre restreint de firmes. Elle est presque entièrement le fait de quatre très grands fabricants.

   La production, qui est concentrée en un nombre restreint de firmes, est presque entièrement le fait de quatre très grands fabricants.

5. La *Régie Renault* occupe sans conteste la première place. Elle avait en 1962 une production totale dépassant 500 000 véhicules.

   La Régie Renault, qui avait en 1962 une production totale dépassant 500 000 véhicules, occupe sans conteste la première place.

6. La firme *Citroën* constitue aujourd'hui le deuxième grand de l'automobile française. On désigne souvent la firme *Citroën* par l'expression «la maison du quai de Javel».

   La firme Citroën, qu'on désigne souvent par l'expression «la maison du quai de Javel», constitue aujourd'hui le deuxième grand de l'automobile française.

7. La firme *Simca* se trouve à Poissy. Elle est sous le contrôle de la puissante firme américaine *Chrysler*.

   La firme Simca, qui est sous le contrôle de la puissante firme américaine Chrysler, se trouve à Poissy.

8. Le Salon de l'Automobile de Paris marque un tournant dans l'histoire de l'automobile. Il a ouvert pour la 54e fois ses portes le 5 octobre 1967.

   Le Salon de l'Automobile de Paris, qui a ouvert pour la 54e fois ses portes le 5 octobre 1967, marque un tournant dans l'histoire de l'automobile.

9. La société *Berliet* s'est spécialisée dans la construction des poids-lourds. Elle avait une production annuelle en 1962 de 13 000 véhicules.

   La société Berliet, qui avait une production annuelle en 1962 de 13 000 véhicules, s'est spécialisée dans la construction des poids-lourds.

10. Les grands constructeurs parisiens ont été conduits à essaimer en province. Ils étouffaient dans les limites trop étroites de la région parisienne.

    Les grand constructeurs parisiens, qui étouffaient dans les limites trop étroites de la région parisienne, ont été conduits à essaimer en province.

II. *Relative Clauses (cont.)* **dont, à qui, où**

Modèle—

Vous entendez: Voici un fabricant d'automobiles. Sa voiture est magnifique.

Vous dites: Voici un fabricant d'automobiles dont la voiture est magnifique.

Commencez—

1. Voici un fabricant d'automobiles. Sa voiture est magnifique.
   Voici un fabricant d'automobiles dont la voiture est magnifique.

2. Il va à l'usine. Le mécanicien l'y attend.
   Il va à l'usine où le mecanicien l'attend.

3. Il attend dans un atelier. La porte de l'atelier est fermée à clef.
   Il attend dans un atelier dont la porte est fermée à clef.

4. Voici le Salon de l'Automobile. Je vous ai déjà parlé.
   Voici le Salon de l'Automobile dont je vous ai déjà parlé.

5. Voici la société plus ancienne. Son centre de production est en Franche-Comté.
   Voici la société la plus ancienne dont le centre de production est en Franche-Comté.

6. Vous avez pris la roue de secours. J'en ai besoin.
   Vous avez pris la roue de secours dont j'ai besoin.

7. C'est une voiture de sport. J'ai oublié la marque.
   C'est une voiture de sport dont j'ai oublié la marque.

8. Voici le conducteur. Je lui ai déjà donné la clef de contact.
   Voici le conducteur à qui j'ai déjà donné la clef de contact.

9. Il veut vendre sa vieille voiture. Il ne s'en sert plus.
   Il veut vendre sa vieille voiture dont il ne se sert plus.

10. Voici notre client. Je lui ai déjà montré la boîte de vitesses.
    Voici notre client à qui j'ai déjà montré la boîte de vitesses.

III. *Demonstrative Pronouns* (**celui, celle, ceux, celles**)
Modèle:
   Vous entendez: Ces firmes automobiles se trouvent dans la banlieue parisienne.
   Vous dites: Celles-ci se trouvent dans la banlieue parisienne.

Commencez—

1. Ces firmes automobiles se trouvent dans la banlieue parisienne.
   Celles-ci se trouvent dans la banlieue parisienne.

2. Je préfère cette voiture-ci à ce camion-là.
   Je préfère celle-ci à celui-là.

3. Cet homme qui vous a parlé est le vendeur.
   Celui qui vous a parlé est le vendeur.

4. Cette automobile que vous avez achetée n'est pas française.
   Celle que vous avez achetée n'est pas française.

5. Je n'aime pas ces sièges-baquets-là.
   Je n'aime pas ceux-là.

6. Nous croyions que c'était la voiture de votre firme.
   Nous croyions que c'était celle de votre firme.

7. Cette firme automobile est plus ancienne que les autres.
   Celle-ci est plus ancienne que les autres.

8. Cette voiture d'occasion ne marche plus.
   Celle-ci ne marche plus.

9. Achetez ce coupé de luxe.
   Achetez celui-ci.

10. Pour tous ces amateurs de voitures de sport, la vitesse c'est le paradis.
    Pour ceux-ci la vitesse c'est le paradis.

IV. *Completion Exercise*
   Complete the following with reference to the text—

1. Le crédit à la consommation est l'un des moyens les plus efficaces pour ....
   (*accroître les ventes, notamment dans le cas de l'industrie automobile*)

2. Il peut arriver que les personnes qui vendent des automobiles soient en même temps. ...
   (*celles qui assurent le service et les réparations des automobiles*)

3. Tous les éléments essentiels de la conduite sont groupés. ...
   (*près du conducteur*)

4. L'industrie de la construction automobile à elle seule occupe, avec plus de 100 000 ouvriers. ...
   (*la première place dans la région parisienne*)

5. L'industrie automobile a pris un essor prodigieux au cours des années 1920–1930 et occupe aujourd'hui. ...
   (*la première place dans l'ensemble des industries de transformation*)

6. Billancourt, berceau de la première voiture *Renault*, constitue le noyau essentiel de l'entreprise avec. ...
   (*sa fonderie, ses presses, ses chaînes de montage, ses ateliers d'outillage et de réparation*)

7. *Renault-Peugeot* ont associé leurs forces pour. ...
   (*faire face aux concurrents du Marché Commun*)

8. Au point de vue de la localisation territoriale de l'industrie automobile précisons qu'en France. ...
   (*celle-ci s'est surtout développée dans la région parisienne*)

9. Chaque année le Salon de l'Automobile, en dehors de sa fonction précise d'exposition, prend. ...
   (*l'allure d'une kermesse nationale et internationale*)

10. Comme lors des Salons de la grande époque des années 1920 où les con-
    structeurs voulaient convaincre les Français de rouler en voiture, ceux
    d'aujourd'hui. . . .
    (*veulent convaincre l'Europe de la supériorité de leurs créations respectives*)

V. Translation Drill

*A spontaneous oral translation into French is to be given immediately after you have
heard the English phrase—*

The Paris Motor Show	*Le Salon de l'Automobile de Paris*
which opened its doors	*qui a ouvert ses portes*
for the fifty-fourth time	*pour la cinquante-quatrième fois*
on 5th October 1967	*le cinq octobre 1967*
marks a turning point	*marque un tournant*
in the history of the motor-car.	*dans l'histoire de l'automobile.*
It is the last show	*C'est le dernier Salon*
before the complete opening	*avant l'ouverture complète*
of Europe's frontiers	*des frontières de l'Europe*
by the Common Market.	*par le Marché Commun.*
Today manufacturers want	*Aujourd'hui les fabricants veulent*
to convince Europe	*convaincre l'Europe*
of the superiority of	*de la supériorité de*
their respective creations.	*leurs créations respectives.*
The offer has rarely been so rich	*L'offre a rarement été si riche*
for all purses and for all ages.	*pour toutes les bourses et tous les âges.*

Selected Vocabulary List: Unit 5

l'accélérateur (m), *accelerator*
accroître, *to increase*
l'acompte (m), *deposit, down payment*
acquérir, *to acquire*
l'allure (f), *speed, pace, appearance*
   à toute allure, *at full speed*
l'arrondi (m), *roundness, curve*
l'atelier (m), *workshop*
   atelier de réparation, *repair-shop*
   atelier d'outillage, *tool-shop*
l'automobile (f), *motor-car*
avaler, *to devour, swallow up*
l'avertisseur (m), *horn, hooter*
la banlieue, *suburb, outskirts*
la boîte de vitesses, *gearbox*
la boîte à 4 vitesses, *4-speed gearbox*

le bolide, *fire-ball, meteor*
la bourse, *purse*
se caler, *to settle comfortably (in seat)*
le camion, *lorry*
le carburateur, *carburettor*
   deux carburateurs, *twin carburettors*
la chaîne de montage, *assembly line*
le cheval (les chevaux), *horse-power*
le chiffre d'affaires, *turnover*
la clef de contact, *ignition key*
le compte-tours, *rev-counter*
le compteur, *speedometer*
conclure, *to conclude*
   conclure un accord, *to finalize an
     agreement*
le concurrent, *competitor, rival*

le confort, *comfort*
le constructeur, *constructor, maker*
construire, *to construct, make, build*
convaincre, *to convince*
la coopération financière, *financial cooperation*
un coup d'œil, *glance*
coûter cher, *to be expensive*
la création, *creation*
le crédit, *credit, H.P.*
   le crédit à la consommation, *consumer credit*
le dégivreur, *de-froster*
le démarreur, *starter*
dépasser, *to exceed*
le dessin, *design*
le développement, *development*
distancer, *to outdistance, outstrip*
diversifier, *to vary, diversify*
le domaine, *field, domain*
l'échappement (*m*), *exhaust*
   double sortie d'échappement, *twin exhaust*
efficace, *effective*
l'entreprise (*f*), *business, undertaking*
essaimer, *to swarm*
l'essor (*m*), *rise (of industry)*
l'essuie-glace (*m*), *windscreen-wiper*
l'exportation (*f*), *export*
l'exposition (*f*), *exhibition*
le fabricant, *manufacturer*
la fabrication, *manufacture*
fabriquer, *to manufacture*
faire face à, *to cope with, to meet*
faire un essai, *to have a trial run*
les feux arrière, *rear lights*
la firme, *firm*
la fonderie, *foundry*
les frais (*mpl*), *expenses*
   les frais de crédit, *credit charge*
le frein, *brake*
   le frein à disque, *disc-brake*
   le frein à main, *hand-brake*
le garagiste, *garage-keeper*

le génie civil, *civil engineering*
l'impôt, *taxation, tax*
l'industrie, *industry*
   l'industrie automobile, *car industry*
l'industriel, *industrialist*
l'intérêt (*m*), *interest*
la kermesse, *annual fair, charity fête*
lâcher la puissance, *to release power*
la lanterne, *side light*
   les lanternes, *lights*
le mélange (*m*), *mixture*
la mensualité, *monthly payment*
le modèle, *model*
le moteur, *engine*
le noyau, *nucleus*
occuper la première place, *to occupy first place*
un ouvrier, *worker*
payer comptant, *to pay cash*
le phare, *headlight*
   le phare à iode, *quartz-iodine headlight*
   le phare pivotant, *swivelling headlight*
le pneu, pneumatique, *tyre*
   le pneu à carcasse radiale, *radial tyre*
le poids-lourd, *lorry*
la presse, *press, pressing machine*
la production annuelle, *annual output*
la renommée, *renown, fame*
la réparation, *repair*
rétrograder, *to move backwards, reverse*
la roue, *wheel*
   la roue de secours, *spare wheel*
le Salon, *exhibition, show*
   le Salon de l'Automobile, *Motor Show*
la sécurité, *safety*
le siège, *seat*
   le siège baquet, *bucket seat*
la supériorité, *superiority*
la surface vitrée, *glass surface*
survivre, *to survive*
synchroniser, *to synchronize*

le tableau de bord, *instrument panel*
la tenue de route, *road-holding*
le tournant, *turning-point*
la valeur, *value, worth*
le véhicule à moteur, *motor-vehicle*
le vendeur, *salesman*
la vente, *sale*
   la vente à tempérament, *hire purchase by instalment on deferred payment system*
verser un acompte, *to put down a deposit*

le virage en S, *S bend*
la visibilité, *visibility*
la vitesse, *speed*
   la vitesse de pointe, *maximum speed*
les vitesses (*fpl*), *gears*
   les vitesses synchronisées, *synchronized gears*
la voiture de sport, *sports car*
le volant, *steering wheel*
   le volant rétractible, *retractable steering wheel*

6

L'Industrie Navale

LA CONSTRUCTION navale est une industrie importante qui est concentrée dans les principaux ports.[1] Les chantiers de l'Atlantique (ex chantiers de Saint-Nazaire-Penhoët) sont peut-être les plus célèbres. Maintenant écoutez la conversation qui suit entre un visiteur et le contremaître des chantiers de construction navale—

VISITEUR. On m'a dit que dans ces chantiers navals sont construits les paquebots les plus luxueux et les plus rapides du monde.

CONTREMAÎTRE. Oui, monsieur, c'est vrai. Plusieurs grands paquebots comme *Liberté*, *Ile de France* et *France* ont été construits ici.

V. Est-ce que le célèbre paquebot *France* a été construit dans ce chantier naval?

C. Oui, monsieur. Vous voyez là-bas la cale où il a été construit.

V. Le *France*, le plus long paquebot du monde, lancé en 1960, est sans doute un des meilleurs exemples de l'importance de la construction navale française.

C. Vous avez raison. C'est une industrie qui travaille aussi pour les flottes étrangères.

V. Et vous ne construisez que des transatlantiques dans ces chantiers navals?

C. (*riant*) Non, monsieur, nous construisons aussi cargos, chalutiers, remorqueurs et surtout pétroliers.

V. La construction des pétroliers devient-elle actuellement de plus en plus importante?

C. Oui, très importante. De nos jours nous construisons des pétroliers géants. Vous voyez là-bas un pétrolier sur cales qui est en construction.

V. Quel pétrolier énorme!

C. Oui, monsieur. Aujourd'hui ce sont les pétroliers qui battent les records du tonnage. Les unités de 40 000 tonnes sont courantes.

V. Mais cette coque du pétrolier-ci est deux fois plus grande que le *France*!

C. C'est vrai, monsieur. Des cales de 300 000 tonnes sont déjà en projet ici.

V. Espérons que ces pétroliers gigantesques que vous construisez n'auront pas d'accident comme le *Torrey Canyon*!

C. J'espère que non.

V. Dites-moi, la construction navale, est-elle en pleine activité?

C. En ce moment, oui, car nous avons reçu des commandes pour des pétroliers.

[1] Près de 225 millions de francs ont été investis depuis trois ans dans la modernisation des chantiers français. Leur carnet de commandes au 1er janvier 1968 les plaçait au quatrième rang, après le Japon, la Suède et l'Allemagne.

Mais malheureusement l'industrie de la construction navale traverse une crise.

V. Espérez-vous surmonter cette crise?

C. Oui, je l'espère. Le gouvernement nous a accordé des subventions.[1]

V. Est-ce que les constructions navales appartiennent au type des industries pour lesquelles travaillent de multiples entreprises?

C. Oui. Les tôles peintes au minium viennent de Lorraine ou de l'étranger; les chaudières, les machines viennent du Nord ou de la région parisienne; les hélices, les arbres du Creusot, de Saint-Étienne ou de Montluçon.

V. Alors l'aménagement intérieur des navires fait appel à d'autres industries, n'est-ce pas?

C. Bien sûr. Il fait appel à la tuyauterie, à la robinetterie, à la serrurerie, à l'électricité et à la menuiserie.

V. Je vois que les cales de construction sont très nombreuses.

C. Oui, monsieur. Comme vous voyez les cales se multiplient face à l'estuaire de la Loire.

V. Il est tout à fait évident que les chantiers navals sont la principale activité du port de Saint-Nazaire.

2e SCÈNE: LA NAVIGATION INTÉRIEURE

Le chiffre d'affaires de la navigation intérieure est de l'ordre de 400 millions de francs dont le quart concerne les transports privés. A Dunkerque, les marchandises lourdes et non périssables sont déchargées des bateaux et rechargées sur des péniches. Un visiteur anglais parle à un batelier à propos du transport fluvial en France. Écoutons leur conversation—

BATELIER. Aujourd'hui le réseau français des canaux est inégalement développé et ne répond pas aux besoins actuels.

VISITEUR ANGLAIS. Pourquoi?

B. Les écluses sont trop nombreuses et les canaux sont souvent d'une profondeur insuffisante.

V. Le trafic fluvial, est-il donc très important en France?

B. Oui, très important, surtout pour le transport du charbon, des hydrocarbures, des engrais et des matériaux de construction.

V. Quels sont les principaux ports fluviaux?

B. Ce sont Paris, Strasbourg, Rouen, Dunkerque, Nantes, Le Havre et Triel-sur-Seine.

V. Quelle est actuellement la longueur du réseau fluvial français?

B. Le réseau fluvial comprend actuellement environ 48 000 km. de canaux et de rivières navigables. Son artère maîtresse est la Seine qui conduit soit vers la Belgique soit vers l'Allemagne.

---

[1] L'aide à la construction navale, en France, ne pourra dépasser 10% du montant des commandes à partir du 1er juillet 1968, selon les recommandations du Marché Commun. Elle avait atteint 40% en 1962.

V. Est-ce que beaucoup de fret est transporté sur des péniches le long des canaux et des rivières en France?

B. Oui, 65 millions de tonnes de marchandises sont transportées sur le réseau fluvial.

V. Quelles sortes de marchandises sont transportées par ce moyen de transport?

B. Pour la plupart des marchandises non périssables et lourdes, car le transport fluvial est très lent.

V. Ya-t-il un programme de grands travaux pour améliorer et moderniser le réseau des voies navigables en France?

B. Oui, pour mettre le réseau des voies navigables à l'échelle des nouveaux besoins, la France a mis en train tout un programme de grands travaux.

V. En quoi ce nouveau programme consiste-t-il?

B. Il consiste en la canalisation de la Moselle et en l'aménagement du Rhin et du Rhône.

3e SCÈNE: LA NAVIGATION MARITIME

Le Havre, deuxième port de France, offre un magnifique exemple d'urbanisme nouveau. Ses raffineries de basse Seine sont reliées à Paris par un pipeline. Situé à l'embouchure de la Seine, Le Havre est un port très important, par où se fait la plus grande partie des relations entre la France et l'Amérique du Nord. Un visiteur anglais parle à un affréteur à propos de la marine marchande. Écoutons leur conversation—

AFFRÉTEUR. Aujourd'hui la marine marchande est une industrie de premier plan. Elle transporte un tiers des importations et deux tiers des exportations.

VISITEUR ANGLAIS. Emploie-t-elle beaucoup de personnes?

A. Oui, elle fait vivre près de 500 000 personnes.

V. Son importance est donc considérable non seulement en France mais aussi à l'étranger?

A. Oui, elle sert de trait d'union entre la France et l'outre-mer.

V. Son progrès me semble tout à fait remarquable, car je me rappelle bien qu'en 1939 la flotte française de commerce, bien qu'importante, était en retard sur ses concurrentes.

A. Oui, il est vrai qu'en 1939 la flotte de charge ne venait qu'au 9e rang dans le monde.

V. Et la flotte française a été très durement touchée par la dernière guerre mondiale.

A. Oui, après la guerre nous avons dû constituer la flotte française, et des unités plus importantes, plus rapides et plus économiques ont remplacé les navires disparus.

V. A-t-on dû reconstruire les ports maritimes si gravement endommagés au cours de la dernière guerre?

A. Oui, après la guerre tous les ports maritimes ont dû être rapidement reconstruits; les quais ont été rectifiés, les bassins agrandis et les mouillages approfondis.

V. Et la flotte française, a-t-elle bénéficié de cet effort de redressement?

A. Oui, il lui a permis de se retrouver dès 1950 au niveau de 1939.

V. Et depuis 1950, a-t-elle continué à faire du progrès?

A. Oui, aujourd'hui elle dépasse largement cinq millions de tonneaux et place la France au 4e rang des puissances maritimes.

V. N'est-elle pas touchée par la crise mondiale qui affecte les transports maritimes?

A. Oui, mais le développement du Marché Commun et des industries françaises du Nord et de l'Est, l'amélioration des voies d'eau, l'expansion économique devraient lui permettre de surmonter cette crise et de prendre un nouvel essor.

Questions

Répondez aux questions suivantes—

1. Comment s'appellent les chantiers de construction navale les plus célèbres de France?

   Les chantiers de construction navale les plus célèbres de France s'appellent les Chantiers de l'Atlantique.

2. Quels grands paquebots y ont été construits?

   Les grands paquebots Liberté, Ile de France et France y ont été construits.

3. Quel est un des meilleurs exemples de l'importance de la construction navale française?

   Le France, le plus long paquebot du monde, est un des meilleurs exemples de l'importance de la construction navale française.

4. La construction des pétroliers, devient-elle de plus en plus importante?

   Oui, la construction des pétroliers devient de plus en plus importante.

5. A quelles autres industries l'aménagement intérieur des navires fait-il appel?

   L'aménagement intérieur des navires fait appel à la tuyauterie, à la robinetterie, à la serrurerie, à l'électricité et à la menuiserie.

6. Pourquoi le réseau français des canaux ne répond-il pas aux besoins actuels?

   Il ne répond pas aux besoins actuels parce que les écluses sont trop nombreuses et les canaux sont souvent d'une profondeur insuffisante.

7. Pour le transport de quelles marchandises le trafic fluvial est-il surtout important?

   Le trafic fluvial est surtout important pour le transport du charbon, des hydrocarbures, des engrais et des matériaux de construction.

8. Quels sont les principaux ports fluviaux?

   Ce sont Paris, Strasbourg, Rouen, Dunkerque, Nantes, Le Havre, et Triel-sur-Seine.

9. Combien de tonnes de marchandises sont transportées sur le réseau fluvial?
   65 millions de tonnes de marchandises y sont transportées.

10. Quel rang la France tient-elle aujourd'hui parmi les grandes puissances maritimes?
    Aujourd'hui la France tient le 4e rang parmi les grandes puissances maritimes.

Basic Text

LES PORTS ET LE TRANSPORT MARITIMES

Les ports maritimes français sont très nombreux. Parmi les plus célèbres et les mieux connus il y a Dunkerque sur la Mer du Nord; Calais, Boulogne, Dieppe, Le Havre, Rouen, Caen et Cherbourg sur la Manche; Brest, Quimper, Concarneau, Lorient, Nantes, Saint-Nazaire, Donges, La Rochelle, Rochefort, Royan et Bordeaux sur la Côte Atlantique, et Sète, Marseille, Toulon, Antibes et Nice sur la Méditerranée.

Marseille, situé sur la Méditerranée est le premier port de France et l'un des grands ports à passagers du monde. Sur ses quais passent voyageurs et marchandises à destination de l'Afrique du Nord, de l'Orient, de l'Extrême-Orient, de l'Australie, et même de l'Amérique du Sud. Le port de Marseille est le noyau d'un vaste ensemble qui comprend en outre des ports annexes implantés dans la région de l'Étang de Berre et du golfe de Fos. Pour lui garder en tant que port une indiscutable supériorité, on a relié l'énorme bassin de l'Étang de Berre directement à ses quais par un canal. Tout est lié, le pétrole, les raffineries et les usines de pétrochimie. Tout le complexe de Berre-Lavéra complète le port de Marseille. Les industries marseillaises dont l'essor est dû surtout au port comprennent quatre groupes principaux d'activité: les industries chimiques et para-chimiques, les premières groupant à elles seules 250 usines très diverses, les secondes représentant l'industrie traditionnelle locale des huiles, savons, etc.; les industries textiles; les fabriques de produits alimentaires (pâtes, raffinage du sucre, cafés torréfiés ou en poudre, etc.); enfin les industries navales pour la construction et la réparation des navires à Marseille, soit dans les ports annexes de la région, notamment Port-de-Bouc et La Ciotat.

Le Havre, situé à l'embouchure de la Seine, est le deuxième grand port de France. Le Havre jouit du double avantage de se trouver sur le passage du trafic extrêmement dense de la Manche, et à l'embouchure de l'excellente voie d'eau navigable qu'est la Seine; mais celle-ci a permis l'établissement d'un port important à Rouen, mieux placé pour l'importation et l'exportation intéressant la région parisienne. Le Havre se classe second port d'Europe après Southampton pour le trafic des passagers au long cours vers l'Amérique du Nord. Pour le trafic des passagers entre la France et l'Angleterre par Southampton, Le Havre se classe ici loin derrière Calais et Boulogne. La substitution du pétrole au charbon a réduit le trafic charbonnier du Havre, bien qu'il n'ait jamais eu qu'une importance secondaire par rapport à celui de Rouen qui importait le charbon de la région parisienne. Le trafic pétrolier a pris par contre une importance énorme qui est dûe à la création des raffineries de Basse Normandie destinées à alimenter la région parisienne qui absorbe à elle seule 20% de la consommation française. Or 80% du pétrole importé en France est débarqué à Marseille et au Havre et provient du Moyen-Orient. Ceci explique l'importance primordiale que Le Havre a acquise comme port pétrolier. Les raffineries de la basse Seine sont reliées à Paris par un pipeline.

En ce qui concerne les autres exportations, Le Havre est durement concurrencé par Rouen et Dunkerque, qui sont plus proches des zones de production. Rouen, troisième port de France, placé sur la Seine, constitue un moyen de communication bon marché d'un côté avec le littoral et de l'autre côté avec Paris. Jadis Rouen était un grand port importateur des charbons du Pays de Galles, car le charbon était autrefois l'auxiliaire indispensable du commerce de Paris; aujourd'hui l'importation du charbon a diminué et prend un caractère épisodique. Sans avoir atteint le degré de développement du Nord et du Nord Est, le grand complexe portuaire de la basse Seine (Le Havre–Rouen et annexes) est une région de transformation. Le port de Rouen est très actif et relié aux industries locales : filatures de coton, tissages de laine, draps, cotonnades, lingerie, produits chimiques, industries mécaniques, métallurgiques et électriques, huiles et graisses.

Dunkerque, port sur la mer du Nord, est situé à la lisière de la partie la plus peuplée et la plus développée du pays face à l'Angleterre, mais pour le trafic des passagers entre la France et l'Angleterre Dunkerque se classe loin derrière Calais et Boulogne. Les grandes aciéries de Dunkerque et l'importation du minerai de Mauritanie pour son industrie sidérurgique lui assurent une importance prépondérante. Dans ses environs se trouve le bassin houiller le plus important de France, et ses agglomérations industrielles sont nombreuses et variées. Tout le monde sait combien les canaux sont nombreux dans le nord de la France. Ce qu'on ignore souvent c'est que ces canaux relient Dunkerque au centre du pays aussi bien qu'à la Belgique, l'Alsace et l'Allemagne.

Le complexe portuaire de la basse Loire consiste en trois ports, Nantes, Saint-Nazaire et Donges. Nantes est un grand port et une ville industrielle aux portes de la Bretagne; Saint-Nazaire, entièrement reconstruit après la guerre, est un port et le centre de chantiers navals, dont la prospérité est aujourd'hui en péril. Donges, qui se trouve à 12 km. de Saint-Nazaire, reçoit des pétroliers de 40 000 tonnes. Le complexe de la basse Loire, au débouché de la grande voie fluviale qui relie la Bretagne du sud au centre de la France, est devenu un complexe économique, analogue à celui de la basse Seine, quoique de moindre importance.

Le grand port de Bordeaux, situé sur l'estuaire de la Garonne, commande l'entrée de la Gironde. Capitale régionale de l'avenir, Bordeaux est au cœur du célèbre vignoble qui a fait sa fortune à travers les âges. Parmi ses exportations célèbres on citera les vins de sa région. Le mouvement de ses quais et de ses caves, ses industries de tonneaux, de bouchons, de caisses d'emballage dépendent de la prospérité de son commerce de vins rouges et blancs récoltés dans sa région. Ses industries d'alimentation comprennent en outre le raffinage de sucre, la distillation des liqueurs et les conserves. Pour des raisons stratégiques la guerre a fait naître dans sa banlieue des industries chimiques qui continuent à développer et à éclipser en importance ses chantiers de construction navale. De récentes découvertes de pétrole près de Bordeaux (à Parentis dans les Landes) et de gaz naturel (à Lacq et à Saint-Gaudens) ont donné une grande importance industrielle à sa région longtemps considérée agricole. L'installation de puissantes raffineries à Bordeaux et d'industries chimiques ont déjà contribué à son expansion économique et la création d'un grand complexe industriel dans la presqu'île d'Ambès va lui redonner un regain d'importance.

En fait plus de 80% du trafic français des marchandises se fait par ces cinq grands complexes portuaires: Marseille (et annexes); basse Seine (le Havre–Rouen et annexes); Dunkerque; basse Loire (Nantes, Saint-Nazaire et annexes); et Gironde (Bordeaux et annexes).

Questions

Répondez aux questions suivantes—

1. Quel port maritime est le premier port de France?
   Marseille est le premier port maritime de France.

2. Comment s'appellent les ports annexes de Marseille?
   Ils s'appellent Port de Bouc et La Ciotat.

3. Comment l'Étang de Berre est-il relié aux quais de Marseille?
   L'Étang de Berre est relié directement aux quais de Marseille par un canal.

4. D'où provient 80% du pétrole importé en France et débarqué à Marseille et au Havre?
   80% du pétrole importé en France et débarqué à Marseille at au Havre provient du Moyen Orient.

5. Comment les raffineries de la Basse Seine sont-elles reliées à Paris?
   Les raffineries de la Basse Seine sont reliées à Paris par un pipeline.

6. Quelle grande industrie est venue s'implanter à Dunkerque?
   L'industrie sidérurgique est venue s'implanter à Dunkerque.

7. Sur quelle mer est situé le port de Dunkerque?
   Le port de Dunkerque est situé sur la Mer du Nord.

8. Quel grand port doit sa fortune à travers les âges aux vins rouges et blancs récoltés dans sa région?
   Le grand port de Bordeaux doit sa fortune à travers les âges aux vins rouges et blancs récoltés dans sa région.

9. Quelles découvertes récentes ont donné une grande importance industrielle à la région de Bordeaux?

De récentes découvertes de pétrole près de Bordeaux à Parentis dans les Landes et de gaz naturel à Lacq et à Saint Gaudens ont donné une grande importance industrielle à la région de Bordeaux.

10. Quels sont les cinq grands complexes portuaires de France?

    Ce sont Marseille (et annexes); basse Seine (le Havre–Rouen et annexes); Dunkerque; basse Loire (Nantes, Saint-Nazaire et annexes) et Gironde (Bordeaux et annexes).

Structure Drills

I. *Past Participles, Regular and Irregular* (**avoir** *verbs in perfect tense*)
   Present > Perfect Tense

1. Regular Past Participles

Modèle—

Vous entendez: Les pétroliers battent les records du tonnage.
Vous dites: Les pétroliers ont battu les records du tonnage.

Commencez—

1. Les pétroliers battent les records du tonnage.
   Les pétroliers ont battu les records du tonnage.

2. Le réseau de canaux ne répond pas aux besoins actuels.
   Le réseau de canaux n'a pas répondu aux besoins actuels.

3. La flotte française bénéficie de cet effort de redressement.
   La flotte française a bénéficié de cet effort de redressement.

4. Elle sert de trait d'union entre la France et l'outre-mer.
   Elle a servi de trait d'union entre la France et l'outremer.

5. Continue-t-elle à faire des progrès?
   A-t-elle continué à faire des progrès?

6. L'importance du charbon diminue.
   L'importance du charbon a diminué.

7. Des industries chimiques développent la recherche scientifique.
   Des industries chimiques ont développé la recherche scientifique.

8. Le gouvernement nous accorde des subventions.
   Le gouvernement nous a accordé des subventions.

9. Cette industrie traverse une crise.
   Cette industrie a traversé une crise.

10. La construction navale est en pleine activité.
    La construction navale a été en pleine activité.

ii. Irregular Past Participles

11. Ils peignent les tôles au minium.
    Ils ont peint les tôles au minium.

12. Nous construisons des pétroliers géants.
    Nous avons construit des pétroliers géants.

13. Il conduit bien ses affaires.
    Il a bien conduit ses affaires.

14. La substitution du pétrole au charbon réduit le trafic charbonnier.
    La substitution du pétrole au charbon a réduit le trafic charbonnier.

15. Le trafic pétrolier prend une importance énorme.
    Le trafic pétrolier a pris une importance énorme.

16. Ce complexe industriel atteint un haut degré de développement.
    Ce complexe industriel a atteint un haut degré de développement.

17. Le gouvernement nous offre des subventions.
    Le gouvernement nous a offert des subventions.

18. Voyez-vous là-bas un pétrolier sur cales?
    Avez-vous vu là-bas un pétrolier sur cales?

19. Il faut surmonter la crise.
    Il a fallu surmonter la crise.

20. Recevez-vous beaucoup de commandes d'outremer?
    Avez-vous reçu beaucoup de commandes d'outremer?

II. *Active > Passive*
Modèle—
    Vous entendez: On construit ici les paquebots les plus luxueux.
    Vous dites: Les paquebots les plus luxueux sont construits ici.
Commencez—
1. On construit ici les paquebots les plus luxueux.
   Les paquebots les plus luxueux sont construits ici.

2. On transporte beaucoup de fret sur des péniches.
   Beaucoup de fret est transporté sur des péniches.

3. On a rectifié les quais.
   Les quais ont été rectifiés.

4. On a construit plusieurs grands paquebots ici.
   Plusieurs grands paquebots ont été construits ici.

5. On a agrandi les bassins.
   Les bassins ont été agrandis.

6. On a approfondi les mouillages.
   Les mouillages ont été approfondis.

7. On a construit le *France* ici.
   Le France a été construit ici.

8. Des unités plus importantes out remplacé les navires disparus.
   Les navires disparus ont été remplacés par des unités plus importantes.

68

9. On a dû rapidement reconstruire les ports maritimes.
   Les ports maritimes ont dû être rapidement reconstruits.

10. On a modifié la structure du transport de grande navigation.
    La structure du transport de grande navigation a été modifiée.

III. **faire** + *Infinitive = to have something done*
Modèle—
   Vous entendez: Il construit un pétrolier énorme.
   Vous dites: Il fait construire un pétrolier énorme.
Commencez—

1. Il construit un pétrolier énorme.
   Il fait construire un pétrolier énorme.

2. Il peint les tôles au minium.
   Il fait peindre les tôles au minium.

3. Il transporte beaucoup de fret sur des péniches.
   Il fait transporter beaucoup de fret sur des péniches.

4. Il a approfondi les bassins.
   Il a fait approfondir les bassins.

5. Il a déchargé des marchandises lourdes des bateaux.
   Il a fait décharger des marchandises lourdes des bateaux.

6. Il a accordé des subventions.
   Il a fait accorder des subventions.

7. Il va réparer ce bateau.
   Il fera réparer ce bateau.

8. Il va remplacer les navires disparus.
   Il fera remplacer les navires disparus.

9. Il va modifier la structure du transport de grande navigation.
   Il fera modifier la structure du transport de grande navigation.

10. Il a reconstruit les ports maritimes.
    Il a fait reconstruire les ports maritimes.

IV. *Completion Exercise*
Complete the following sentences with reference to the text—

1. Le chiffre d'affaires de la navigation intérieure est de l'ordre de 400 millions
   de francs dont le quart. . . .
   (*concerne les transports privés*)

2. Aujourd'hui le réseau français des canaux est inégalement développé et
   ne répond pas. . . .
   (*aux besoins actuels*)

3. L'aménagement intérieur des navires fait appel à la tuyauterie, à la robinetterie. . . .
   (*à la serrurerie, à l'électricité et à la menuiserie*)

4. Les chantiers navals sont la principale activité du. . . .
   (*port de Saint-Nazaire*)

5. Pour mettre le réseau des voies navigables à l'échelle des nouveaux besoins la France a mis en train. . . .
   (*tout un programme de grands travaux*)

6. La flotte française a été très durement touchée par. . . .
   (*la dernière guerre mondiale*)

7. Après la guerre tous les ports maritimes ont dû. . . .
   (*être rapidement reconstruits*)

8. Le Havre se classe second port d'Europe après Southampton pour. . . .
   (*le trafic des passagers au long cours vers l'Amérique du Nord*)

9. Capitale régionale de l'avenir, Bordeaux est au cœur du célèbre vignoble qui. . . .
   (*a fait sa fortune à travers les âges*)

10. L'installation de puissantes raffineries à Bordeaux et d'industries chimiques ont déjà contribué à. . . .
    (*son expansion économique*)

V. *Translation Drill*

A spontaneous oral translation into French is to be given immediately after you have heard the English phrase—

Situated on the Mediterranean, Marseilles is the first port of France and one of the greatest passenger ports in the world.	*Situé sur la Méditerranée, Marseille est le premier port de France et l'un des plus grands ports à passagers du monde.*
The quays of the port are linked by a canal to the Berre Lake, and the whole complex of Berre-Lavera completes the port of Marseilles.	*Les quais du port sont reliés par un canal à l'Étang de Berre, et tout le complexe de Berre-Lavéra complète le port de Marseille.*
Everything is linked: the oil, the refineries, and the petroleum-chemical industries.	*Tout est lié: le pétrole, les raffineries, et les industries pétro-chimiques.*
In Marseilles there are four main groups of activity:	*A Marseille il y a quatre groupes principaux d'activité:*
first, the chemical industries,	*premièrement les industries chimiques,*
secondly, the textile industries,	*deuxièmement les industries textiles,*
thirdly, the factories of food products,	*troisièmement les fabriques de produits alimentaires,*
fourthly, the industries for the building and repair of ships.	*quatrièmement les industries pour la construction et la réparation des navires.*

The second port of France is Le Havre, which enjoys the double advantage of being on the English Channel and at the mouth of the Seine. Le Havre is also the second port of Europe after Southampton for ocean-going passenger traffic to North America.

Le deuxième port de France est Le Havre, qui jouit du double avantage de se trouver sur la Manche et à l'embouchure de la Seine. Le Havre est aussi le second port d'Europe après Southampton pour le trafic au long cours des passagers vers l'Amérique du Nord.

Selected Vocabulary List: Unit 6

accorder, *to grant*
l'accroissement (*m*), *increase, growth*
l'activité (*f*), *activity*
l'affréteur (*m*), *charterer, shipper*
agrandir, *to extend, enlarge*
agricole, *agricultural*
l'amélioration (*f*), *improvement*
l'aménagement (*m*), *development, fitting out* (*new ship*)
amenuiser, *to reduce*
  s'amenuiser, *to dwindle*
appartenir (à), *to belong (to)*
approfondir, *to deepen, excavate*
l'arrière-pays (*m*), *background area*
le bassin, *dock, basin*
le batelier, *boatman*
la batellerie, *inland water transport*
battre les records, *to break records*
bénéficier, *to benefit*
le bouchon, *cork*
le cabotage, *coastwise trade, coasting*
  le grand cabotage, *off-shore, in-shore coastal traffic*
la caisse d'emballage, *packing case*
la cale de construction, *slip-way*
  sur cale, *on shipbuilding stocks*
le canal (canaux), *canal(s)*
le cargo, *cargo-boat*
la cave, *cellar*
le chalutier, *trawler*
le chantier naval, *shipyard*
  le chantier de construction, *ship (building) yard*

charger, *to load*
la chaudière, *boiler*
le chiffre d'affaires, *turnover*
la commande, *order*
comprendre, *to comprise, include*
concentrer, *to concentrate*
la concurrence, *competition*
concurrencer, *to compete with*
le concurrent, *competitor, rival*
le constructeur de navires, *ship builder*
la construction navale, *shipbuilding*
construire, *to build*
la coque, *hull, bottom (of ship)*
courant, *current*
le coût, *cost*
la crise, *crisis*
débarquer, *to disembark, land (passengers), unship, unload, discharge (cargo)*
décharger, *to unload, unship, discharge (cargo)*
la découverte, *discovery*
le désastre, *disaster*
doter de, *to endow with*
l'échelle (*f*), *scale*
l'écluse (*f*), *lock (canal), tide-gate (of dock)*
l'embouchure (*f*), *mouth (of river)*
endommager, *to damage*
l'engrais (*m*), *fertilizer*
l'entreprise (*f*), *business concern*
l'estuaire (*m*), *estuary*
évoluer, *to develop*
l'expéditeur (*m*), *shipper, consigner*

l'exportation (f), export
la flotte, fleet
le fret, freight
géant, gigantic
le havre, harbour, port, haven
une hélice, propeller, screw
les hydrocarbures (mpl) hydrocarbons
l'importation (f), import
inciter, to urge, incite
jouir de, to enjoy
lancer, to launch
lourd, heavy
luxueux, luxurious
la marchandise (f), merchandise, goods
la marine marchande, merchant service,
    mercantile marine
maritime, maritime, sea-going, marine
les matériaux (mpl) de construction,
    building materials
la menuiserie, carpentry, joinery
le minium, red lead, minium
mondial, world-wide
le mouillage, anchorage, mooring, berth
se multiplier, to multiply, increase
le navire, ship
nombreux, numerous
le noyau, nucleus
outre-mer, overseas
le paquebot, liner
le pavillon, flag
peindre, to paint
la péniche, barge
périssable, perishable
le pétrolier, oil-tanker
le port fluvial, river port
le port maritime, seaport
le port à passagers, passenger port
le port pétrolier, oil port
la presqu'île, peninsula
le projet, project, plan
    en projet, projected, planned
provenir de, to originate from, come
    from

la puissance, power
    la puissance maritime, sea-power
le quai, quay, wharf, pier
le raffinage de sucre, sugar-refining
la raffinerie, refinery
recharger, to re-load
rectifier, to straighten, rectify
le redressement, setting up again
    le redressement économique,
        economic recovery
le règlement, regulation, statute
relier à, to connect with
le remorqueur, tug
la réparation, repair
la robinetterie, brass-founder's and
    finisher's trade
le savon, soap
la serrurerie, iron-work, metalwork,
    locksmithing
la subvention, subsidy
surmonter (des difficultés), to overcome
    (difficulties)
la tôle, sheet-metal, sheet-iron
le tonnage, tonnage, burthen (of ship)
le tonneau, barrel, cask
    un navire de 1 000 tonneaux,
        ship of 1,000 tons burden
torréfier, to roast (coffee)
le trafic au long cours, foreign trading
le trafic charbonnier, coal trading
le transport au long cours, foreign trade
le transport fluvial, river transport
le transport maritime, maritime transport
traverser une crise, to go through a
    crisis
la tuyauterie, pipe and tube works,
    factory or trade
une usine, factory
    une usine de pétro-chimie, petro-
        chemical factory
la voie d'eau, water-way
    par voie de mer, by sea
le voyage au long cours, ocean voyage

7

L'Industrie Aéronautique

LE SALON DE L'AÉRONAUTIQUE

Tous les deux ans le Salon de l'Aéronautique du Bourget devient le théâtre de la grande confrontation mondiale entre pays à vocation aéronautique et spatiale. Chacun d'eux y amène des avions militaires et civils de plus en plus complexes avec des objectifs de plus en plus ambitieux. Maintenant écoutez la conversation qui suit entre un ingénieur français et un ingénieur anglais qui se rencontrent au Salon de l'Aéronautique—

INGÉNIEUR ANGLAIS. On assistera à un duel de prestige entre la Russie et l'Amérique, la France et l'Angleterre, n'est-ce pas?

INGÉNIEUR FRANÇAIS. Oui, bien sûr. Nous verrons 135 avions et 54 hélicoptères. Ils seront présentés au sol et en vol.

I.A. Est-ce que vous attendez beaucoup de visiteurs cette année?

I.F. Oui, nous en attendons plus d'un million.

I.A. A votre avis, quelle sera l'attraction no 1 au Bourget cette année?

I.F. Sans doute l'attraction no 1 sera *Concorde*.

I.A. Le *Concorde* est un projet franco-britannique, n'est-ce pas?

I.F. Oui, les Français et les Anglais se partagent ce programme.

I.A. Il me semble que jamais avion au monde n'aura été autant testé que *Concorde*.

I.F. Vous avez raison. Deux avions prototypes et deux avions pré-série ont subi plus de quatre mille heures d'essais.

I.A. *Concorde* volera à 2 350 km/h et transportera 132 passagers, n'est-ce pas?

I.F. Oui, il est deux fois et demie plus rapide que le *Boeing 747* des États-Unis, son concurrent.

I.A. *Concorde* a déjà été commandé à soixante-quinze exemplaires par seize compagnies, n'est-ce pas?

I.F. Oui, et on songe à décrocher plus de commandes.

I.A. N'y aura-t-il pas de cinéma à bord?

I.F. Non, seuls les passagers des six rangées de première classe et des six premiers rangs touristes apercevront quelque chose à travers les hublots.

I.A. (*riant*) Et je suppose que les autres ne verront que les ailes!

I.F. *Concorde* volera si vite que les passagers n'auront pas de temps pour admirer le paysage.

I.A. Si les essais en vol ne déçoivent pas, si nous continuons à tenir nos délais *Concorde* sera en exploitation en 1973.

I.F. Tout le monde l'espère!

73

I.A. J'espère que nous verrons la Patrouille acrobatique de France. Moi, j'aimerais beaucoup la voir.

I.F. Nous allons la voir le dernier jour du Salon. Elle effectuera au Bourget, en 22 minutes, 36 figures allant des boucles aux tonneaux à miroirs et aux retournements, des vols inversés aux vols en patrouille serrée, aile contre aile.

I.A. J'ai hâte de voir ce ballet de la patrouille de France. Mais qu'est-ce qu'il y a dans le pavillon américain cette année?

I.F. Pour célébrer le quarantième anniversaire de l'exploit de Charles Lindbergh, les Américains ont construit une réplique exacte du célèbre avion qui le premier a traversé l'Atlantique.

I.A. Paris va revivre un grand moment de l'aviation, n'est-ce pas?

I.F. Oui, bien sûr. La réplique du «Spirit of Saint Louis» va décoller d'un terrain français et tournera autour de la Tour Eiffel avant de se poser au Salon.

I.A. Je suppose qu'il va atterrir à l'endroit exact où en 1927 une foule de 300 000 personnes l'acclamait triomphalement.

I.F. On s'intéresse beaucoup de nos jours aux origines de l'aviation.

I.A. A propos de l'histoire de l'aviation, j'ai entendu parler d'un film français. . . .

I.F. (l'interrompant) Oui, j'avais presque oublié de vous le dire. On présente au Salon un film intitulé: «De Clément Ader à Concorde».

I.A. J'ai entendu qu'une querelle historique va se dérouler au Bourget sur les origines de l'aviation et sur le nom du premier homme et du premier avion muni d'un moteur ayant quitté le sol.

I.F. (riant) Oui, c'est vrai. Selon les Américains les frères Wright étaient les premiers en décembre 1903 par un bond de 32 mètres pendant 3 secondes et demie. Mais selon nous, le Français Clément Ader a quitté le sol d'abord sur 50 mètres en octobre 1890, puis pour la deuxième fois, devant témoins, en 1897 quand il s'est élevé de 40 cm. et a parcouru 300 mètres.

I.A. Est-ce que les Américains vont présenter cette année leur avion *Vertifan*?

I.F. Non, pas cette fois-ci. Il n'a pas subi suffisament de tests. Le *Vertifan* ne sera présenté au Bourget qu'au prochain Salon.

I.A. Alors, les Américains préparent le clou du prochain Salon du Bourget. Avec le *Vertifan* il ne faut plus de pistes, plus d'attente pour décoller ou atterrir.

I.F. Oui, c'est un avion révolutionnaire qui décolle comme un hélicoptère et file ensuite dans le ciel à la vitesse de *Caravelle* à 850 km/h.

I.A. C'est vrai. Il peut partir ou se poser n'importe où, sur route, champ, place ou plage.

I.F. En version commerciale, c'est du centre ville—centre ville total. Imaginez-vous, de Paris à Londres Hyde Park, ou de Marseille Place de la Bourse à Lyon, esplanade Perrache, en soixante-quinze minutes!

I.A. Aux heures de pointe un *Vertifan* pourra partir toutes les cinq minutes comme un autobus!

I.F. Tout en parlant d'un autobus, est-ce que vous avez entendu parler d'un air-bus?

I.A. Oui, l'Air-Bus sera un avion baleine, long de 50 mètres, dont la panse mesurera 7 mètres de diamètre: un vrai dirigeable à ailes.

I.F. Quelles nations participeront à la construction de cet Air-Bus?

I.A. Je crois que la France et l'Allemagne vont y participer.

I.F. A quelle vitesse volera-t-il?

I.A. Il volera à 900 km/heure à 9 000 mètres d'altitude.

I.F. Je me demande si nous allons en voir une maquette au prochain Salon de l'Aéronautique du Bourget.

I.A. Tout est possible. Nous ne savons jamais ce que nous allons voir au prochain Salon, mais une chose est claire: il y a toujours quelque chose d'étonnant et de spectaculaire.

Questions

Répondez aux questions suivantes—

1. Combien d'avions et d'hélicoptères seront présentés cette année au Salon?
   Cette année 135 avions et 54 hélicoptères seront présentés au Salon.

2. Quelle sera l'attraction no 1 du Salon de l'Aéronautique cette année?
   L'attraction no 1 du Salon de l'Aéronautique cette année sera Concorde.

3. A quelle vitesse *Concorde* volera-t-il?
   Concorde volera à 2 350 km/h.

4. Combien de passagers transportera-t-il?
   Il transportera 132 passagers.

5. A quelle date *Concorde* sera-t-il en exploitation, si les essais en vol ne déçoivent pas?
   Si les essais en vol ne déçoivent pas, Concorde *sera en exploitation en 1971.3*

6. Qu'est-ce que les Américains ont construit pour célébrer le quarantième anniversaire de l'exploit de Charles Lindbergh?
   Les Américains ont construit une réplique exacte du célèbre avion qui le premier a traversé l'Atlantique.

7. Combien de personnes l'acclamaient triomphalement en 1927?
   En 1927 une foule de 300 000 personnes l'acclamait triomphalement.

8. Selon les Français, qui était le premier homme à quitter le sol dans le premier avion muni d'un moteur?
   Selon les Français Clément Ader a quitté le sol en octobre 1890 dans le premier avion muni d'un moteur.

9. Pourquoi les Américains ne vont-ils pas présenter leur avion *Vertifan* cette année au Salon de l'Aéronautique?
   Les Américains ne vont pas le présenter cette année parce qu'il n'a pas subi suffisamment de tests.

10. Quelles nations vont participer à la construction de l'Air-Bus?
    La France et l'Allemagne vont y participer.

Basic Text

L'une des plus belles réalisations du génie humain, la conquête de l'air, prend place parmi les plus grands événements de ce siècle. Par son caractère hautement spectaculaire, l'aviation a soulevé, dès ses débuts, l'enthousiasme des foules. L'engouement du public pour les premiers pilotes de l'époque héroïque s'est peu à peu reporté sur l'engin lui-même, à mesure que les progrès de la technique aéronautique en ont fait un instrument de plus en plus perfectionné entre les mains d'un personnel bien entraîné qui ne court pratiquement plus de risques. Si, aux premiers jours de l'aviation, les noms des pionniers de l'air étaient sur toutes les lèvres, aujourd'hui, seuls les pilotes d'essais les plus fameux sont connus de quelques initiés. Par contre, peu de gens ignorent les marques les plus fameuses, qu'il s'agisse d'appareils civils ou d'appareils militaires.

Sans doute l'intérêt manifesté par le public pour les choses de l'air s'apparente-t-il à l'intérêt manifesté à l'égard des performances sportives. Mais il y a plus: le visiteur d'un Salon de l'Aéronautique en retire une satisfaction de son amour-propre national. Consciemment ou inconsciemment, il se rend compte que l'aviation est l'une des bases de la puissance d'une nation moderne. Il pense, en tout cas, à juste titre, que l'industrie aéronautique est en quelque sorte le baromètre du degré d'industrialisation d'un pays. En effet, la construction aéronautique, par la multitude des activités spécialisées qu'elle met en jeu et la diversité des techniques auxquelles elle fait appel, suppose un important potentiel en techniciens et en équipement industriel.

Que l'on fasse remonter les débuts de l'aviation à moteur aux premiers bonds de Clément Ader, à Armainvilliers, le 9 octobre 1890, ou aux premiers succès des frères Orville et Wilbur Wright, à Kitty Hawk aux États Unis, le 17 décembre 1903, il ne faut pas oublier que ces débuts ont été rendus possibles par une foule d'inventions géniales, de tâtonnements et de sacrifices qui se sont échelonnés au cours de l'histoire de l'homme. L'exploit le plus spectaculaire de cette période des pionniers est sans doute la traversée de la Manche par Louis Blériot, le 25 juillet 1909, avec un monoplan Blériot XI équipé d'un moteur Anzani de 25 ch.

La liste de toutes les performances—ou de toutes les prouesses—accomplies au cours de cette courte période des débuts serait beaucoup trop longue. Ces quelques jalons montrent que, dès sa plus tendre enfance, la technique aéro-nautique avançait à pas de géants—et ce rythme n'a pas ralenti jusqu'à nos jours. Les hommes auxquels le mérite en revient étaient, dans bien des cas, à la fois les constructeurs et les pilotes de leurs machines.

Le premier Salon de l'Aéronautique de 1909 groupait déjà 115 exposants représentant l'industrie aéronautique naissante. On y trouvait non seulement des cellules et des moteurs, des ballons sphériques et des dirigeables, mais encore des équipements tels que anémomètres, baromètres, statoscopes et indicateurs d'atterrissage. La photographie aérienne, la météorologie et les vêtements spéciaux y étaient déjà représentés.

L'industrie aéronautique française était née. La première guerre mondiale devait mettre un terme à l'ère de l'aviation de sport et faire prendre à l'industrie naissante un essor vertigineux. En 1918, l'industrie aéronautique française avait atteint un taux de production de 3 000 avions par mois contre 800 en août 1916 et 50 en août 1914.

La France peut se flatter d'avoir créé en 1919 les premières lignes aériennes marchandes; elles reliaient Paris à Londres et Bruxelles. L'exemple a été suivi rapidement dans la plupart des pays d'Europe et d'Amérique où, dès 1920, se sont établies les premières liaisons aéronautiques, utilisant des avions militaires transformés. Paradoxalement, alors que les aéronefs étaient encore des machines peu sûres et à faible autonomie, la France a orienté ses efforts vers les liaisons à très grande distance: l'Extrême-Orient et l'Amérique du Sud et, subsidiairement, l'Afrique ont été le théâtre d'exploits dont aujourd'hui l'apparente facilité du voyage aérien à grande vitesse et à grande distance font oublier la hardiesse et la difficulté. Cependant, entre les deux guerres, un réseau européen dense s'était établi. En 1936, la création d'*Air France* avait groupé plusieurs compagnies sous un même pavillon.

La deuxième guerre mondiale, en stimulant la construction aéronautique, a donné au transport aérien les machines, l'infrastructure et les méthodes qui devaient lui permettre de devenir une industrie. Dès 1950, les réseaux étaient en place sur le globe tout entier et les compagnies aériennes de cent pays commençaient de se livrer à une âpre compétition.

Les progrès ont été très rapides. En guère plus de vingt ans, les vitesses ont quadruplé, les tonnages décuplé. Cette révolution technique a eu de profondes répercussions sur les échanges. Le progrès s'accompagnant d'un continuel abaissement des prix de revient, les tarifs du transport aérien diminuent en valeur relative, ouvrant ainsi ce mode de transport à une clientèle de plus en plus large.

Dans la compétition internationale, la France tient une place particulièrement honorable. Ses principales compagnies aériennes—la Compagnie nationale *Air France* et la Société privée *U.T.A.*—témoignent d'un dynamisme commercial et d'une sécurité d'exploitation qui les classent parmi les meilleures.

L'industrie aéronautique française, malgré le coût toujours croissant des études et des outillages, a produit avec la *Caravelle* un avion à réaction moyen courrier qui, notoirement, est la plus confortable et la plus sûre de toutes les machines modernes. Comme il ne lui est guère possible de se mesurer seule avec les géants industriels américains pour produire des avions lourds, l'industrie française s'est associée avec l'industrie britannique pour produire un avion supersonique qui volera à une vitesse double de celle du son, vraisemblablement vers 1971.

Questions

Répondez aux questions suivantes—

1. Quelle est l'une des plus belles réalisations du génie humain de ce siècle?

L'une des plus belles réalisations du génie humain de ce siècle est la conquête de l'air.

2. Qu'est-ce que le visiteur d'un Salon de l'Aéronautique en retire?
   Il en retire une satisfaction de son amour-propre national.

3. De quoi se rend-il compte, consciemment ou inconsciemment?
   Il se rend compte, consciemment ou inconsciemment, que l'aviation est l'une des bases de la puissance d'une nation moderne.

4. Quel exploit est le plus spectaculaire de la période des pionniers de l'aviation?
   L'exploit le plus spectaculaire de la période des pionniers de l'aviation est sans doute la traversée de la Manche par Louis Blériot le 25 juillet 1909.

5. En quelle année le premier Salon de l'Aéronautique a-t-il eu lieu?
   Le premier Salon de l'Aéronautique a eu lieu en 1909.

6. Quel taux de production l'industrie aéronautique française avait-elle atteint en 1918?
   L'industrie aéronautique française avait atteint en 1918 un taux de production de 3 000 avions par mois.

7. Qu'est-ce que la France peut se flatter d'avoir créé en 1919?
   La France peut se flatter d'avoir créé les premières lignes aériennes marchandes.

8. Qu'est-ce qui s'était établi entre les deux guerres?
   Entre les deux guerres un réseau européen dense s'était établi.

9. Qu'est-ce que la guerre a donné au transport aérien?
   La guerre a donné au transport aérien les machines, l'infrastructure et les méthodes qui devaient lui permettre de devenir une industrie.

10. Quelles sont les principales compagnies aériennes françaises?
    Les principales compagnies aériennes françaises sont la Compagnie nationale Air France et la Société privée U.T.A.

11. Qu'est-ce qui les classe parmi les meilleures?
    Leur dynamisme commercial et leur sécurité d'exploitation les classent parmi les meilleures.

12. Décrivez la *Caravelle*.
    C'est un avion à réaction moyen courrier.

13. Avec quel autre pays la France s'est-elle associée pour produire un avion supersonique?
    La France s'est associée avec la Grande Bretagne pour produire un avion supersonique.

14. Comment s'appelle cet avion supersonique franco-britannique?
    Cet avion supersonique franco-britannique s'appelle Concorde.

15. A quelle vitesse volera-t-il?
    Il volera à une vitesse double de celle du son.

Structure Drills

I. *Revision of Future Tense (Present > Future)*
Modèle—

Vous entendez: Je vais au Salon de l'Aéronautique.
Vous dites: J'irai au Salon de l'Aéronautique.

Commencez—

1. Je vais au Salon de l'Aéronautique.
   J'irai au Salon de l'Aéronautique.

2. Nous voyons 135 avions et 54 hélicoptères.
   Nous verrons 135 avions et 54 hélicoptères.

3. Quelle est l'attraction no 1 cette année?
   Quelle sera l'attraction no 1 cette année.

4. Aux heures de pointe il peut partir toutes les cinq minutes.
   Aux heures de pointe il pourra partir toutes les cinq minutes.

5. N'y a-t-il pas de cinéma à bord?
   N'y aura-t-il pas de cinéma à bord?

6. Les passagers aperçoivent quelque chose à travers les hublots.
   Les passagers apercevront quelque chose à travers les hublots.

7. À quelle heure vole-t-il?
   À quelle heure volera-t-il?

8. Le premier vol officiel a lieu en février.
   Le premier vol officiel aura lieu en février.

9. La *Caravelle* tourne autour de la Tour Eiffel.
   La Caravelle tournera autour de la Tour Eiffel.

10. Quelles nations participent à la construction de cet avion?
    Quelles nations participeront à la construction de cet avion?

II. aller + *Infinitive*
Future Tense by using Aller + Infinitive
Modèle—

Vous entendez: Il part et se pose n'importe où.
Vous dites: Il va partir et se poser n'importe où.

Commencez—

1. Il part et se pose n'importe où.
   Il va partir et se poser n'importe où.

2. Nous voyons la patrouille acrobatique de France.
   Nous allons voir la patrouille acrobatique de France.

3. Paris revit un grand moment de l'aviation.
   Paris va revivre un grand moment de l'aviation.

4. L'avion décolle d'un terrain français.
   L'avion va décoller d'un terrain français.

5. L'avion atterrit.
   L'avion va atterrir.

6. La France, l'Allemagne et la Grande Bretagne y participent.
   La France, l'Allemagne et la Grande Bretagne vont y participer.

7. Aux heures de pointe il part toutes les cinq minutes.
   Aux heures de pointe il va partir toutes les cinq minutes.

8. A quelle vitesse vole-t-il?
   A quelle vitesse va-t-il voler?

9. Les passagers n'ont pas le temps d'admirer le paysage.
   Les passagers ne vont pas avoir le temps d'admirer le paysage.

10. *Concorde* transporte 132 passagers.
    Concorde va transporter 132 passagers.

III. ce qui *and* ce que *and* tout ce qui *and* tout ce que

i. Ce Qui

Modèle—
   Vous entendez: Qu'est-ce qui a soulevé l'enthousiasme des foules?
   Vous dites: Je ne sais pas ce qui a soulevé l'enthousiasme des foules.

Commencez—
1. Qu'est-ce qui a soulevé l'enthousiasme des foules?
   Je ne sais pas ce qui a soulevé l'enthousiasme des foules.

2. Qu'est-ce qui a pénétré dans la vie des nations?
   Je ne sais pas ce qui a pénétré dans la vie des nations.

3. Qu'est-ce qui est l'une des bases de la puissance d'une nation moderne?
   Je ne sais pas ce qui est l'une des bases de la puissance d'une nation moderne.

4. Qu'est-ce qui était malheureusement trop tardif?
   Je ne sais pas ce qui était malheureusement trop tardif.

5. Qu'est-ce qui n'a pas subi suffisamment de tests?
   Je ne sais pas ce qui n'a pas subi suffisamment de tests.

ii. Ce Que

6. Qu'est-ce que la France a acquis?
   Je ne sais pas ce que la France a acquis.

7. Qu'est-ce que les Américains préparent?
   Je ne sais pas ce que les Américains préparent.

8. Qu'est-ce que les Russes ont construit?
   Je ne sais pas ce que les Russes ont construit.

9. Qu'est-ce que nous allons voir?
   Je ne sais pas ce que nous allons voir.

10. Qu'est-ce qu'on va présenter?
    Je ne sais pas ce qu'on va présenter.

iii. Tout ce qui, tout ce que

Modèle—
   Vous entendez: C'est tout ce que vous voulez voir?
   Vous dites: Oui, c'est tout ce que je veux voir.

Commencez—
1. C'est tout ce que vous voulez voir?
   Oui, c'est tout ce que je veux voir.

2. C'est tout ce qui vous plaît?
   Oui, c'est tout ce qui me plaît.

3. C'est tout ce que vous gagnez par an?
   Oui, c'est tout ce que je gagne par an.

4. C'est tout ce qui vous intéresse?
   Oui, c'est tout ce qui m'intéresse.

5. C'est tout ce qui vous amuse?
   Oui, c'est tout ce qui m'amuse.

IV. Completion Exercise

Complete the following with reference to the text—

1. L'une des plus belles réalisations, la conquête de l'air, prend place. . . .
   (*parmi les plus grands événements de ce siècle*)

2. Tous les deux ans le Salon de l'Aéronautique du Bourget devient. . . .
   (*le théâtre de la grande confrontation mondiale entre pays à vocation aéronautique et spatiale*)

3. Pour célébrer le quarantième anniversaire de l'exploit de Lindbergh les Américains ont construit. . . .
   (*une réplique exacte du célèbre avion qui le premier a traversé l'Atlantique*)

4. Dès sa plus tendre enfance, la technique aéronautique avançait. . . .
   (*à pas de géant*)

5. La France peut se flatter d'avoir créé en 1919. . . .
   (*les premières lignes aériennes marchandes*)

6. En 1936 la création d'*Air France* avait groupé plusieurs compagnies. . . .
   (*sous un même pavillon*)

7. L'industrie française aéronautique a produit avec la *Caravelle*. . . .
   (*un avion à réaction moyen courrier*)

8. L'industrie française s'est associée avec l'industrie britannique pour produire. . . .
   (*un avion supersonique*)

9. *Concorde* volera à une vitesse. . . .
   (*double de celle du son*)

10. Si les essais en vol ne déçoivent pas, si nous continuons à tenir nos délais,
    Concorde. . . .
    (*sera en exploitation en 1971*(3)

V. *Translation Drill*

A spontaneous oral translation into French is to be given immediately after you have heard the English phrase—

One of the finest achievements	*Une des plus belles réalisations*
of human genius,	*du génie humain,*
the conquest of the air,	*la conquête de l'air,*
has found a place	*a pris place*
among the greatest events	*parmi les plus grands événements*
of the century.	*du siècle.*
Because of its highly spectacular character	*A cause de son caractère hautement spectaculaire*
flying has aroused,	*l'aviation a soulevé,*
from its beginnings,	*dès ses débuts,*
the enthusiasm of the crowds.	*l'enthousiasme des foules.*
The most spectacular exploit	*L'exploit le plus spectaculaire*
of the pioneer period	*de la période des pionniers*
was doubtless	*était sans doute*
the crossing of the English Channel	*la traversée de la Manche*
by Louis Blériot on 25th July 1909	*par Louis Blériot le 25 juillet 1909*
in his monoplane.	*dans son monoplan.*
The first Air Show	*Le premier Salon de l'Aéronautique*
took place that same year.	*a eu lieu cette même année.*
Sixty years later	*Soixante ans plus tard*
engineers and test pilots	*des ingénieurs et des pilotes d'essai*
are concerned with the supersonic aircraft *Concorde.*	*s'occupent de l'avion supersonique Concorde.*
This is a Franco-British project	*C'est un projet franco-britannique*
for which it is hoped to get many orders.	*pour lequel on espère décrocher beaucoup de commandes.*
If all goes well, Concorde will be flying	*Si tout va bien, Concorde volera*
at a speed double that of sound in 1971.	*à une vitesse double de celle du son en 1971*

Selected Vocabulary List: Unit 7

acquérir, *to acquire*
acrobatique, *acrobatic*
l'adversaire, *adversary, opponent*

l'aérobus (*m*), *air-bus*
l'aérodrome (*m*), *aerodrome, flying ground*

82

aéronautique, *aeronautical*
l'aile (ƒ), *wing (of aircraft)*
  aile delta, *delta wing*
  aile contre aile, *wing to wing*
l'amour-propre (m), *pride, self-esteem*
l'anémomètre (m), *anemometer, wind-gauge*
apercevoir, *to perceive, see*
à son apogée, *at its zenith*
assister à, *to attend, to be present at*
l'atout-majeur, *trump card*
l'attente (ƒ), *wait*
atterrir, *to land, to touch down*
l'atterrissage (m), *landing, touch-down*
avancer, *to advance*
  avancer à pas de géant, *to make rapid headway, to make astonishing progress*
l'aviation (ƒ), *aviation*
  l'aviation civile, *civil aviation*
  l'aviation militaire, *military aviation*
l'avion (m), *plane*
  l'avion de transport, *commercial plane*
  l'avion monoplace, *single-seater plane*
  l'avion supersonique, *supersonic aircraft*
  l'avion à six places, *six-seater plane*
le ballon, *balloon*
le baromètre, *barometer*
belligérant, *belligerent*
bénéficier, *to benefit*
les besoins nationaux, *needs of the nation*
un bi-moteur, *twin-engine*
un bi-réacteur, *twin jet*
se borner à, *to limit oneself to*
une boucle, *loop, twist and turn*
le cauchemar, *nightmare*
la cellule, *air-frame*
le champ, *field*

une commande, *an order*
commander, *to order*
la compagnie, *company*
  la compagnie aérienne, *air company*
complexe, *complex, intricate, complicated*
la concurrence, *competition*
le concurrent, *competitor*
le conflit, *conflict*
la conquête, *conquest*
conscient de, *conscious of*
conserver, *to keep*
la construction, *construction, building*
convenir (à), *to suit*
le côté, *side*
le courrier, *mail, post*
le début, *beginning*
décoller, *to take off (aircraft)*
décrocher, *to unhook, lift (receiver)*
  décrocher des commandes, *to get, win orders*
décupler, *to increase, multiply, tenfold*
définir, *to define*
le développement, *development*
le dirigeable, *airship, dirigible*
la diversité, *variation*
un duel de prestige, *prestige duel*
s'échelonner, *to space out*
écrasant, *overwhelming*
l'engin (m), *engine, machine*
l'engouement (m), *infatuation*
l'entretien (m), *maintenance*
éparpiller, *to spread, scatter*
l'équilibre (m), *balance, stability*
un essai, *trial, testing*
l'essor (m), *rise*
étonnant, *astonishing*
étudier, *to study*
l'événement (m), *event*
l'exemplaire (m), *copy*
l'expérimentation (ƒ), *experimenting*
l'exploit (m), *exploit, achievement*
l'exportation (ƒ), *export*

faire appel à, *to appeal to, to call upon s.o.'s help*
faire face à, *to meet, to cope with*
la foule, *crowd*
fournir, *to supply*
le fret, *freight*
   le fret aérien, *air-freight*
le génie humain, *human genius*
la guerre, *war*
   la guerre mondiale, *world war*
l'hélicoptère (*m*), *helicopter*
le hublot, *window (in plane), port-hole*
imposer, *to impose*
inconsciemment, *unconsciously*
l'indicateur (*m*), *indicator*
l'industrie aéronautique, *aircraft industry*
l'ingénieur (*m*), *engineer*
l'insuffisance (*f*), *shortage, inadequacy*
l'investissement (*m*), *investment*
le jalon, *landmark (in history)*
léger, *light*
lourd, *heavy*
lutter, *to struggle, strive*
maintenir, *to maintain*
la Manche, *English Channel*
manifester, *to manifest, show*
la maquette, *mock-up (of aeroplane)*
le marché, *market*
la marque, *brand, trade-mark*
la météorologie, *meteorology*
mettre en jeu, *to set in action*
militaire, *military*
mondial, *world-wide*
le monoplan, *mono-plane*
le moteur, *engine*
le moyen courrier, *medium-range transport*
les moyens de production, *means of production*
muni de, *equipped with*
nécessiter, *to necessitate*
l'objectif, *objective*
l'origine (*f*), *origin*

la panse, *belly*
parcourir, *to travel through*
se partager, *to share*
la participation, *sharing, participation*
participer à, *to participate in*
la patrouille, *patrol*
le pavillon, *pavilion; flag*
perfectionné, *perfected, improved*
le personnel, *staff*
la photographie aérienne, *air photography*
le pilote, *pilot*
   le pilote d'essai, *test pilot*
le pionnier, *pioneer*
la piste, *run-way*
la place, *market-square*
la plage, *beach*
la politique, *policy*
le potentiel, *potentialities, potential*
préparer, *to prepare*
   préparer le clou, *to prepare the star turn*
présenter, *to present*
le prix de revient, *cost price*
le programme à longue échéance, *long-term programme*
le programme spatial, *space programme*
le(s) progrès, *progress*
la prouesse, *valour, feat of valour*
la puissance, *power*
quadri-moteur, *four-engined*
la querelle, *quarrel*
quitter le sol, *to leave the ground, take off*
ralentir, *to slow down*
le rang, *row (of seats), place, rank*
la rangée, *row (of seats)*
la réalisation, *realization, achievement*
la recherche, *research*
se rendre compte, *to realize*
rentable, *profitable*
la réplique, *replica*
revivre, *to relive*
révolutionnaire, *revolutionary*

rivaliser, *to compete, vie with*
la route, *road*
le salon, *show*
  le salon de l'aéronautique, *air-show*
la série, *range, line, series*
le son, *sound*
soulever l'enthousiasme, *to rouse enthusiasm*
spectaculaire, *spectacular*
sphérique, *spherical*
subir, *to undergo*
la supériorité, *superiority*
tardif, *tardy, belated*
le taux, *rate*
  le taux de production, *rate of production*
le technicien, *technician*
le témoin, *witness*

le tonneau, *horizontal spin, roll*
transporter, *to transport*
la traversée, *crossing, passage*
triompher, *to triumph*
trouver la voie, *to find the way*
une turbine à gaz, *gas turbine*
le turbo-réacteur, *turbo-jet engine*
vertigineux, *dizzy, giddy*
les vêtements spéciaux, *special clothing*
la vitesse, *speed*
la vocation, *inclination, bent, vocation*
la voie, *way*
le vol, *flying, flight*
  le vol d'acrobatie, *trick flying*
  le vol en patrouille serrée, *flying in close formation*
  le vol inversé, *flying upside down*
  en vol, *in flight*
voler, *to fly*

85

8

Paris

UNE FEMME d'affaires anglaise est en visite à Paris. C'est sa première visite d'affaires en France et pendant son séjour à Paris elle est accompagnée d'un jeune collègue français qui est Parisien et qu'elle avait connu il y a cinq ans à Londres. Ils sont en train de discuter du commerce de Paris. Maintenant écoutons leur conversation—

PARISIEN. Pour un grand nombre de gens le mot Paris n'évoque qu'une atmosphère de fête et de plaisir.

FEMME D'AFFAIRES (*souriant*) Oui. La plupart des touristes anglais pensent tout de suite aux cafés-concerts, aux cabarets de Montmartre, à la vie et aux magasins, aux Grands Boulevards, aux fontaines jaillissantes des Champs Élysées.

P. Pourtant Paris est quelque chose d'autre que la traditionelle ville de gaieté et d'insouciance qu'une réclame pittoresque et quelque peu fantaisiste fait briller incessament aux yeux des touristes.

F. Je dois avouer que cette idée de «Gay Paris» a été beaucoup répandue à l'étranger. Tout le monde sait que Paris est le premier centre touristique de la France.

P. Mais vous êtes ici en visite d'affaires, madame. Savez-vous donc que Paris est le premier port intérieur de France et le troisième port de France après Marseille et Le Havre?

F. Non, je n'ai pas vu le port de Paris. Est-il constitué par les quais de la Seine?

P. Oui, mais à l'est et au nord de la ville se trouve toute une série de canaux et de bassins peu visitée des étrangers. Ces canaux présentent pendant le jour un spectacle très animé par la vie et l'activité commerciales.

F. Est-ce que les marchandises sont transportées par des péniches le long de ces canaux?

P. Oui. Aux quais des canaux Ourcq, St. Denis et St. Martin et dans les ports de Bonneuil et de Gennevilliers sont amarrés d'innombrables péniches, chalands, toute une multitude de bateaux qui embarquent et débarquent sans cesse des marchandises de toute sorte.

F. Alors la plupart des touristes qui visitent Paris ne voient pas l'importance commerciale de cette cité.

P. C'est vrai. La rivière navigable, les aéroports du Bourget et d'Orly et les grands réseaux des chemins de fer qui rayonnent autour de la capitale alimentent sans relâche la circulation des marchandises.

F. Et l'activité économique de Paris, est-elle en effet aussi intense que diverse?

P. Oui, son industrie s'exerce à peu près dans tous les domaines mais elle excelle et est surtout florissante dans les branches qui permettent aux articles de revêtir un cachet d'originalité et d'élégance.

F. Je sais que Paris est bien connue pour la bijouterie, l'orfèvrerie, l'horlogerie, la bimbeloterie, la confection en tous genres, la mode, les fourrures et les articles dits « de Paris ».

P. Oui, les confections, les fourrures de Paris sont portées dans tous les pays par le monde élégant, et la bijouterie, l'ameublement, les porcelaines, les verreries et les cristaux artistiques de Paris sont recherchés partout par les gens de goût.

F. Tout le monde sait que Paris est l'une des plus vastes, des plus riches et des plus belles cités du monde.

P. C'est vrai. Cette cité est une des plus belles et des plus peuplées Europe. C'est aujourd'hui une vaste région urbaine où demeurent 8 millions d'habitants. Un Français sur six est parisien.

F. (*admirant la beauté de la Place de la Concorde et des bâtiments qui l'entourent*) Paris est la première après Rome pour la beauté de ses monuments.

P. Oui, pendant votre séjour ici, il faut visiter quelques-uns de ses monuments historiques : le Louvre, le Palais Royal, les Invalides, Notre Dame, le Panthéon, la Madeleine, la Tour Eiffel et, puisque vous êtes en visite d'affaires, madame, n'oubliez pas la Bourse.

F. Je voudrais bien voir la Bourse de Paris.

P. Au point de vue financier le marché de Paris, par le chiffre d'affaires et l'envergure des opérations qui s'y traitent, par l'importance des capitaux disponibles, par le nombre des titres cotés en Bourse, vient en Europe immédiatement après Londres.

F. Vraiment ? Et la Bourse, c'est l'édifice en forme de temple grec dont vous m'avez parlé hier ?

P. Oui, c'est la Bourse de Paris. Elle traite 95% des affaires malgré l'existence de Bourses régionales. Il existe aussi des Bourses de Commerce où d'imposantes transactions portent sur diverses denrées et matières premières.

F. Vous m'avez convaincue que Paris est le premier centre commercial français. Je suis sûre que Paris est également le premier centre industriel du pays.

P. Oui, l'agglomération parisienne est très industrialisée. Elle rassemble un quart des ouvriers français. Il y a des usines métallurgiques, mécaniques, d'outillage de précision, de postes de radio et de télévision, de produits chimiques et pharmaceutiques, des Centres de Recherches, des usines automobiles et bien d'autres. De plus, c'est un grand centre international de conférences, de foires et d'expositions.

F. Par sa situation géographique comme par l'esprit ouvert et accueillant de sa population, Paris ne pouvait que devenir un grand centre international, me semble-t-il.

P. Toutes les routes, les voies ferrées, les lignes aéronautiques convergent sur la Métropole et la mettent à courte distance des autres capitales européennes.

F. Voilà pourquoi les échanges franco-britanniques sont des plus actifs.

Questions

Répondez aux questions suivantes—

1. A quoi pensent la plupart des touristes anglais quand on parle de Paris?
   Ils pensent tout de suite aux cafés-concerts, aux cabarets de Montmartre, à la vie et aux magasins, aux Grands Boulevards, aux fontaines jaillissantes des Champs Élysées.

2. Comment s'appellent les trois canaux dans le port de Paris?
   Ils s'appellent Ourcq, St. Denis et St. Martin.

3. Dans quelle partie de la ville ces canaux se trouvent-ils?
   Ces canaux se trouvent à l'est et au nord de la ville.

4. Qu'est-ce qui alimente sans relâche la circulation des marchandises?
   La rivière navigable, les aéroports du Bourget et d'Orly et les grands réseaux des chemins de fer alimentent sans relâche la circulation des marchandises.

5. Dans quelles branches l'industrie parisienne est-elle surtout florissante?
   L'industrie parisienne est surtout florissante dans les branches qui permettent aux articles de revêtir un cachet d'originalité et d'élégance.

6. Pour quels produits de luxe Paris est-elle très bien connue?
   Paris est très bien connue pour la bijouterie, l'orfèvrerie, l'horlogerie, la bimbeloterie, la confection en tous genres, la mode, les fourrures et les articles dits «de Paris».

7. Combien d'habitants y a-t-il à Paris?
   Il y a huit millions d'habitants à Paris.

8. Pourquoi la Bourse de Paris est-elle très importante au point de vue financier?
   La Bourse de Paris est très importante au point de vue financier parce qu'elle traite 95% des affaires financières malgré l'existence de Bourses régionales.

9. Pourquoi l'agglomération parisienne est-elle si industrialisée?
   Elle est si industrialisée parce que Paris est le premier centre industriel du pays.

10. Pourquoi Paris est-elle bien située pour devenir un grand centre international?
    Paris est bien située pour devenir un grand centre international car toutes les routes, les voies ferrées, les lignes aéronautiques convergent sur la Métropole et la mettent à courte distance des autres capitales européennes.

Basic Text

LA FOIRE DE PARIS

En 1954, pour son cinquantenaire, la Foire de Paris réunissait environ 12 500 exposants et constituait une des manifestations économiques les plus importantes du monde.

Aujourd'hui, la surface occupée par les stands, dans le vaste parc de la

Porte de Versailles, atteint 450 000 mètres carrés, occupés par les boutiques et pavillons d'alimentation, l'emplacement des maisons et du matériel de bâtiment, les machines pour travaux publics, les moteurs, les machines à travailler le bois, le matériel de camping, le matériel de bureau, l'ameublement, etc.

Le caractère international de cette grande manifestation s'est fortement accentué depuis 1950. Actuellement, plus de 3 000 participants étrangers appartenant à 35 nations exposent leurs productions à côté de leurs concurrents français.

Tous les groupes y manifestent un grand développement, la difficulté de plus en plus grande des affaires ayant d'ailleurs incité les industriels à produire un effort exceptionnel.

Entre autres expositions présentant un grand nombre de nouveautés, il convient de signaler: le Groupe de l'Alimentation avec le Matériel d'Alimentation, l'Emballage et le Conditionnement. Au Salon des Vins de nombreux producteurs présentent une gamme complète de variétés des grands crus et des eaux-de-vie, cognacs, fine champagne.

Au matériel de l'Alimentation, une cuisine complète permet des démonstrations quotidiennes. L'utilisation du four à thermostat et de l'allumage automatique des brûleurs se généralise.

La section spéciale de l'Emballage et du Conditionnement, très complète, comprend toutes les machines d'emballage, d'empaquetage, les peseuses automatiques, à côté des distributeurs de lait s'adaptant sur comptoirs glacières ou sur cuves isothermes. Les cartons ondulés, les papiers imperméabilisés et transparents, de plus en plus utilisés dans l'alimentation, figurent à côté des bonbonnières et cartonnages de luxe, d'une originalité rarement égalée.

La Section du Froid présente de nombreux meubles frigorifiques de toutes dimensions qui possèdent désormais une isolation très poussée.

L'Ameublement constitue l'une des grandes sections de la Foire: celle-ci fait, chaque année, de gros efforts pour présenter, à côté des ensembles classiques, les dernières créations de Paris. Les cuisines modernes forment un des départements les plus attractifs de cette section.

Le Bureau moderne groupe de nombreux stands: machines à écrire, machines à calculer, classeurs, papiers, appareillage d'enregistrement, de transmission d'ordres, de reproduction. . . .

La vaste section de la Bijouterie présente avec élégance d'innombrables articles qui rivalisent de goût et d'originalité: bijoux fantaisie voisinant avec la bijouterie or, faïences et céramiques d'art, coutellerie, fantaisies en verre décoré, émaux et articles de souvenir.

Le Cuir est partout, servant aussi bien à la confection des objets utilitaires qu'à la décoration des produits de luxe: porte-monnaie, portefeuilles, serviettes, articles de sellerie, articles de classe, reliures, agendas, briquets, poudriers, étuis à cigarettes, coffrets à bijoux, boîtes à confiserie. . . .

Le Jouet forme désormais à la Foire de Paris une section extrêmement importante, l'originalité et la qualité des créations françaises attirant toujours de nouveaux acheteurs de France et de l'étranger: poupées en tous genres, animaux en peluche, en peau et en caoutchouc, sujets mécaniques, bicyclettes, véhicules aussi nombreux que variés, jeux classiques, techniques ou éducatifs, jeux de sociétés, trains électriques ou mécaniques, articles pour fêtes, arbres de Noël. . . .

La Librairie ne compte pas moins de 150 stands et parmi eux le stand collectif du Cercle de la Librairie qui présente de nombreux volumes, depuis le roman jusqu'aux livres techniques et aux ouvrages richement édités et illustrés.

Le développement de la production d'Électricité, passée de 22 milliards de kw/h en 1938 à 58 milliards de kw/h en 1957, justifie la place considérable réservée à ce groupe: dynamos, piles, accumulateurs et transformateurs de courant voisinent à côté des nombreuses applications domestiques et industrielles de l'électricité: cuisinières, radiateurs, aspirateurs, machines à laver, rasoirs électriques, fours industriels, matériel électronique, électricité médicale. . . .

Les modèles de récepteur les plus divers sont groupés dans la section de la Radio et de la Télévision. A voir les progrès réalisés depuis quelques années on comprend que la vente des appareils ait augmenté de 90% sur 1953.

Sur 15 000 mètres carrés sont installés le Matériel de culture, d'arboriculture, d'apiculture, d'horticulture et d'exploitation forestière: les tracteurs de toutes marques, les charpentes et hangars métalliques, les pompes à piston de surface ou pour puits profonds fonctionnant à bras, à moteur ou avec éolienne, le matériel de laiterie, et tous appareils susceptibles d'améliorer le rendement de l'exploitation.

La section des Matières Plastiques, qui connaît chaque année un nouvel essor, présente, outre l'appareillage de fabrication avec de nombreux modèles de machines à injecter ou à mouler, les utilisations industrielles, plus nombreuses encore: volants d'automobiles, pièces d'appareils de radio et de télévision, tubes, tuyaux, verres de sécurité, appareils dentaires. . . .

Enfin une surface de 7 000 mètres carrés s'avère encore insuffisante pour contenir le groupe Tourisme et Camping toujours très fréquenté car la pratique du camping s'accroît avec le développement des moyens de communications. Aussi les stands sont-ils très entourés qui présentent les tentes de toutes formes, sacs à dos, sacs de couchage, matériel culinaire extra-léger, remorques et roulottes. Les sports et la gymnastique n'ont pas été oubliés: canoës, yachts à voile ou à moteur, appareils de culture physique, jeux de plein air, skis, luges, équipements de montagne ou de chasse sousmarine s'offrent à l'envi aux fanatiques de chacune de ses saines distractions.

Questions

Répondez aux questions suivantes—

1. Quand le cinquantenaire de la Foire de Paris a-t-il eu lieu?
   Le cinquantenaire de la Foire de Paris a eu lieu en 1954.

2. Combien d'exposants la Foire de Paris réunissait-elle?
   La Foire de Paris réunissait 12 500 exposants.

3. Combien de participants étrangers y assistaient en 1954?
   En 1954 plus de 3 000 y assistaient.

4. Combien de nations y étaient représentées?
   36 nations y étaient représentées.

5. Que présentait-on au Salon des Vins?
   On y présentait une gamme complète de variétés des grands crus et des eaux-de-vie, cognacs et fine champagne.

6. Qu'est-ce qu'il y avait dans la section du matériel de l'Alimentation?
   Dans la section du matériel de l'Alimentation il y avait une cuisine complète qui permettait des démonstrations quotidiennes.

7. Que présente-t-on dans la section spéciale de l'Emballage et du Conditionnement?
   On y présente toutes les machines d'emballage, d'empaquetage et les peseuses automatiques.

8. Que voit-on dans la section du Froid?
   On y voit de nombreux meubles frigorifiques de toutes dimensions.

9. Que voit-on sur de nombreux stands du Bureau Moderne?
   On y voit machines à écrire, machines à calculer, classeurs, papiers, appareillage d'enregistrement, de transmission d'ordres, de reproduction.

10. Qu'est-ce qui sert aussi bien à la confection des objets utilitaires qu'à la décoration des produits de luxe?
    Le cuir sert aussi bien à la confection des objets utilitaires qu'à la décoration des produits de luxe.

11. Qu'est-ce qui attire toujours de nouveaux acheteurs de France et de l'étranger à la section du Jouet?
    L'originalité et la qualité des créations françaises attirent toujours de nouveaux acheteurs de France et de l'étranger à la section du Jouet.

12. Que présente-t-on au stand collectif du Cercle de la Librairie?
    On y présente de nombreux volumes, depuis le roman jusqu'aux livres techniques et aux ouvrages richement édités et illustrés.

13. Qu'est-ce qui justifie la place considérable réservée à l'électricité?
    Le développement de la production d'électricité justifie la place considérable réservée à ce groupe.

14. Quelle section connaît chaque année un nouvel essor?
    La Section des Matières Plastiques connaît chaque année un nouvel essor.

15. Quels stands sont très entourés?
    Les stands qui sont très entourés sont ceux qui présentent les tentes de toutes formes, sacs à dos, sacs de couchage, matériel culinaire extra-léger, remorques et roulottes.

Structure Drills

I. *Imperfect Tense*
   Present > Imperfect
   Modèle—
   Vous entendez: Tous les ans la Foire de Paris réunit environ 12 500 exposants.
   Vous dites: Tous les ans la Foire de Paris réunissait environ 12 500 exposants.
Commencez—

1. Tous les ans la Foire de Paris réunit environ 12 500 exposants.
   Tous les ans la Foire de Paris réunissait environ 12 500 exposants.

2. Plus de 3 000 participants étrangers exposent leurs productions à côté de leurs concurrents français.
   Plus de 3 000 participants étrangers exposaient leurs productions à côté de leurs concurrents français.

3. L'originalité et la qualité des créations françaises attirent toujours de nouveaux acheteurs de France et de l'étranger.
   L'originalité et la qualité des créations françaises attiraient toujours de nouveaux acheteurs de France et de l'étranger.

4. Une cuisine complète permet des démonstrations quotidiennes.
   Une cuisine complète permettait des démonstrations quotidiennes.

5. Le développement de la production d'électricité justifie la place considérable réservée à ce groupe.
   Le développement de la production d'électricité justifiait la place considérable réservée à ce groupe.

6. La Fonderie offre aux visiteurs un ensemble varié.
   La Fonderie offrait aux visiteurs un ensemble varié.

7. La Section des Matières Plastiques qui connaît chaque année un nouvel essor, présente les utilisations industrielles.
   La Section des Matières Plastiques qui connaissait chaque année un nouvel essor, présentait les utilisations industrielles.

8. La Section du Froid présente de nombreux meubles frigorifiques de toutes dimensions qui possèdent une isolation très poussée.
   La Section du Froid présentait de nombreux meubles frigorifiques de toutes dimensions qui possédaient une isolation très poussée.

II. *Pronouns*
   Pronoun Substitution: Noun > Pronoun
   Modèle—
   Vous entendez: La femme d'affaires anglaise va à Paris.
   Vous dites: Elle y va.
Commencez—

1. La femme d'affaires anglaise va à Paris.
   Elle y va.

2. Les touristes anglais pensent tout de suite aux cabarets de Montmartre.
   Ils y pensent tout de suite.

3. Cette idée de «Gay Paris» a été beaucoup répandue à l'étranger.
   Elle y a été beaucoup répandue.

4. Je n'ai jamais vu le port de Paris.
   Je ne l'ai jamais vu.

5. La jeune femme a posé des questions aux hommes d'affaires.
   Elle leur en a posé.

6. Allez à la Bourse. N'oubliez pas d'aller à la Bourse.
   Allez-y. N'oubliez pas d'y aller.

7. La femme d'affaires voudrait bien visiter la Bourse.
   Elle voudrait bien la visiter.

8. Le Français a essayé de répondre à la visiteuse anglaise.
   Il a essayé de lui répondre.

9. Elle est allée voir les monuments historiques.
   Elle est allée les voir.

10. Elle se souviendra de sa visite à Paris.
    Elle s'en souviendra.

III. *Disjunctive Pronouns*
   Pronoun Substitution
Modèle—
   Vous entendez: Elle s'est approchée du collègue français.
   Vous dites: Elle s'est approchée de lui.
Commencez—
   1. Elle s'est approchée du collègue français.
      Elle s'est approchée de lui.

   2. L'un de ses collègues ne travaillait plus.
      L'un d'eux ne travaillait plus.

   3. Elle pensait toujours à son patron.
      Elle pensait toujours à lui.

   4. Elle se souvient des Françaises.
      Elle se souvient d'elles.

   5. Elle est arrivée chez le directeur de la maison.
      Elle est arrivée chez lui.

   6. Ce sont des acheteurs qui y sont venus.
      Ce sont eux qui y sont venus.

   7. Ce sont des Françaises qui savent s'habiller.
      Ce sont elles qui savent s'habiller.

   8. C'est aux fabricants français que vous avez donné la commande.
      C'est à eux que vous l'avez donnée.

9. Ce sont des participants étrangers qui exposent leurs productions à côté de leurs concurrents français.
   Ce sont eux qui les exposent à côté d'eux.

10. C'est la femme d'affaires qui est plus intelligente que son collègue français.
    C'est elle qui est plus intelligente que lui.

IV. *Completion Exercise*
   Complete the following sentences with reference to the text—

1. La plupart des touristes qui visitent Paris ne voient pas. . . .
   (*l'importance commerciale de cette cité*)

2. Paris est le premier port intérieur de France et. . . .
   (*le troisième port de France après Marseille et Le Havre*)

3. Son industrie s'exerce à peu près dans tous les domaines, mais elle excelle et est surtout florissante dans. . . .
   (*les branches qui permettent aux articles de revêtir un cachet d'originalité et d'élégance*)

4. Paris est bien connue pour la bijouterie, l'orfèvrerie, l'horlogerie. . . .
   (*la bimbeloterie, la confection en tous genres, la mode, les fourrures et les articles dits de Paris*)

5. La bijouterie, l'ameublement, les porcelaines, les verreries et les cristaux artistiques de Paris sont. . . .
   (*recherchés partout par les gens de goût*)

6. Tout le monde sait que Paris est l'une des plus vastes, des plus riches et des plus belles. . . .
   (*cités du monde*)

7. C'est aujourd'hui une vaste région urbaine où demeurent. . . .
   (*8 millions d'habitants*)

8. L'agglomération parisienne est très industrialisée; elle rassemble. . . .
   (*un quart des ouvriers français*)

9. La Bourse de Paris traite 95% des affaires, malgré. . . .
   (*l'existence de Bourses régionales*)

10. Par sa situation géographique comme par l'esprit ouvert et accueillant de la population, Paris ne pouvait que devenir. . . .
    (*un grand centre international*)

V. *Translation Drill*
   A spontaneous oral translation into French is to be given immediately after you have heard the English phrase—

Most foreigners visiting Paris do not realize its commercial and industrial importance.	*La plupart des étrangers qui visitent Paris ne se rendent pas compte de son importance commerciale et industrielle.*

They think only of the cabarets of Montmartre,	*Ils ne pensent qu'aux cabarets de Montmartre,*
of the big stores,	*aux grands magasins,*
of the boulevards,	*aux boulevards,*
and of the fountains of the Champs Élysées.	*et aux fontaines des Champs Élysées.*
However, this great capital	*Cependant, cette grande capitale*
is the first industrial and commercial centre of France	*est le premier centre industriel et commercial de France*
and possesses many factories,	*et possède beaucoup d'usines,*
foundries, sugar refineries,	*de fonderies, de raffineries de sucre,*
and research centres.	*et de centres de recherches.*
Moreover, all the roads,	*De plus, toutes les routes,*
the railway lines and the air lines	*les voies ferrées et les lignes aériennes*
converge on the Metropolis.	*convergent sur la Métropole.*
The airports of Orly and Le Bourget	*Les aéroports d'Orly et du Bourget*
put it in close contact	*la mettent en contact étroit*
with the other European capitals	*avec les autres capitales européennes*
and especially with the other Common Market countries.	*et surtout avec les autres pays du Marché Commun.*

Selected Vocabulary List: Unit 8

s'accentuer, *to become accentuated*
s'accroître, *to increase, grow*
accueillant, *welcoming*
l'accumulateur (*m*), *accumulator*
l'acier (*m*), *steel*
l'aéroport (*m*), *airport*
l'agglomération (*f*), *conurbation, built-up area*
agglomérer, *to agglomerate, mass together*
l'alimentation (*f*), *food, provisionment*
l'allumage (*m*), *lighting (lamp, fire)*
amarrer, *to make fast, moor*
l'ameublement (*m*), *furnishing*
animé, *animated, lively*
l'apiculture (*f*), *bee-keeping*
un appareil, *device, appliance, apparatus*
appartenir à, *to belong to*
l'arboriculture (*f*), *arboriculture*

un article de luxe, *de luxe article*
un aspirateur, *vacuum cleaner*
l'atmosphère (*f*), *atmosphere*
automatique, *automatic*
le bâtiment, *building*
la bicyclette, *bicycle*
la bijouterie, *jewellery*
la bimbeloterie, *knick-knacks, odds and ends*
le bois, *wood*
la bonbonnière, *sweetmeat box*
le boulanger, *baker*
la Bourse, *Stock Exchange*
la boutique, *shop*
le briquet, *cigarette lighter*
le butane, *butane*
le canoë, *canoe*
le capital (*pl.* capitaux), *capital, assets*

le carton, *cardboard*
le cartonnage, *cardboard boxes, cases*
la céramique, *ceramics*
le chaland, *barge*
le chalet, (*Swiss*) *chalet, country cottage*
la fine champagne, *liqueur brandy*
le charbon, *coal*
la charcuterie, *pork-butcher's meat/shop*
le charcutier, *pork-butcher*
la charpente, *framework*
le chiffre d'affaires, *turnover*
la cité, *city*
le classeur, *filing cabinet,* (*index*) *file*
le coffret, *small box*
   le coffret à bijoux, *jewel case*
le cognac, *cognac, brandy*
le collègue, *colleague*
le comptoir, *counter*
la concurrence, *competition, rivalry*
le concurrent, *competitor, rival*
la confection, *making* (*of road*), *ready-*
   made clothing
convaincre, *to convince*
converger, *to converge*
coter, *to quote*
la coutellerie, *cutlery*
le cristal (*pl.* cristaux), *crystal-glass*
le cru, *locality in which vines are grown,*
   wine, variety of wine
le cuir, *leather*
la cuisine, *kitchen*
la cuisinière, *cooker, cooking-stove*
la culture, *cultivation, culture*
la cuve, *vat*
débarquer, *to disembark* (*passengers*),
   to unload (*cargo*)
la denrée, *commodity, foodstuff*
le développement, *development*
une distraction, *amusement, diversion*
le distributeur, *distributor*
l'eau de vie (*f*), *spirits, brandy*
électronique, *electronic*
l'élevateur (*m*), *lift, elevator*
l'émail (*pl.* émaux), *enamel*

l'emballage (*m*), *packing, wrapping*
emballer, *to pack, wrap*
embarquer, *to embark* (*passengers*), *to*
   ship, to take goods aboard
l'empaquetage (*m*), *packing*
entourer, *to surround*
l'entreprise (*f*), *business concern*
l'envergure (*f*), *scale, breadth, span*
une éolienne, *windmill* (*for pumping*),
   air-motor
l'équipement (*m*), *equipment, outfit*
étranger, *foreign*
un étui à cigarettes, *cigarette-case*
évoquer, *to call to mind, evoke*
un exposant, *exhibitor*
exposer, *to exhibit*
une exposition, *exhibition*
extra-léger, *extra-light*
la faïence, *crockery, earthenware*
   la faïence fine, *china*
florissant, *flourishing*
la foire, *fair*
le four, *oven*
   le four à thermostat, *oven with*
    thermostat
   le four industriel, *kiln, furnace*
la fourrure, *fur*
la gamme, *range, series*
le gaz, *gas*
le goût, *taste*
la gymnastique, *gymnastics*
un habitant, *inhabitant, resident*
un hangar, *shed, hangar*
l'horlogerie (*f*), *clock and watchmaking*
illustrer, *to illustrate*
imperméabiliser, *to waterproof*
impressionnant, *impressive*
inciter, *to encourage, incite*
industriel, *industrial*
un industriel, *industrialist, manufacturer*
injecter, *to inject*
l'insouciance (*f*), *freedom from care*
isotherme, *isothermal*
le jeu, *game*

le jouet, *toy*
la laiterie, *dairy*
la librairie, *bookshop, book-trade*
le livre, *book*
la machine, *machine, machinery*
    la machine à calculer, *calculating-machine*
    la machine à écrire, *typewriter*
    la machine à laver, *washing machine*
malgré, *in spite of*
le marché, *market*
le matériel de bureau, *office equipment*
le matériel de camping, *camping equipment*
les matières premières, *raw materials*
mécanique, *mechanical*
le ménage, *household*
le métal (*pl.* métaux), *metal*
métallurgique, *metallurgical*
le mètre carré, *square metre*
la mode, *fashion*
le moteur, *engine*
mouler, *to mould*
la nouveauté, *novelty*
l'orfèvrerie (*f*), *goldsmith's trade*
l'originalité (*f*), *originality*
l'outillage (*m*) de précision, *set of precision tools*
l'ouvrage (*m*), *work*
l'ouvrier (*m*), ouvrière (*f*), *worker*
le papier, *paper*
le pavillon, *pavilion*
la peluche, *plush*
la péniche, *canal boat, coal-barge*
peuplé, *populated, busy*
la pile, *battery*
plastique, *plastic*
le point de vue, *point of view*
la pompe à piston, *piston pump*
la porcelaine, *porcelain*
le portefeuille, *wallet*
le porte-monnaie, *purse*
le poste de radio, *radio-set*
le poste de télévision, *T.V. set*

le poudrier, *powder compact*
la presse, *press*
le procédé, *process*
le producteur, *producer*
le produit, *product*
profond, *deep*
le puits, *well*
le pylone, *pylon*
quotidien, *daily*
le radiateur, *radiator*
le rasoir, *razor*
rayonner, *to radiate*
le récepteur, *receiver*
la recherche, *research*
rechercher, *to seek (after)*
la région urbaine, *urban district*
le relâche, *respite*
    sans relâche, *without respite*
la reliure, *bookbinding*
la remorque, *trailer, tow*
le rendement, *output*
le roman, *novel*
la roulotte, *caravan*
le sac à dos, *rucksack*
le sac de couchage, *sleeping bag*
le salon, *show*
la sellerie, *saddlery*
la serviette, *portfolio*
sousmarin, *under-water*
le stand, *stand (at exhibition)*
technique, *technical*
la télévision, *television*
la tente, *tent*
le titre, *share, bond, title, deed*
le tourisme, *tourism*
le tracteur, *tractor*
le train électrique, *electric train*
le transformateur, *transformer*
les travaux publics, *public works*
le tube, *tube, pipe*
le tuyau, *tube, pipe*
l'usine (*f*), *works, factory*
    l'usine automobile, *car factory*
utilitaire, *useful, utilitarian*

la vente, *sale*
le verre de sécurité, *safety glass*
la verrerie, *glassworks*
vibrant, *vibrating*

la visite d'affaires, *business visit*
la voie ferrée, *railway line, track*
le volant, *steering wheel*
le yacht à voile, *sailing-yacht*

9

L'Industrie Textile

LA HAUTE couture, tout le monde le sait, tout le monde le dit, c'est une activité française essentiellement parisienne. A la fin de juillet, chez Dior et chez Balmain[1] et dans une douzaine d'autres maisons la fièvre est à son maximum: on va présenter la collection d'hiver. Chez un grand couturier parisien c'est le jour de présentation de la nouvelle collection d'hiver. Maintenant écoutez la conversation qui suit entre une acheteuse de modes et un journaliste—

JOURNALISTE. On prédisait le retour des robes qui cachent le genou.

ACHETEUSE. Mais la majorité des couturiers ont décidé de jouer la jeunesse, n'est-ce pas?

J. Oui, cet hiver les robes resteront très courtes et les filles continueront de dicter la mode à leur mère.

A. Il me semble que cette année les robes sont tout à fait futuristes.

J. Oui, elles sont très à la mode, tout à fait différentes de celles d'hier.

A. C'est la ligne de demain, n'est-ce pas?

J. Évidemment. Plus encore que la robe raccourcie, c'est la ligne, l'allure, l'esprit qui sont révolutionnaires.

A. J'ai remarqué que les couleurs prédominantes de cette collection sont oranges, jaunes et brunes; toutes les couleurs des feuilles d'automne.

J. Oui, cette mode sera surtout jolie dans les pages en couleur des revues.

A. Oui, mais au fond il n'y a rien de si nouveau. . . .

J. Vous avez raison. Tous les couturiers se sont donné cette saison pour travailler dans le style jeune parce qu'il y a de plus en plus un immense public de jeunes pour la mode.

A. Pour cette masse énorme de nouvelles consommatrices les couturiers créent une mode essentiellement jeune.

J. Oui, et à leur tour les fabricants créeront des prêts-à-porter pour les jeunes filles.

A. Oui, les prêts-à-porter[1] s'offrent bien aux jeunes. Les boutiques qui les vendent ont des idées jeunes.

J. Oui, mais pour les dames plus âgées, c'est un peu difficile. Il me semble impossible qu'une femme âgée sorte habillée comme ça dans la rue; la jupe est beaucoup trop courte.

---

[1] Un nouveau nom dans le prêt-à-porter de la haute couture française: M. Pierre Balmain, fondateur en 1945 de la maison qui porte son nom. Il présentera au public sa première collection «boutique» à la fin d'avril 1968, après trois ans d'essais dans la confection: 20 modèles pour hommes, de 60 à 70 pour femmes.

A. Je suis d'accord. Elle se couvrirait de ridicule. Mais pour une jeune fille de vingt ans, c'est moins excentrique.

J. Vous verrez que tout le monde s'y mettra bientôt.

A. Je n'en doute pas. Moi, je préfère les lignes plus nettes, tout ce qui ne risque pas de se démoder la saison suivante.

J. Vous avez peut-être raison. A mon avis, la nouvelle mode d'hiver embellit moins que celle de l'an dernier.

A. Tous les commerçants sont d'accord sur un point: jamais les jeunes filles n'ont eu un tel pouvoir d'achat. Aujourd'hui elles ont beaucoup d'argent à dépenser.

J. C'est pour ces jeunes filles que les fabricants de prêts-à-porter vont copier cette nouvelle collection. Pourtant je crois que beaucoup de femmes âgées finiront par aller voir leur couturière.

A. La couturière, c'est la solution idéale pour les femmes âgées qui n'aimeront pas cette nouvelle mode inspirée par la jeunesse.

J. Oui, ce style est excellent pour les mannequins et pour les jeunes filles, mais pour les plus âgées c'est ridicule.

A. Mais, n'oubliez pas, monsieur, que la mode est souvent bizarre et excentrique car elle doit attirer la clientèle riche. Toutes les femmes qui veulent être chics et très à la mode doivent suivre la mode, tout en achetant de nouvelles robes de cette jolie collection d'hiver.

J. Selon les statistiques, il y a au moins six millions de jeunes femmes qui sont en âge de juger la mode et de choisir elles-mêmes leurs vêtements. Les fabricants qui achètent un exemplaire de chaque modèle qui leur plaît auront sans doute une grande clientèle pour leur collection de prêts-à-porter.

A. Je l'espère, mais enfin c'est le public qui jugera.

Questions

Répondez aux questions suivantes—

1. Qu'est-ce qu'on prédisait cette saison?
   Cette saison on prédisait le retour des robes qui cachent le genou.

2. Est-ce que les robes de cette nouvelle collection cachent le genou?
   Non, les robes de cette nouvelle collection restent courtes.

3. Qui continuera de dicter la mode à leur mère?
   Les filles continueront de dicter la mode à leur mère.

4. Quelles sont les couleurs prédominantes de la collection?
   Les couleurs prédominantes de la collection sont oranges, jaunes, et brunes; toutes les couleurs des feuilles d'automne.

5. Pourquoi les couturiers se sont-ils donné cette saison pour travailler dans le style jeune?
   Ils se sont donné cette saison pour travailler dans le style jeune parce qu'il y a de plus en plus un immense public de jeunes pour la mode.

6. Qu'est-ce que les fabricants créent pour les jeunes filles?
   Ils créent des prêts-à-porter pour les jeunes filles.
7. Qui a inspiré la nouvelle mode?
   La jeunesse l'a inspirée.
8. Pourquoi la mode est-elle souvent bizarre et excentrique?
   Elle est souvent bizarre et excentrique parce qu'elle doit attirer la clientèle riche.
9. Si une femme veut être chic et très à la mode, que doit-elle suivre?
   Si une femme veut être chic et très à la mode elle doit suivre la mode.
10. Selon les statistiques, combien de jeunes femmes sont en âge de juger la mode et de choisir elles-mêmes leurs vêtements?
    Selon les statistiques il y a au moins six millions de jeunes femmes qui sont en âge de juger la mode et de choisir elles-mêmes leurs vêtements.

Basic Text

L'INDUSTRIE TEXTILE

L'industrie textile est la plus importante et la plus ancienne des industries françaises, la plus renommée aussi dans le monde. Elle est très dispersée, mais les grands centres de production sont Roubaix-Tourcoing pour la laine, la région de Rouen et d'Alsace pour le coton, Lyon pour la soie et les textiles artificiels, qui sont en plein essor.

L'industrie de la laine est très importante en France car elle est au troisième rang dans le monde après celles d'Amérique et de Grande Bretagne. L'élevage du mouton a été poussé d'une façon scientifique en France et on apprécie beaucoup la douceur et la mollesse de la laine vierge, sa résistance et son élasticité, sa pureté et son lustre. Néanmoins la France a dû importer de grandes quantités de laine brute, presque 90 pour cent de la totalité des matières premières de cette industrie. La laine se distingue des autres textiles par son brin qui est bouclé au lieu d'être une fibre lisse comme la soie ou le coton. Après avoir subi plusieurs nettoyages pour enlever à fond le suint, les graisses ou d'autres impuretés, la laine est travaillée suivant sa qualité et l'usage qu'on veut lui destiner. En général on peut dire que la laine courte est cardée et que la laine longue est peignée, bien qu'on carde ou peigne indifféramment aujourd'hui la laine courte ou longue. La laine est ensuite filée sur des broches mécaniques. Le tissage, qui a pour but de confectionner des étoffes, le fait également par des métiers mécaniques. Le fini des étoffes de laine est obtenu en les faisant rétrécir et en soulevant leur poil avec des chardons pour obtenir un aspect uniforme. L'industrie lainière française est très importante et ses manufacturiers consomment près du quart de la production mondiale. Le centre le plus important de l'industrie lainière est Roubaix, près de Lille, pour tous les tissus de laine et les tissus mélangés laine et soie, coton ou jute.

L'industrie du coton, née au dix-huitième siècle, s'était développée au cours du dix-neuvième siècle dans des proportions prodigieuses. Des populations entières sont occupées à le cultiver, le carder, l'étirer, le filer ou le tisser, en un mot, le préparer sous toutes ses formes. La France importe la totalité des matières, premières, c'est-à-dire le coton, du Proche-Orient ou d'Amérique. Les grands centres de l'industrie manufacturière du coton se trouvent dans les régions de Rouen et d'Alsace. Presque la moitié des filatures et des tissages est concentrée dans la région de l'Est où sont fabriquées des étoffes imprimées. Rouen avec ses cotonnades est aujourd'hui un des centres les plus importants de lingerie. D'autres centres de l'industrie du coton se trouvent dans la région du Rhône, dans les Vosges et dans la région normande.

Aujourd'hui Lyon est le grand centre français de l'industrie et du commerce de la soie et des textiles artificiels qui sont en plein essor. Autrefois la matière première, c'est-à-dire la soie grège, était fournie presque entièrement par le dévidage des cocons des magnaneries locales. Pendant longtemps Lyon ne tissait que des articles de luxe chez les tisserands à domicile. Ces artisans du dix-neuvième siècle qui étaient bien souvent de véritables artistes, utilisaient un métier à bras en bois très lent, mais permettant une fabrication excessivement soignée. De père en fils on tissait alors la soie à la maison et chacun apportait à l'ouvrage toute son application, tout son talent et souvent son goût personnel. Patiemment le père enseignait aux enfants ce qu'il tenait lui-même de ses ancêtres: le secret de tisser des soieries qui ne s'usent jamais, l'art de varier les couleurs et de choisir les motifs. Que d'étoffes merveilleuses, que de chefs d'œuvre de goût et de patience sortis des mains de ces humbles travailleurs sont allés orner les palais et les cathédrales!

Au début du vingtième siècle l'industrie lyonnaise a subi une transformation remarquable: le dévidage, le moulinage, la filature tendaient à se faire ailleurs et on recevait des quantités de plus en plus grandes de soie écrue de l'Italie et de l'Extrême-Orient. On employait des métiers mécaniques groupés dans les usines et les tisserands d'autrefois n'étaient plus que des ouvriers. Les articles fabriqués n'étaient plus les mêmes car la demande de tissus de grand luxe avait diminué dans de fortes proportions et était remplacée par celle d'articles de qualité ordinaire et de prix modérés. Certains des grands couturiers de Paris étaient en même temps des marchands de soie établis à Lyon et d'autres avaient un intérêt direct dans le tissage de la soie. Pareil état de choses permettait aux grandes maisons de couture de conserver une exclusivité vigoureuse à la fois de leurs modèles et des tissus qui entraient dans leur création. La mode était ainsi étroitement liée à l'industrie de soie lyonnaise, mais il n'en était pas moins indispensable que le marchand de soie fasse preuve de jugement et se tienne au courant des conditions du marché. A Lyon un laboratoire était installé par la Chambre de Commerce où les échantillons de soie étaient analysés. La qualité des soies était ainsi maintenue et la région lyonnaise continuait à se maintenir parmi les plus importants producteurs mondiaux. Puis une grande révolution est arrivée qui a changé l'importance de la soie naturelle: la fabrication des textiles artificiels.

La fabrication des textiles artificiels ressemblant à la soie a complètement changé l'importance de la soie naturelle. Le champ des possibilités les plus vastes était ouvert. On était arrivé à filer la cellulose du coton après avoir changé son caractère physique en la traitant chimiquement. Dans tous les laboratoires des grands pays on se mettait à l'œuvre pour étudier et perfectionner cette transformation de la cellulose. Se servant du coton on a bientôt trouvé un autre procédé appelé à l'oxyde de cuivre. Puis on eut l'idée de traiter par de la soude non seulement la cellulose du coton mais aussi celle de la pâte du bois. La dissolution, appelée viscose, pouvait se filer comme la soie.

L'industrie des textiles synthétiques a pratiquement pris naissance après la fin de la deuxième guerre mondiale. En une quinzaine d'années, elle s'est considérablement développée; il faut dire qu'elle a bénéficié, dès son origine, des expériences acquises tout d'abord dans la longue pratique de la mise en œuvre des textiles naturels, puis dans la mise au point des techniques d'élaboration et d'utilisation des textiles artificiels, principalement cellulosiques.

L'industrie des textiles synthétiques[1] trouve, en France, ses débouchés les plus importants dans les quatre principaux secteurs suivants:

1. *Bonneterie et habillement:* bonneterie proprement dite (bas, chaussettes, chandails, tricots), lingerie féminine et gaines, vêtements féminins, imperméables et parapluies, vêtements sports, vêtements et sous-vêtements masculins, chemises d'hommes, blouses de travail, fils à coudre.

2. *Tissus d'ameublement:* voiles, tapis, velours.

3. *Secteur industriel:* toiles pour pneumatiques, tissus filtrants, cordages, bâches, filets de pêche.

4. *Secteur sportif:* équipements de sport, parachutes, cordages de raquettes, toiles de tente.

Cette industrie est actuellement en pleine expansion, ce qui explique l'évolution du tonnage annuel de la production française de textiles synthétiques.[1]

Questions

Répondez aux questions suivantes—

1. Quelle est la plus importante et la plus ancienne des industries françaises?
   L'industrie textile est la plus importante et la plus ancienne des industries françaises.

2. Où se trouvent les grands centres de production pour la laine, le coton, et la soie?
   Les grands centres de production sont Roubaix-Tourcoing pour la laine, la région de Rouen et d'Alsace pour le coton et Lyon pour la soie.

3. Combien de laine brute la France doit-elle importer pour son industrie lainière?
   La France doit en importer 90 pour cent pour son industrie lainière.

[1] Les Sociétés *Péchiney, Rhodiacéta, Rhovyl, Rhône-Poulenc* et *Rovatex* s'occupent de la fabrication des textiles synthétiques en France.

4. Quelles sont les qualités qui déterminent la valeur de la laine?

   Les qualités qui déterminent sa valeur sont la douceur, la mollesse, sa résistance et son élasticité, sa pureté et son lustre.

5. Comment la laine se distingue-t-elle des autres textiles?

   La laine se distingue des autres textiles par son brin qui est bouclé au lieu d'être une fibre lisse comme la soie ou le coton.

6. Quelle part de la production mondiale les manufacturiers de l'industrie lainière française consomment-ils?

   Ils en consomment près du quart de la production mondiale.

7. Quelle industrie s'était développée au cours du dix-neuvième siècle dans des proportions prodigieuses?

   L'industrie du coton s'était développée au cours du dix-neuvième siècle dans des proportions prodigieuses.

8. D'où la France importe-t-elle la totalité de son coton?

   La France l'importe du Proche-Orient ou d'Amérique.

9. Dans quelle région les étoffes imprimées sont-elles fabriquées?

   Les étoffes imprimées sont fabriquées dans la région de l'Est.

10. Quelle grande ville est le centre français de l'industrie de la soie et des textiles artificiels?

    Lyon est le centre français de l'industrie de la soie et des textiles artificiels.

11. Où est-ce qu'on tissait les articles de luxe au dix-neuvième siècle?

    Au dix-neuvième siècle on tissait les articles de luxe chez les tisserands à domicile.

12. Qui apprenait aux jeunes gens d'autrefois l'art de tisser?

    Le père apprenait aux jeunes gens d'autrefois l'art de tisser.

13. Pourquoi ne fabrique-t-on pas aujourd'hui beaucoup de tissus de luxe?

    On ne fabrique pas aujourd'hui beaucoup de tissus de luxe parce que la demande en a diminué.

14. Qu'est-ce qui a changé l'importance de la soie naturelle?

    La fabrication des textiles artificiels a changé l'importance de la soie naturelle.

15. Quels sont les quatre principaux secteurs des débouchés de l'industrie des textiles synthétiques en France?

    Ce sont premièrement le secteur de bonneterie et d'habillement; deuxièmement le secteur des tissus d'ameublement; troisièmement le secteur industriel et quatrièmement le secteur sportif.

Structure Drills

I. *The Pluperfect Tense*
   Perfect > Pluperfect
Modèle—
   Vous entendez: Au début du vingtième siècle l'industrie lyonnaise a subi une transformation remarquable.

Vous dites: Au début du vingtième siècle l'industrie lyonnaise avait subi une transformation remarquable.

Commencez—

1. Au début du vingtième siècle l'industrie lyonnaise a subi une transformation remarquable.

   Au début du vingtième siècle l'industrie lyonnaise avait subi une transformation remarquable.

2. Une grande révolution est arrivée qui a changé l'importance de la soie naturelle.

   Une grande révolution était arrivée qui avait changé l'importance de la soie naturelle.

3. La fabrication des textiles artificiels ressemblant à la soie a complètement changé l'importance de la soie naturelle.

   La fabrication des textiles artificiels ressemblant à la soie avait complètement changé l'importance de la soie naturelle.

4. On a bientôt trouvé un autre procédé appelé à l'oxyde de cuivre.

   On avait bientôt trouvé un autre procédé appelé à l'oxyde de cuivre.

5. L'industrie des textiles synthétiques a pratiquement pris naissance après la fin de la deuxième guerre mondiale.

   L'industrie des textiles synthétiques avait pratiquement pris naissance après la fin de la deuxième guerre mondiale.

6. Elle a bénéficié, dès son origine, des expériences acquises dans la longue pratique.

   Elle avait bénéficié, dès son origine, des expériences acquises dans la longue pratique.

7. Leurs chefs d'œuvre sont allés orner les palais et les cathédrales.

   Leurs chefs d'œuvre étaient allés orner les palais et les cathédrales.

8. L'industrie du coton s'est développée au cours du dix-neuvième siècle.

   L'industrie du coton s'était développée au cours du dix-neuvième siècle.

II. *Further Revision of the Future Tense*

   Present > Future

Modèle—

   Vous entendez: Vous voyez que tout le monde s'y met (Bientôt).

   Vous dites: Bientôt vous verrez que tout le monde s'y mettra.

Commencez—

1. Vous voyez que tout le monde s'y met (Bientôt).

   Bientôt vous verrez que tout le monde s'y mettra.

2. Aujourd'hui les jeunes filles ont beaucoup d'argent à dépenser (Demain).

   Demain les jeunes filles auront beaucoup d'argent à dépenser.

3. C'est le public qui juge (Désormais).

   Désormais ce sera le public qui jugera.

4. Les fabricants créent des prêts-à-porter pour les jeunes filles (Le mois prochain).
   Le mois prochain les fabricants créeront des prêts-à-porter pour les jeunes filles.

5. Cet hiver les robes restent très courtes et les filles continuent de dicter la mode à leur mère (Au printemps prochain).
   Au printemps prochain les robes resteront courtes et les filles continueront de dicter la mode à leur mère.

6. Les prêts-à-porter s'offrent bien aux jeunes (L'année prochaine).
   L'année prochaine les prêts-à-porter s'offriront bien aux jeunes.

7. Cette mode est surtout jolie dans les pages en couleur des revues (La semaine prochaine).
   La semaine prochaine cette mode sera surtout jolie dans les pages en couleur des revues.

8. Il y a de plus en plus un immense public de jeunes pour la mode (On prévoit que chaque année).
   On prévoit que chaque année il y aura de plus en plus un immense public de jeunes pour la mode.

9. Les jeunes filles choisissent elles-mêmes leurs vêtements (A l'avenir).
   A l'avenir les jeunes filles choisiront elles-mêmes leurs vêtements.

10. De plus en plus de jeunes filles sont en âge de juger la mode (Dans dix ans).
    Dans dix ans de plus en plus de jeunes filles seront en âge de juger la mode.

III. *Revision of Superlative Adjectives*
Modèle—
   Vous entendez: L'industrie textile est importante.
   Vous dites: C'est une des industries les plus importantes.
Commencez—
1. L'industrie textile est importante.
   C'est une des industries les plus importantes.

2. Ce centre de production est très grand.
   C'est un des plus grands centres de production.

3. Cette industrie est ancienne.
   C'est une des industries les plus anciennes.

4. L'industrie du coton est très dispersée.
   C'est une des industries les plus dispersées.

5. Cette robe est très futuriste.
   C'est une des robes les plus futuristes.

6. Cette collection est nouvelle.
   C'est une des plus nouvelles collections.

7. Cette clientèle est riche.
   C'est une des clientèles les plus riches.

8. Cette mode est bonne pour les jeunes filles.
   C'est une des meilleures modes pour les jeunes filles.

9. Ce style est très jeune.
   C'est un des plus jeunes styles.

10. Ce débouché est très important.
    C'est un des débouchés les plus importants.

IV. *Completion Exercise*
   Complete the following sentences with reference to the text—

   1. L'industrie lainière française est très importante et ses manufacturiers consomment. . . .
      (*près du quart de la production mondiale*)

   2. Les grands centres de l'industrie manufacturière du coton se trouvent. . . .
      (*dans les régions de Rouen et d'Alsace*)

   3. L'industrie de la laine est très importante en France, car elle est au troisième rang dans le monde après. . . .
      (*celles d'Amérique et de Grande Bretagne*)

   4. Presque la moitié des filatures et des tissages est concentrée. . . .
      (*dans la région de l'Est*)

   5. Rouen avec ses cotonnades est aujourd'hui. . . .
      (*un des centres les plus importants de lingerie*)

   6. Aujourd'hui Lyon est le grand centre français de l'industrie et du commerce. . . .
      (*de la soie et des textiles artificiels qui sont en plein essor*)

   7. La fabrication des textiles artificiels ressemblant à la soie a complètement changé. . . .
      (*l'importance de la soie naturelle*)

   8. Au début du vingtième siècle l'industrie lyonnaise a subi. . . .
      (*une transformation remarquable*)

   9. L'industrie des textiles synthétiques a pris naissance après. . . .
      (*la fin de la deuxième guerre mondiale*)

   10. L'industrie des textiles synthétiques est actuellement. . .
       (*en pleine expansion*)

V. *Translation Drill*
   A spontaneous oral translation into French is to be given immediately after you have heard the English phrase—

The textile industry is	*L'industrie textile est*
one of the most important in France.	*une des plus importantes de France.*
It is also one of the most renowned	*Elle est aussi une des plus renommées*
in the world.	*du monde.*

The greatest centres of production	Les plus grands centres de production
are Roubaix-Tourcoing for wool,	sont Roubaix-Tourcoing pour la laine,
the Rouen and Alsace area for cotton,	la région de Rouen et d'Alsace pour le coton,
and Lyons for silk and artificial textiles.	et Lyon pour la soie et les textiles artificiels.
The woollen industry is very important	L'industrie lainière est très importante
in France,	en France,
for it is in third place in the world	car elle est au troisième rang dans le monde
after America and Great Britain.	après celles d'Amérique et de Grande Bretagne.
The cotton industry had developed	L'industrie du coton s'était développée
in the course of the nineteenth century,	au cours du dix-neuvième siècle,
and today the greatest centres	et aujourd'hui les plus grands centres
of the cotton manufacturing industry	de l'industrie manufacturière du coton
are to be found	se trouvent
in the Rouen and Alsace area.	dans la région de Rouen et d'Alsace.
Lyons is the great French centre	Lyon est le grand centre français
for the silk and artificial textiles	pour l'industrie de la soie et des textiles
industry.	artificiels.
The manufacture of artificial textiles	La fabrication des textiles artificiels
has changed the importance	a changé l'importance
of natural silk.	de la soie naturelle.
After the second world war	Après la deuxième guerre mondiale
the industry of synthetic textiles	l'industrie des textiles synthétiques
has become very important in France	est devenue très importante en France
and is at present in full expansion.	et est actuellement en pleine expansion.

Selected Vocabulary List: Unit 9

l'acheteur (m), l'acheteuse (f), buyer, purchaser
acquérir, to acquire
l'activité (f), activity
l'ameublement (m), furnishing
l'ancêtre (m), ancestor
apprécier, to appreciate
artificiel, artificial
l'artisan (m), craftsman
un aspect (m), appearance
   un aspect uniforme, uniform appearance
attirer, to attract
la bâche, coarse canvas cover, awning
le bas, stocking

bénéficier, to benefit
bizarre, peculiar, odd, outlandish
la blouse, overall, smock
la bonneterie, hosiery
bouclé, curly
le brin, fibre (of wool)
la broche, spindle
cacher, to hide
carder, to card, teasel (wool)
la cathédrale, cathedral
le chardon, thistle, teasel
le chef d'œuvre, masterpiece
la chemise, shirt
chic, smart, stylish
la clientèle, customers

le cocon, *cocoon*
la confection, *making up garment, ready-made clothing*
confectionner, *to make up (dress), to manufacture clothing*
le consommateur, la consommatrice, *consumer*
le consortium, *association, consortium*
le cordage, *roping, stringing (of racquets)*
le coton, *cotton*
la cotonnade, *cotton fabric*
coudre, *to sew*
la couleur, *colour*
la couture, *sewing, needlework*
le couturier, *ladies' tailor*
la couturière, *dressmaker*
cultiver, *to cultivate*
le débouché, *outlet, market*
dépenser, *to spend (money)*
la doublure, *lining*
la douceur, *softness*
l'échantillon, *sample*
l'élasticité (*f*), *elasticity*
l'élevage (*m*), *breeding, rearing*
embellir, *to embellish, beautify*
enlever, *to remove*
enseigner, *to teach*
l'équipement (*m*), *outfit (of ship, soldier)*
une étoffe, *material, fabric*
une étude, *study*
étudier, *to study*
excentrique, *eccentric*
l'exclusivité (*f*), *exclusiveness*
un exemplaire, *pattern, copy, specimen*
le fabricant, *manufacturer*
la fabrication, *manufacture*
fabriquer, *to manufacture*
la façon, *fashion*
le fil à coudre, *sewing thread*
la filature, *spinning, spinning mill*
filer, *to spin*
le filet, *netting*
le fini, *finish, perfection*

fournir, *to supply*
futuriste, *futuristic*
la gaine, *corset*
le genou, *knee*
le goût, *taste, (sense of) taste*
la graisse, *grease*
l'habillement (*m*), *clothing*
s'habiller, *to dress*
imperméabiliser, *to waterproof*
imperméable, *waterproof*
importer, *to import*
imprimer, *to print*
l'impureté (*f*), *impurity*
l'industrie (*f*) lainière, *wool industry*
l'industrie textile, *textile industry*
inspirer, *to inspire*
la jeunesse, *youth*
juger, *to judge*
la jupe, *skirt*
le laboratoire, *laboratory*
la laine, *wool*
lainier, *woollen*
la ligne, *line*
la lingerie, *lingerie, underclothing*
lisse, *smooth*
la magnanerie, *silkworm rearing house, cocoonery*
maintenir, *to maintain*
le mannequin, *fashion model*
le marché, *market*
les matières premières, *raw materials*
mécaniser, *to mechanize*
mélanger, *to mix*
le métier, *trade*
la mode, *fashion*
à la mode, *in fashion*
modéré, *moderate*
la moitié, *half*
mondial, *world-wide*
la naissance, *birth*
le nettoyage, *cleaning*
nettoyer, *to clean, gin (cotton)*
orner, *to decorate, adorn*
l'ouvrage (*m*), *work*

le palais, *palace*
le parapluie, *umbrella*
la pâte du bois, *wood pulp*
peigner, *to card, comb (wool)*
perfectionner, *to perfect*
le pneumatique, *tyre*
le poil, *nap (of cloth), pile (of velvet)*
prédire, *to predict, foretell*
prédominant, *prevailing, predominant*
présenter, *to present*
le prêt-à-porter, *ready to wear clothing*
le prix, *price*
le procédé, *process*
le producteur, *producer*
la pureté, *pureness, purity*
la qualité, *quality*
raccourcir, *to shorten*
remarquer, *to notice*
renommé, *renowned, famous*
le retour, *return*
rétrécir, *to shrink (garment)*
la revue, *magazine*
la robe, *dress*
la saison, *season*

se servir de, *to use*
la soie, *silk*
la soierie, *silk fabric*
soigné, *well finished*
les sous-vêtements (*mpl*), *underclothes*
le suint, (*natural*) *grease (of wool)*
suivre la mode, *to follow fashion*
synthétique, *synthetic*
le tissage, *weaving*
tisser, *to weave*
le tisserand, *weaver*
le tissu, *woven material, fabric*
la toile, *linen cloth, canvas*
traiter, *to treat*
le travailleur, *worker*
le tricot, *knitted wear, stockinet, jersey,*
  jumper
l'usage (*m*), *use, wear (of garments)*
user, *to wear out*
l'usine (*f*), *factory*
utiliser, *to use*
varier, *to vary*
le vêtement, *garment, (pl.) clothes*
la viscose, *cellulose, viscose*

10

L'Industrie des Ordinateurs

L'ÈRE DES ORDINATEURS COMMENCE

POUR LA France l'ère des ordinateurs commence et c'est une révolution plus importante que celle du machinisme au dix-neuvième siècle. En une heure l'ordinateur fait autant d'opérations qu'un comptable en une vie et sans lui le *Concorde* ne serait pas concevable avant dix ans. Maintenant écoutez la conversation qui suit entre un technicien et un reporter—

TECHNICIEN. Déjà on assiste depuis à peine vingt ans à un développement prodigieux des ordinateurs. Il nous concerne tous, mais la plupart d'entre nous n'en ont pas encore conscience.

REPORTER. Le rôle de l'Informatique est d'économiser la matière grise des hommes, n'est-ce pas?

T. Exactement. Si l'on veut tout écouter et tout lire, on n'a plus le temps de travailler. La seule solution, c'est l'Informatique. Ce travail préliminaire elle le fait pour les hommes, plus complètement et plus rapidement qu'eux.

R. Vous parlez toujours d'*ordinateur;* que désigne ce mot?

T. C'est un mot français qui correspond à une traduction de *Data Processing*, mise au point par I.B.M. France.

R. L'ordinateur est-il une machine à calculer plus perfectionnée?

T. Non. Il y a une différence fondamentale. Une machine à calculer, c'est un clavier que l'on manipule par des opérations élémentaires. L'ordinateur, au contraire, c'est avant tout une mémoire artificielle.

R. L'ordinateur a une mémoire. Mais est-il intelligent?

T. Il a une vie autonome. Il a besoin de recevoir les ordres de l'homme. Mais comme on lui en demande toujours davantage, il arrive à faire des opérations tellement complexes qu'elles deviennent surhumaines. On est donc arrivé à le doter d'une intelligence artificielle.

R. N'y a-t-il donc pas de limite pour la machine?

T. Je crois que non. Dans sa vie entière un bon comptable ne pourra faire autant d'opérations qu'une machine moyenne peut en faire en une heure. Et ce n'est que le début. Actuellement un ordinateur moyen accomplit 40 000 opérations à la seconde.

R. Est-il vrai qu'en France on étudie un appareil qui en fera trois millions à la seconde?

T. C'est vrai. Mais avant dix ans les plus perfectionnés en feront plusieurs dizaines de millions.

R. Aurez-vous besoin de plus de spécialistes?

III

T. Oui. Nous recyclerons (ou si vous préférez nous reconvertirons) des ingénieurs, et nous formerons de jeunes Français.

R. C'est un des trois objectifs principaux du *Plan Calcul* dont le gouvernement vient de décider l'application, n'est-ce pas?

T. Je crois que oui.

R. Savez-vous quels sont les autres objectifs du Plan Calcul?

T. (*sérieusement*) Bien sûr. Le *Plan Calcul* va promouvoir une industrie nationale des ordinateurs et développer la recherche, grâce à l'aide de l'État.

R. Est-ce que vous partez de zéro?

T. Non. Nous ne partons pas de zéro. Depuis deux ans, les sociétés privées ont déjà réalisé des programmes de travaux.

R. Quelles chances avez-vous de tenir le coup face aux puissantes firmes américaines?[1]

T. Le marché est vaste. Il y a la place pour tout le monde.

Questions

Répondez aux questions suivantes—

1. Quelle révolution de nos jours est plus importante que celle du machinisme au dix-neuvième siècle?
   L'ère des ordinateurs est une révolution plus importante que celle du machinisme au dix-neuvième siècle.

2. Quel avion supersonique ne serait pas concevable avant dix ans sans ordinateur?
   Le Concorde ne serait pas concevable avant dix ans sans ordinateur.

3. A quoi assiste-t-on depuis à peine vingt ans?
   On assiste depuis à peine vingt ans à un développement prodigieux des ordinateurs.

4. Quel est le rôle de l'*Informatique*?
   Son rôle est d'économiser la matière grise des hommes.

5. Quelle est la différence entre un ordinateur et une machine à calculer?
   Une machine à calculer est un clavier que l'on manipule par des opérations élémentaires; un ordinateur est une mémoire artificielle.

6. De qui l'ordinateur a-t-il besoin de recevoir les ordres?
   L'ordinateur a besoin de recevoir les ordres de l'homme.

7. Pourquoi les opérations de l'ordinateur deviennent-elles surhumaines?
   Les opérations de l'ordinateur deviennent surhumaines parce qu'elles sont très complexes.

8. Combien d'opérations un ordinateur moyen accomplit-il à la seconde?
   Un ordinateur moyen accomplit 40 000 opérations à la seconde.

[1] L'avance des États-Unis dans le domaine des ordinateurs est écrasante: en 1967, 39 500 ordinateurs étaient en service, contre 3 500 en Allemagne de l'Ouest, 3 000 au Japon, et 2 200 en France.

9. Avant dix ans que feront les ordinateurs les plus perfectionnés?
Avant dix ans ils feront plusieurs dizaines de millions d'opérations à la seconde.

10. Qui s'occupe de promouvoir en France une industrie nationale des ordinateurs?
Le gouvernement français s'occupe de promouvoir en France une industrie nationale des ordinateurs.

Basic Text

LES CALCULATEURS ÉLECTRONIQUES

Une science nouvelle née il y a moins de vingt ans est en train de bouleverser non seulement notre vie, mais la philosophie même de la vie. Elle s'appelle d'un mot nouveau, *Informatique*, et ses outils ont pour noms *calculateurs électroniques* ou *ordinateurs*. Sans eux, ni le progrès atomique, ni la conquête du cosmos n'auraient été possibles.

La vie de chacun de nous commence déjà à dépendre de ces étranges machines qui ont repoussé très loin les limites de l'intelligence humaine. On sait déjà que l'avenir d'un pays se mesurera au nombre de ses ordinateurs. C'est pourquoi la France, après les difficultés de la firme Bull et son achat par les Américains, a décidé de se doter d'une industrie de l'informatique vraiment nationale. Tel est l'objectif du Plan Calcul, animé par l'homme qui a su mener à bien la construction de l'usine atomique de Pierrelatte, Robert Galley; lui que l'on avait baptisé Monsieur Isotope, vient de recevoir le surnom de Monsieur Calcul.

Ordinateurs, *informatique*, *plan calcul*, pour la plupart des Français, ces mots sont encore incompréhensibles. Quand dans le passé le téléphone et l'électricité ont fait leur apparition, croyez-vous que les Français savaient ce que signifiaient ces deux mots? Eh bien, dans vingt ans, les mots *ordinateurs* et *informatique* seront au moins aussi répandus que *téléphone* ou *électricité* aujourd'hui.

L'informatique, c'est la science qui permet de traiter logiquement l'information. Autrement dit, vous fournissez des informations à la machine. Elle les classe, elle les stocke, les «calcule» et les restitue à la demande. Les *informations*, ce sont toutes les données de base, qui après avoir été codées sont données à la machine.

Actuellement un ordinateur moyen accomplit 40 000 opérations à la seconde. On étudie en France un appareil qui en fera 3 millions à la seconde. Et avant dix ans, les plus perfectionnés en feront plusieurs dizaines de millions. Vous comprenez alors que le rythme des découvertes, des inventions, de la mise au point des techniques se trouve accéléré de façon prodigieuse. Sans ordinateur l'énergie nucléaire n'existerait pas encore; il ne serait pas question d'homme dans le cosmos avant trente ans et, pour prendre un exemple français, la réalisation du *Concorde* ne serait pas concevable avant dix ans.

La puissance d'un pays se mesure au nombre de ses ordinateurs. On peut même dire qu'un pays qui aurait 100 000 savants et un seul ordinateur sera dépassé par un autre qui n'aurait que 10 000 chercheurs et 100 ordinateurs. C'est pourquoi la France n'a absolument pas le droit d'être absente dans cette course. Ce serait pour elle la certitude d'une déchéance définitive qui priverait les générations à venir de toute possibilité de progrès. On peut même dire à la limite que si une nation possédait tous les ordinateurs de l'univers, elle serait une nation de surhommes qui pourrait maintenir les autres au rang d'esclaves.

Aujourd'hui la France possède 1 500 ordinateurs dont 30% sont de fabrication française. L'Europe de l'Ouest en a 6 000 en tout, les États-Unis 30 000 dont les plus puissants. Pour la Russie c'est un secret. Les prévisions en France sont 4 500, en Europe 18 000, aux États-Unis 50 000. Pour l'Europe cela représentera la somme considérable de 27 milliards de francs lourds.

Actuellement 30 000 Français travaillent dans l'industrie des ordinateurs. Mais dans dix ans, 1% de la population française sera occupé à leur fabrication ou à leur utilisation. Il y a quand même une limite à l'emploi de la machine, c'est qu'il faut beaucoup de spécialistes hautement qualifiés pour lui apprendre ses connaissances de base. Pour certains sujets il restera malgré tout qu'il sera plus économique d'avoir recours à l'intelligence humaine. Même dans les métiers sur lesquels la machine régnera, elle donnera des réponses si rapides, que l'homme qui les recevra sera sans cesse obligé de travailler davantage. Autrement dit il n'en aura pas fini avec une question que déjà il sera forcé de passer à l'autre.

Un cerveau de plus pour chaque Français

Vous téléphonez à l'ordinateur. Il répond à toutes vos questions. Le lieu: Paris. Le décor: l'École supérieure d'électricité (Sup Élec). Les personnages: Lui et Elle. Lui, c'est un élève de l'école qui a des problèmes. Elle, c'est une chose qui ressemble à une machine à écrire gris pâle, posée sur une console de 80 centimètres de haut environ. Elle vient d'émettre un léger sifflement, signe qu'elle est prête à tout entendre. Sur le clavier, l'élève tape «bonjour». Cela n'a rien à voir avec ses problèmes, mais c'est indispensable. La machine se vexe facilement. Les politesses faites, elle commence par une question qui s'inscrit sur le papier: «Quel est votre numéro d'abonné?» Réponse faite, l'élève peut alors taper les données de son problème: en une fraction de seconde, la machine éructe bruyamment la solution.

Ce n'est pas l'avenir, c'est déjà le présent. Le petit engin de Sup Élec—avant la fin de l'année 1968 il y en aura 20 à l'école—est un branchement du cerveau central installé avenue Gambetta, au siège de la Société Bull General Electric. Le système s'appelle «Time sharing information», en français: *ordinateur partagé*. Cela signifie que plusieurs personnes peuvent en même temps l'utiliser de leur bureau ou de leur domicile. Révolution capitale: les machines électroniques ont cessé d'être ces monstres mystérieux, que seul un initié peut faire parler.

Aux États-Unis, les ordinateurs partagés sont entrés en service en 1965. Plus de 50 000 abonnés les utilisent: hommes d'affaires, entrepreneurs, médecins.

En France, dès le mois de mai prochain à la Foire de Paris, les mal-logés pourront utiliser l'ordinateur partagé pour trouver un appartement. La machine posera quatre questions au candidat: «Où? Combien de pièces? Combien pouvez-vous mettre comptant? Combien par mois?» Une seconde après, vous aurez l'adresse de l'objet rêvé. En vérité il n'y a pas de limite à la capacité de réponse des ordinateurs.

Questions

Répondez aux questions suivantes—

1. Comment s'appelle la science nouvelle née il y a moins de vingt ans?
   Elle s'appelle d'un mot nouveau Informatique.

2. Qu'est-ce qu'elle est en train de bouleverser?
   Elle est en train de bouleverser non seulement notre vie mais la philosophie même de la vie.

3. Comment l'avenir d'un pays se mesurera-t-il?
   L'avenir d'un pays se mesurera au nombre de ses ordinateurs.

4. Qui a acheté la firme Bull?
   Les Américains l'ont achetée.

5. De quoi la France a-t-elle décidé de se doter?
   La France a décidé de se doter d'une industrie de l'informatique vraiment nationale.

6. Pourquoi a-t-on baptisé Monsieur Robert Galley Monsieur Isotope?
   On l'a baptisé Monsieur Isotope parce qu'il a su mener à bien la construction de l'usine atomique de Pierrelatte.

7. Quel surnom vient-il de recevoir pour son travail dans l'industrie des ordinateurs?
   Il vient de recevoir le surnom de Monsieur Calcul.

8. Quels mots dans vingt ans seront aussi répandus que «téléphone» ou «électricité» aujourd'hui?
   Dans vingt ans les mots «ordinateurs» et «informatique» seront aussi répandus que «téléphone» et «électricité» aujourd'hui?

9. L'informatique, qu'est-ce que c'est?
   C'est la science qui permet de traiter logiquement l'information.

10. Quelles sont les données de base?
    Les informations sont les données de base.

11. Qu'est-ce que l'ordinateur fait des informations qui lui sont fournies?
    Il les classe, les stocke, les «calcule» et les restitue à la demande.

12. Qu'est-ce qui n'existerait pas encore sans ordinateurs?
    L'énergie nucléaire n'existerait pas encore sans ordinateurs.

13. Combien d'ordinateurs la France possède-t-elle aujourd'hui?
    Elle en possède 1 500 aujourd'hui.

14. Combien de Français travaillent actuellement dans l'industrie des ordinateurs?

    30 000 Français travaillent actuellement dans l'industrie des ordinateurs.

15. Quel pourcentage de la population sera occupé à la fabrication et à l'utilisation des ordinateurs dans dix ans?

    1% de la population française y sera occupé dans dix ans.

Structure Drills

I. *The Conditional Tense (Future in the Past)*
Modèle—
   Vous entendez: Sans ordinateur, ce (*être*) pour la France la certitude d'une déchéance définitive.
   Vous dites: Sans ordinateur ce serait pour la France la certitude d'une déchéance définitive.
Commencez—

1. Sans ordinateur, ce (*être*) pour la France la certitude d'une déchéance définitive.
   Sans ordinateur ce serait pour la France la certitude d'une déchéance définitive.

2. Sans ordinateur, la France (*priver*) les générations à venir de toute possibilité de progrès.
   Sans ordinateur la France priverait les générations à venir de toute possibilité de progrès.

3. Sans ordinateur l'énergie nucléaire n'(*exister*) pas encore.
   Sans ordinateur l'énergie nucléaire n'existerait pas encore.

4. Sans ordinateur il ne (*être*) pas question d'homme dans le cosmos.
   Sans ordinateur il ne serait pas question d'homme dans le cosmos.

5. Sans ordinateur la réalisation du *Concorde* ne (*être*) pas concevable avant dix ans.
   Sans ordinateur la réalisation du Concorde *ne serait pas concevable avant dix ans.*

Si clauses (Si + Imperfect + Conditional)

6. Si une nation possédait tous les ordinateurs de l'univers, elle (*être*) une nation de surhommes.
   Si une nation possédait tous les ordinateurs de l'univers elle serait une nation de surhommes.

7. Si une nation possédait tous les ordinateurs de l'univers, elle (*pouvoir*) maintenir les autres au rang d'esclaves.
   Si une nation possédait tous les ordinateurs de l'univers elle pourrait maintenir les autres au rang d'esclaves.

8. Si l'on voulait tout écouter et tout lire, on n'(*avoir*) plus le temps de travailler.

Si l'on voulait tout écouter et tout lire on n'aurait plus le temps de travailler.

9. Si la machine donnait des réponses aussi rapides, on (*être*) obligé de travailler davantage.

Si la machine donnait des réponses aussi rapides, on serait obligé de travailler davantage.

II. **venir de** (to have just)

Modèle—

Vous entendez: Le gouvernement vient de décider l'application du Plan (It has just decided it).

Vous dites: Il vient de la décider.

Commencez—

1. Le gouvernement vient de décider l'application du Plan (It has just decided it).
   Il vient de la décider.

2. L'État vient de promouvoir une industrie nationale (It has just promoted it).
   Il vient de la promouvoir.

3. La France vient de développer la recherche (It has just developed it).
   Elle vient de la développer.

4. L'ère des ordinateurs vient de commencer (It has just begun).
   Elle vient de commencer.

5. La science de l'informatique vient d'être découverte (It has just been discovered).
   Elle vient d'être découverte.

6. Les sociétés privées venaient de réaliser des programmes (They had just carried some out).
   Elles venaient d'en réaliser.

7. La France venait d'étudier un appareil très perfectionné (It had just studied it).
   Elle venait de l'étudier.

8. L'ordinateur venait de recevoir les ordres (It had just received them).
   Il venait de les recevoir.

III. **quel, quelle, quels, quelles**

Interrogative use of **quel**

Modèle—

Vous entendez: L'ordinateur a une mémoire artificielle.

Vous dites: Quelle mémoire a-t-il?

Commencez—

1. L'ordinateur a une mémoire artificielle.
   Quelle mémoire a-t-il?

2. Il y a une différence fondamentale.
   Quelle différence y a-t-il?

117

3. Il arrive à faire des opérations complexes.
   Quelles opérations arrive-t-il à faire?

4. Ce sont les objectifs du Plan Calcul.
   Quels sont les objectifs du Plan Calcul?

5. Le gouvernement vient de décider l'application du Plan.
   Quelle application vient-il de décider?

6. J'ai de la chance.
   Quelle chance avez-vous?

7. Les sociétés ont réalisé des programmes de travaux.
   Quels programmes ont-elles réalisés?

8. Son rôle est d'économiser la matière grise des hommes.
   Quel est son rôle?

9. On étudie un appareil compliqué.
   Quel appareil étudie-t-on?

10. Il y a la place pour tout le monde.
    Quelle place y a-t-il?

IV. *Completion Exercise*
   Complete the following sentences with reference to the text—

1. Pour la France l'ère des ordinateurs commence et c'est une révolution plus importante que. . . .
   (celle du machinisme au XIXe siècle)

2. En une heure l'ordinateur fait autant d'opérations qu'. . . .
   (un comptable en une vie)

3. Une science nouvelle, née il y a moins de vingt ans, est en train de bouleverser non seulement notre vie. . .
   (mais la philosophie même de la vie)

4. On sait déjà que l'avenir d'un pays se mesurera. . . .
   (au nombre de ses ordinateurs)

5. La France a décidé de se doter d'une industrie de l'informatique. . . .
   (vraiment nationale)

6. Celui que l'on avait baptisé Monsieur Isotope vient de recevoir le surnom. . . .
   (de Monsieur Calcul)

7. Dans vingt ans les mots *ordinateurs* et *informatique* seront aussi répandus que. . . .
   (téléphone ou électricité aujourd'hui)

8. Sans ordinateur l'énergie nucléaire. . . .
   (n'existerait pas encore)

9. Si une nation possédait tous les ordinateurs de l'univers, elle serait. . . .
   (une nation de surhommes)

10. Actuellement 30 000 Français travaillent dans l'industrie des ordinateurs mais dans dix ans 1% de la population française sera occupé à. . . . (*leur fabrication ou à leur utilisation*)

V. *Translation Drill*

A spontaneous oral translation into French is to be given immediately after you have heard the English phrase—

The computer era	*L'ère des ordinateurs*
has just begun in France.	*vient de commencer en France.*
This new science	*Cette science nouvelle*
is in the act of upsetting	*est en train de bouleverser*
not only our lives	*non seulement notre vie,*
but the very philosophy of living.	*mais la philosophie même de la vie.*
The life of each one of us	*La vie de chacun de nous*
is beginning to depend	*commence à dépendre*
more and more	*de plus en plus*
on these computers.	*de ces ordinateurs.*
This concerns us all	*Ceci nous concerne tous*
but most of us	*mais la plupart d'entre nous*
are not yet aware of it.	*n'en ont pas encore conscience.*
However, the French government	*Cependant, le gouvernement français*
knows that the future of a country	*sait que l'avenir d'un pays*
will be measured	*se mesurera*
by the number of its computers.	*au nombre de ses ordinateurs.*
That is why France,	*C'est pourquoi la France,*
after the purchase of the Bull firm	*après l'achat de la Firme Bull*
by the Americans,	*par les Américains,*
has decided to establish	*a décidé d'établir*
a national computer industry.	*une industrie nationale des ordinateurs.*
At the present time,	*Actuellement,*
30,000 Frenchmen are working	*30 000 Français travaillent*
in the computer industry,	*dans l'industrie des ordinateurs,*
but in 10 years' time	*mais dans dix ans,*
1 per cent of the population	*1% de la population*
will be occupied	*sera occupé*
in their manufacture	*à leur fabrication*
or in their use.	*ou à leur utilisation.*

Selected Vocabulary List: Unit 10

l'abonné (*m*), *subscriber*

accomplir, *to carry out, accomplish*

l'achat (*m*), *purchase*

l'aide, (*f*) *aid, assistance*

analogue (à), *similar (to)*

l'appareil (*m*), *apparatus, appliance, machine*

l'apparition (*f*), *appearance*

assister (à), *to take part (in)*
autonome, *autonomous*
l'avenir (*m*), *future*
avoir besoin (de), *to need*
avoir conscience (de), *to be aware (of)*
avoir recours (à), *to have recourse (to)*
bouleverser, *to upset*
le calculateur électronique, *electronic computer*
la certitude, *certainty*
le cerveau, *brain*
classer, *to classify*
le clavier, *keyboard*
coder, *to code*
complexe, *complicated, complex*
comprendre, *to understand*
le comptable, *accountant, book-keeper*
concevable, *conceivable, imaginable*
les connaissances de base, *basic knowledge*
la conquête, *conquest*
la course, *race*
davantage, *more*
le début, *beginning*
la déchéance, *fall, downfall*
la découverte, *discovery*
dépendre (de), *to depend (on)*
désigner, *to indicate*
développer, *to develop*
la différence fondamentale, *fundamental difference*
les données (*fpl*), *data*
doter (de), *to endow (with)*
le droit, *right*
économique, *economic*
économiser, *to save, economize*
l'emploi (*m*), *use*
l'énergie nucléaire, *nuclear power*
l'entrepreneur (*m*), *contractor*
l'ère (*f*), *era, epoch*
éructer, *to eruct, belch*
l'esclave (*m* and *f*), *slave*
établir, *to establish*
étudier, *to study*

la fabrication, *manufacture*
la faiblesse, *weakness*
la firme, *firm*
la formation, *training*
former, *to train*
fournir, *to supply*
l'industrie des ordinateurs, *computer industry*
les informations (*fpl*), *data*
l'information de base, *basic information, basic data*
l'ingénieur (*m*), *engineer*
l'intelligence humaine, *human intelligence*
logiquement, *logically*
la machine à calculer, *calculating machine*
maintenir, *to maintain*
manipuler, *to manipulate, operate*
le marché, *market*
la matière grise, *grey matter (of the brain)*
la mémoire, *memory, brain*
mener à bien, *to bring something to a successful issue, to work out (plan)*
se mesurer, *to be measured*
le métier, *trade*
moyen, moyenne, *average*
le numéro d'abonné, *subscriber's number*
l'objectif (*m*), *aim, objective*
obligé (de), *obliged (to)*
l'ordinateur (*m*), *computer*
l'ordinateur partagé, *shared computer*
l'outil (*m*), *tool*
partager, *to share*
partir de zéro, *to start from nothing*
perfectionné, *perfected*
la place, *space, room*
posséder, *to possess*
préliminaire, *preliminary*
la prévision, *forecast*
dépasser les prévisions, *to exceed all expectation*

priver (de), *to deprive (of)*
le problème, *problem*
la programmation, *(computer) program-ming*
le programme de travaux, *works-programme*
le progrès, *progress*
promouvoir, *to promote*
la puissance, *power*
qualifié, *qualified*
quand même, *even so, all the same*
le rang, *rank*
la réalisation, *realization, achievement*
recevoir, *to receive*
la recherche, *research*
reconvertir, *to reconvert*
recycler, *to re-cycle*
régner, *to reign*
représenter, *to represent*
restituer, *to return, hand back*
le rythme, *rhythm*

le savant, *scientist, scholar*
le sifflement, *whistle, whistling noise*
la somme, *sum (of money)*
le spécialiste, *specialist*
spécialiste hautement qualifié, *highly qualified specialist*
stocker, *to stock*
le sujet, *subject*
le surhomme, *superman*
surhumain, *superhuman*
taper, *to type*
le technicien, *technician*
tenir le coup, *to hold out, stick it (in the face of stiff competition)*
la traduction, *translation*
le traitement de l'information, *data-processing*
traiter, *to treat, deal with*
travailler, *to work*
l'univers (m), *universe*

II

Les Chemins de Fer
(La Société Nationale des Chemins de Fer français)

UNE VISITE AUX ATELIERS D'ENTRETIEN

UN INGÉNIEUR anglais est en train d'étudier l'électrification des chemins de fer français. Il est venu en France visiter les installations et matériel de la Société Nationale des Chemins de Fer français. Il parle à un ingénieur français qui s'occupe de répondre aux questions techniques d'ingénieurs étrangers. Écoutons leur conversation—

INGÉNIEUR ANGLAIS. La Société Nationale des Chemins de Fer français est une entreprise nationalisée[1], n'est-ce pas?

INGÉNIEUR FRANÇAIS. Oui, c'est en effet une société d'économie mixte dont le capital appartient en majorité à l'État. L'État détient 51% du capital social des chemins de fer français.

I.A. A quelle date a-t-on nationalisé les chemins de fer en France?

I.F. Ils ont été nationalisés en 1938; avant cette date les chemins de fer français se répartissaient en cinq compagnies privées.

I.A. En combien de régions la S.N.C.F. est-elle divisée aujourd'hui ?

I.F. Aujourd'hui elle est divisée en six régions: Est, Nord, Ouest, Sud-Ouest, Sud-Est et Méditerranée.

I.A. Combien de personnes emploie-t-elle?

I.F. Elle emploie environ 350 000 personnes, appelées cheminots. Voilà pourquoi c'est numériquement la première entreprise de France.

I.A. A-t-on dû faire face à la concurrence de la route et des transports aériens?

I.F. Oui, bien sûr, depuis la seconde guerre mondiale on a dû opérer une reconversion totale, à la fois technique et commerciale, pour faire face à cette concurrence.

I.A. Après la guerre, a-t-on dû reconstruire les chemins de fer français?

I.F. Oui, une reconversion totale a été nécessaire. On a dû reconstruire 5 000 ponts et plus de 100 tunnels.

I.A. La S.N.C.F. a complètement cessé de commander des locomotives à vapeur, n'est-ce pas?

I.F. Oui, depuis 1945 elle a cessé de les commander, car ces locomotives exigent des charbons de qualité qui doivent être réservés à de meilleurs usages. En 1971 la dernière locomotive à vapeur aura disparu du réseau français.

---

[1] L'État exerce une tutelle paralysante sur la S.N.C.F. Elle ne peut modifier un tarif ou acheter une locomotive ou un wagon sans l'autorisation du gouvernement.

I.A. Et l'électrification du réseau est devenue très importante, n'est-ce pas?

I.F. Oui, très importante. Actuellement elle atteint 8 000 km. et assure 60% du trafic total.

I.A. L'utilisation du courant industriel, a-t-elle permis de réaliser des économies?

I.F. Oui, elle nous a permis de réaliser sur les investissements des économies de l'ordre de 30%.

I.A. Est-ce que la S.N.C.F. continue à moderniser ses méthodes?

I.F. Oui, ses laboratoires de recherche emploient 200 chercheurs à plein temps.

I.A. L'électronique, est-elle utilisée seulement pour la signalisation?

I.F. Non, elle est utilisée tant pour la gestion administrative que pour la signalisation et les transmissions.

I.A. J'ai entendu dire que les dispositifs de sécurité sont extrêmement perfectionnés.

I.F. Oui, le développement de la S.N.C.F. est dû aux perfectionnements incessants apportés à l'outillage et au matériel roulant; tous les dispositifs sont très perfectionnés.

I.A. J'ai remarqué que les trains de voyageur ont récemment été beaucoup améliorés. Ce sont des trains modernes et confortables.

I.F. Oui, il existe des trains de luxe qui offrent tout le confort désirable; on a même le téléphone dans certains trains. C'est très pratique pour les voyages d'affaires.

I.A. Est-ce que le trafic voyageurs, du fait de la concurrence de l'automobile, a connu une baisse?

I.F. Autour de 1950 oui, mais en fait il s'accroît de nouveau, grâce à l'expansion économique et au développement des vacances populaires.

I.A. Et le trafic marchandises, n'a-t-il pas cessé de croître?

I.F. (riant) Non, il continue à croître tout le temps, en effet il a doublé depuis 1938. Il est particulièrement intense dans les régions du Nord et de l'Est.

I.A. Je sais que les Français sont très fiers des records de vitesse de leurs trains.

I.F. (fièrement) Oui, bien sûr. Vous avez sans doute entendu parler du train *Capitole* qui relie Paris à Limoges à 138 km/h, et du *Mistral* qui circule de Paris à Lyon à une vitesse moyenne de 128 km/h[1]. De plus le record de vitesse sur voie ferrée reste un record français avec plus de 330 km/h.

I.A. Oui, c'est un record magnifique. Je peux vous assurer que l'électrification en courant industriel de la S.N.C.F. a été suivie à l'étranger avec beaucoup d'intérêt.

I.F. (souriant) Oui, ses excellents résultats ont incité des pays fort différents à l'adopter.

I.A. Est-ce que beaucoup d'ingénieurs étrangers sont venus visiter les installations de la S.N.C.F.?

---

[1] Les chemins de fer français continuent à augmenter la rapidité d'un certain nombre de leurs grands trains.

I.F. Oui, nous avons accueilli des ingénieurs de Grande Bretagne, de Russie et du Japon. Ils ont tous voulu voir installations et matériel de la S.N.C.F.

I.A. Est-ce que vous envoyez quelquefois quelques-uns de vos ingénieurs à l'étranger en mission d'assistance technique?

I.F. Oui, nous les envoyons quelquefois dans des pays qui veulent rénover leur chemin de fer ou construire des lignes nouvelles.

I.A. Est-ce que l'industrie française de construction de matériel ferroviaire a bénéficié sur le plan de l'exportation française?

I.F. Oui, beaucoup. Cette exportation a dépassé 52 milliards de francs. Des centaines de locomotives électriques et Diesel, d'autorails, des milliers de wagons ont été construits pour l'étranger.

I.A. La politique de progrès technique de la S.N.C.F. n'est-elle donc pas à son profit exclusif?

I.F. Non, l'industrie française, elle aussi en bénéficie.

Questions

Répondez aux questions suivantes—

1. A quelle date a-t-on nationalisé les chemins de fer français?
   On a nationalisé les chemins de fer français en 1938.

2. En combien de régions la S.N.C.F. est-elle divisée maintenant?
   Elle est divisée en six régions: Est, Nord, Ouest, Sud-Ouest, Sud-Est et Méditerranée.

3. Combien de personnes la S.N.C.F. emploie-t-elle?
   La S.N.C.F. emploie 350 000 personnes, appelées cheminots.

4. A-t-on dû faire face à la concurrence de la route et des transports aériens?
   Oui, depuis la seconde guerre mondiale on a dû opérer une reconversion totale à la fois technique et commerciale pour faire face à cette concurrence.

5. Après la guerre, a-t-on dû reconstruire les chemins de fer français?
   Oui, après la guerre une reconstruction totale a été nécessaire; on a dû reconstruire 5 000 ponts et plus de 100 tunnels.

6. Quand la dernière locomotive à vapeur aura-t-elle disparu du réseau français?
   La dernière locomotive à vapeur aura disparu du réseau français en 1971.

7. L'électronique, est-elle utilisée seulement pour la signalisation?
   Non, l'électronique est utilisée tant pour la gestion administrative que pour la signalisation et les transmissions.

8. Pourquoi le trafic voyageurs a-t-il connu une baisse autour de 1950?
   Le trafic voyageurs a connu une baisse autour de 1950 du fait de la concurrence de l'automobile.

9. Pourquoi s'accroît-il de nouveau?
   Il s'accroît de nouveau, grâce à l'expansion économique et au développement des vacances populaires.

10. Quel pays tient le record de vitesse sur voie ferrée?
    La France tient le record de vitesse sur voie ferrée.

Basic Text

LE TRANSPORT DES MARCHANDISES PAR CHEMIN DE FER

Moins spectaculaire que le service voyageurs, et moins connu du public, le service des marchandises est cependant le plus important: il fournit 70% des recettes. Les transports par chemin de fer peuvent être classés en deux catégories: ceux pour lesquels la rapidité du transport est primordiale, ceux pour lesquels le bas prix importe plus que le délai.

A ces premiers transports, qui comprennent en particulier les denrées périssables, les animaux vivants, les colis isolés, les mobiliers de déménagements, etc., s'applique le Régime Accéléré, dit R.A. Les autres transports, notamment les pondéreux, qui comprennent les charbons, les minerais, les matériaux de construction, etc., relèvent du Régime Ordinaire, dit R.O.

Le service du R.A., avec sa trame spéciale de trains de messageries presque tous réguliers, ses horaires tendus, ses correspondances, ressemble beaucoup au service des voyageurs. Les marchandises du Régime Accéléré sont acheminées par des trains de messageries directs dont la vitesse peut atteindre 100 km. Il faut circuler à l'heure, même si au moment du départ la puissance de la machine ne peut être utilisée à plein. Grâce aux acheminements du Régime Accéléré, les légumes de Bretagne arrivent à Stuttgart et à Francfort pour le marché du surlendemain; et les primeurs parties le jour A du Vaucluse sont rendues le jour C au matin à Londres.

Le service R.O., au contraire, sans négliger la qualité des acheminements, vise à réaliser, par l'utilisation à plein des possibilités de traction, un prix de revient aussi bas que possible. Certes, le trafic R.O. présente un fonds journalier de trains réguliers de mise en marche quasi automatique, assurant des relations fondamentales aux heures les mieux choisies, avec une bonne utilisation du personnel et du matériel. Toujours soucieuse du prix de revient, la S.N.C.F. s'efforce de ne faire que des trains à pleine charge. La recherche d'un bas prix de revient a conduit également à regrouper le trafic sur des itinéraires, de manière à réaliser l'acheminement au coût le plus faible. Certains clients sont parfois fort étonnés d'apprendre qu'un wagon qu'ils avaient expédié de Bordeaux à Clermont Ferrand est passé . . . par Orléans. C'est pourtant, grâce à l'électrification, l'itinéraire le plus économique.

Le matériel à marchandises doit transporter les objets les plus variés. Aussi le parc des 320 000 wagons de la S.N.C.F. est-il essentiellement constitué par trois grandes catégories de véhicules: wagons couverts, wagons tombereaux et wagons plats.

Certains appartiennent à la S.N.C.F., tels les wagons plats de grande longueur, les wagons surbaissés, etc., et notamment le wagon MacGregor à toit ouvrant, qui réunit les avantages du couvert et du tombereau et facilite les manutentions. Cependant, la plupart des matériels spéciaux appartiennent à des particuliers, soit pour leur usage propre, soit en vue de la location à des utilisateurs. Dans cette catégorie, nous trouvons les wagons isothermes et réfrigérants de la Société de Transports et d'Entrepôts Frigorifiques (la S.T.E.F.), et de son homologue européen, la Société Interfrigo, les citernes à vin ou à carburant, les wagons à double plancher pour autos, les wagons à grande capacité pour le transport de coke, d'alumine, de blé, etc. Le transport des pulvérants (ciments, minerais, etc.) dont la manutention posait de difficiles problèmes, a reçu une élégante solution par le procédé Klinger, qui permet, par une émulsion dans l'air comprimé, de transvaser les pulvérants aussi simplement qu'un liquide et cela sans poussière, au moyen d'un compresseur d'air ordinaire. Il convient de signaler également un nouvel engin mis en service par la Compagnie Nouvelle des Cadres (la C.N.C.) pour le transport des marchandises fragiles (transformateurs, machines-outils, etc.). Ce véhicule, dit wagon antichoc, muni d'un système de freinage par gravité, se prête aux transports les plus délicats.

L'industrie automobile est un important client du chemin de fer, non seulement pour son approvisionnement en matières premières, mais aussi pour la distribution des voitures neuves. Pour le transport des automobiles la S.N.C.F. utilise des wagons à deux étages pouvant recevoir six à huit voitures. Depuis le premier mars 1959 la S.N.C.F. a mis en service des trains complets formés de wagons spécialement construits pour le transport des véhicules routiers. Les solutions retenues pour ces transports sont: un wagon surbaissé pour le transport des camions, remorques et tracteurs de types courants, et un wagon, appelé «wagon Kangourou» pour le transport des semi-remorques courantes de gros tonnages.[1]

L'action commerciale pour le service des marchandises repose sur des bases différentes. Si, en effet, la concurrence de l'autocar porte généralement sur les trajets courts, il n'en est pas de même de celle du camion qui touche l'ensemble du territoire. Cette concurrence a dominé l'évolution de la politique tarifaire au cours des dernières années. Jusqu'en 1947 le chemin de fer pratiquait une tarification de monopole. Les prix de transport étaient fonction de trois données: la nature de la marchandise, la distance parcourue et la vitesse de transport.

Les tarifs, identiques sur une grande artère bien équipée et sur une petite ligne, étaient très au-dessus des prix de revient pour la première, mais très au-dessous pour la seconde. Le monopole de fait assurait l'équilibre général des recettes marchandises. Mais le camion, libre de fixer ses prix selon le prix de revient individuel de chaque transport, a concurrencé le chemin de fer sur les transports faciles ou de marchandises coûteuses.

Le chemin de fer s'est donc efforcé de mieux adapter ses tarifs aux prix de revient notamment en incitant les expéditeurs à utiliser les wagons à pleine capacité. Cette politique a largement porté ses fruits puisque la S.N.C.F. a pu, en 1958, assurer un trafic double de celui de 1938.[2] Notons également que le progrès de la technique ferroviaire a permis un abaissement considérable du

---

[1] *le wagon Kangourou:* the "Kangaroo" truck for the transport of heavy-load road half-trailers.
[2] Le trafic en 1966 a augmenté de près de 150% par rapport à 1938.

prix du transport: depuis l'origine du chemin de fer, le prix du transport d'une tonne de marchandises à un kilomètre a diminué de plus des deux tiers.

Questions

Répondez aux questions suivantes—

1. Lequel est le plus rapide, le service du R.A. ou celui du R.O.?
   Le service du Régime Accéléré est beaucoup plus rapide que celui du Régime Ordinaire.

2. Lequel est moins cher, le service du R.A. ou celui du R.O.?
   Le service du Régime Ordinaire est beaucoup moins cher que celui du Régime Accéléré.

3. Quelles sortes de marchandises sont transportées par le service du R.A.?
   Les denrées périssables, les animaux vivants, les colis isolés, les mobiliers de déménagements sont transportés par le service du Régime Accéléré.

4. Quelles sortes de marchandises sont transportées par le service du R.O.?
   Les pondéreux, les charbons, les minerais, les matériaux de construction sont transportés par le service du Régime Ordinaire.

5. Qu'est-ce que le service du R.O. vise à réaliser?
   Il vise à réaliser un prix de revient aussi bas que possible.

6. Quelles sont les trois grandes catégories de véhicules de matériel ferroviaire à marchandises?
   Ce sont les wagons couverts, les wagons-tombereaux et les wagons plats.

7. A qui appartiennent la plupart des wagons isothermes et réfrigérants?
   Ils appartiennent à la Société de Transports et d'Entrepôts Frigorifiques et à la Société Interfrigo.

8. De quoi le wagon anti-choc est-il muni?
   Il est muni d'un système de freinage par gravité.

9. Quelle industrie est un important client du chemin de fer?
   L'industrie automobile est un important client du chemin de fer.

10. Quels wagons spéciaux la S.N.C.F. utilise-t-elle pour le transport des automobiles?
    La S.N.C.F. utilise des wagons à deux étages pouvant recevoir six à huit automobiles.

11. Quel autre moyen de transport a concurrencé le chemin de fer?
    Le camion a concurrencé le chemin de fer sur les transports faciles ou de marchandises coûteuses.

12. Pourquoi le camion a-t-il pu concurrencer le chemin de fer sur le transport des marchandises?
    Le camion a pu concurrencer le chemin de fer sur le transport des marchandises parce qu'il est libre de fixer ses prix selon le prix de revient individuel de chaque transport.

13. Comment le chemin de fer s'est-il efforcé de mieux adapter ses tarifs aux prix de revient?

Le chemin de fer s'est efforcé de mieux adapter ses tarifs aux prix de revient en incitant les expéditeurs à utiliser les wagons à pleine capacité.

14. Est-ce que cette politique a porté ses fruits?

Oui, cette politique a porté ses fruits, puisque la S.N.C.F. a pu en 1958 assurer un trafic double de celui de 1938.

15. Qu'est-ce qui a également permis un abaissement considérable du prix de transport de la S.N.C.F.?

Le progrès de la technique ferroviaire a également permis un abaissement considérable du prix du transport de la S.N.C.F.

Structure Drills

I. lequel, laquelle, lesquels, lesquelles

Noun + Pronoun

Modèle—

Vous entendez: Quels trains français préférez-vous?

Vous dites: Lesquels préférez-vous?

Commencez—

1. Quels trains français préférez-vous?
   Lesquels préférez-vous?

2. Quel service des marchandises voulez-vous?
   Lequel voulez-vous?

3. Quelles marchandises périssables expédiez-vous?
   Lesquelles expédiez-vous?

4. Quel courant électrique utilisez-vous?
   Lequel utilisez-vous?

5. Quels records de vitesse avez-vous?
   Lesquels avez-vous?

6. Quelles installations êtes-vous venus visiter?
   Lesquelles êtes-vous venus visiter?

7. Quels trains ont le téléphone?
   Lesquels ont le téléphone?

8. Quels dispositifs de sécurité sont très perfectionnés?
   Lesquels sont très perfectionnés?

9. Quelles améliorations offrez-vous?
   Lesquelles offrez-vous?

10. Quels tarifs réduirez-vous?
    Lesquels réduirez-vous?

II. *The Subjunctive*

(a) **bien que** + *Subjunctive*

Modèle—

Vous entendez: Un voyage en chemin de fer est très agréable. On peut voyager plus vite en avion.

Vous dites: Bien qu'un voyage en chemin de fer soit très agréable on peut voyager plus vite en avion.

Commencez—

1. Un voyage en chemin de fer est très agréable. On peut voyager plus vite en avion.

   Bien qu'un voyage en chemin de fer soit très agréable, on peut voyager plus vite en avion.

2. Le service du Régime Ordinaire est moins cher que celui du Régime Accéléré. Il est plus lent.

   Bien que le service du Régime Ordinaire soit moins cher que celui du Régime Accéléré, il est plus lent.

3. Un compartiment du train est réservé aux passagers de première classe. Tous les autres compartiments ne sont pas loués.

   Bien qu'un compartiment du train soit réservé aux passagers de première classe, tous les autres compartiments ne sont pas loués.

(b) *Verbs of wishing* + *Subjunctive*

Modèle—

Vous entendez: Voulez-vous que je réserve une couchette sur le train?

Vous dites: Oui, je veux que vous réserviez une couchette sur le train.

Commencez—

1. Voulez-vous que je réserve une couchette sur le train?

   Oui, je veux que vous réserviez une couchette sur le train.

2. Désirez-vous que je vous téléphone ce soir?

   Oui, je désire que vous me téléphoniez ce soir.

3. Aimez-vous mieux que je vous donne tous les détails?

   Oui, j'aime mieux que vous me donniez tous les détails.

4. Préférez-vous que je fasse toutes les réservations nécessaires?

   Oui, je préfère que vous fassiez toutes les réservations nécessaires.

5. Voulez-vous que je vous renseigne tout de suite?

   Oui, je veux que vous me renseigniez tout de suite.

III. (a) **avant que** + *Subjunctive* (+ *2 subjects*); **avant de** + *Infinitive* (+ *1 subject*)

Modèle—

Vous entendez: Avant que vous alliez à la gare je devrai louer par téléphone.

Vous dites: Avant d'aller à la gare, je devrai louer par téléphone.

Commencez—

1. Avant que vous alliez à la gare je devrai louer par téléphone.
   Avant d'aller à la gare, je devrai louer par téléphone.

2. Avant que vous partiez en vacances, je devrai obtenir les chèques de voyage.
   Avant de partir en vacances, je devrai obtenir les chèques de voyage.

3. Avant que vous partiez, je dois acheter les billets.
   Avant de partir, je dois acheter les billets.

4. Avant que vous montiez dans le train, je devrai demander l'heure de départ du train.
   Avant de monter dans le train, je devrai demander l'heure de départ du train.

5. Avant que vous expédiez ces marchandises par chemin de fer, je devrai demander les tarifs.
   Avant d'expédier ces marchandises par chemin de fer, je devrai demander les tarifs.

III. (*b*) *Avoidance of the use of* **avant de** + *Infinitive by the use of* **avant** + *Noun*
Modèle—
   Vous entendez: Avant de partir il faut faire renouveler votre passeport.
   Vous dites: Avant votre départ il faut faire renouveler votre passeport.
Commencez—

1. Avant de partir il faut faire renouveler votre passeport.
   Avant votre départ il faut faire renouveler votre passeport.

2. Avant de partir il faut réserver votre place sur le train.
   Avant votre départ il faut réserver votre place sur le train.

3. Avant d'arriver à Paris il faut envoyer une dépêche à vos amis.
   Avant votre arrivée à Paris il faut envoyer une dépêche à vos amis.

4. Avant de retourner en Angleterre il faut vous renseigner à une agence de voyages en France.
   Avant votre retour en Angleterre il faut vous renseigner à une agence de voyages en France.

5. Avant de rentrer au bureau il faut nous téléphoner.
   Avant votre rentrée au bureau il faut nous téléphoner.

IV. *Completion Exercise*
   Complete the following sentences with reference to the text—

1. La S.N.C.F. emploie 350 000 personnes, appelées. . . .
   (*cheminots*)

2. Aujourd'hui la S.N.C.F. est divisée en six régions: Est, Nord. . . .
   (*Ouest, Sud-Ouest, Sud-Est et Méditerranée*)

3. Il existe des trains de luxe qui offrent. . . .
   (*tout le confort désirable*)

4. Le trafic marchandises est particulièrement intense dans. . . .
(les régions du Nord et de l'Est)

5. Les Français sont très fiers des records de. . . .
(vitesse de leurs trains)

6. Depuis 1945 la S.N.C.F. a complètement cessé de commander. . . .
(des locomotives à vapeur)

7. Pour le transport des automobiles la S.N.C.F. utilise des wagons à deux
étages pouvant recevoir. . . .
(six à huit voitures)

8. Le wagon antichoc est muni d'un système de. . . .
(freinage par gravité)

9. Les transports par chemin de fer peuvent être classés en deux catégories:
ceux pour lesquels la rapidité du transport est primordiale et ceux pour
lesquels. . . .
(le bas prix importe plus que le délai)

10. Moins spectaculaire que le service voyageurs et moins connu du public le
service des marchandises est cependant. . . .
(le plus important: il fournit 70% des recettes)

V. *Translation Drill*

A spontaneous oral translation into French is to be given immediately after you have heard the English phrase—

The S.N.C.F. is today divided in six areas:	*La S.N.C.F. est aujourd'hui divisée en six régions:*
East, North, West, South West,	*Est, Nord, Ouest, Sud-Ouest,*
South East and Mediterranean.	*Sud-Est et Méditerranée.*
It employs about 350,000 railway-workers.	*Elle emploie environ 350 000 cheminots.*
In France as elsewhere	*En France comme ailleurs*
the railways must face the competition	*les chemins de fer doivent faire face à la concurrence*
of road and air transport.	*des transports routier et aérien.*
The electrification of the French railways	*L'électrification des chemins de fer français*
has become very important	*est devenue très importante*
and has been followed abroad	*et a été suivie à l'étranger*
with interest.	*avec intérêt.*
Many foreign engineers have visited	*Beaucoup d'ingénieurs étrangers ont visité*
French railway installations	*des installations ferroviaires françaises*
and, in this way,	*et de cette façon,*
France has been able to export overseas	*la France a pu exporter outremer*
hundreds of Diesel electric engines	*des centaines de locomotives Diesel et électriques*

and a great quantity of rolling stock.	*et une grande quantité de matériel roulant.*
The transport of goods by rails	*Le transport des marchandises par chemin de fer*
continues to increase all the time	*continue à croître tout le temps*
and has doubled since 1938.	*et a doublé depuis 1938.*
It is particularly intense	*Il est particulièrement intense*
in the industrial areas	*dans les régions industrielles*
of the North and East.	*du Nord et de l'Est.*
The French are proud of the speed-records	*Les Français sont fiers des records de vitesse*
of their trains.	*de leurs trains.*
Their passenger trains have been much improved	*Leurs trains de voyageurs ont été beaucoup améliorés*
and today there exist some luxury trains	*et aujourd'hui il existe des trains de luxe*
which offer every conceivable comfort:	*qui offrent tout le confort imaginable:*
in certain trains	*dans certains trains*
there is even the telephone	*il y a même le téléphone*
which is very convenient	*ce qui est très pratique*
for all businessmen.	*pour tous les hommes d'affaires.*

Selected Vocabulary List: Unit 11

l'abaissement (*m*), *lowering, reduction*	l'avantage (*m*), *advantage*
accélérer, *to accelerate*	la baisse, *fall, drop, decline (in price)*
s'accroître, *to increase*	bas, *low*
accueillir, *to welcome*	bénéficier, *to benefit*
s'acheminer, *to be on one's way*	le blé, *corn*
administratif, *administrative*	le camion, *lorry*
l'air comprimé, *compressed air*	la capacité, *capacity*
l'alumine (*f*), *alumina*	à pleine capacité, *fully loaded*
améliorer, *to improve*	la catégorie, *category*
antichoc, *shock-resistant*	le charbon, *coal*
appartenir à, *to belong to*	le chemin de fer, *railway*
apprendre, *to learn*	le cheminot, *railway worker*
approvisionner, *to supply*	le chercheur, *research worker*
assurer, *to assure, insure*	le ciment, *cement*
l'atelier d'entretien, *maintenance yard*	circuler, *to circulate, go round*
atteindre, *to attain, reach*	le client, *customer*
au-dessous, *below*	le colis, *parcel*
au-dessus, *above*	commander, *to order*
l'autocar (*m*), *motor-coach*	comprendre, *to comprise*
automatique, *automatic*	le compresseur, *compressor*

la concurrence, *competition*
concurrencer, *to compete with*
le confort, *comfort*
construire, *to construct, build*
convenable, *suitable*
la correspondance, *connection (between trains); interchange service*
le courant industriel, *industrial electric current*
le coût, *cost*
croître, *to grow, increase*
le délai, *time-limit*
délicat, *delicate*
le déménagement, *house-removal*
les denrées (*fpl*), *produce, foodstuffs*
dépasser, *to exceed*
le développement, *development*
diminuer, *to diminish, lessen*
le dispositif de sécurité, *safety device*
la donnée, *datum, fundamental idea*
l'électronique (*f*), *electronics*
entendre parler de, *to hear of (sth.)*
l'entrepôt (*m*), *warehouse, store*
l'équilibre (*m*), *balance*
l'étage (*m*), *stage, floor, storey*
   à deux étages, *two-tiered, double decker*
étonné, *astonished*
l'exportation (*f*), *export*
faciliter, *to facilitate, ease*
ferroviaire, *pertaining to the railway*
fier de, *proud of*
fixer, *to fix*
fournir, *to supply*
le freinage, *brake-system*
   freinage par gravité, *gravity brake-system*
frigorifique, *refrigerating, chilling*
la gestion, *management, administration*
l'horaire (*m*), *time-table*
identique, *identical*
importer, *to import*
inciter, *to incite, urge*

l'ingénieur (*m*), *engineer*
l'investissement (*m*), *investment*
isotherme, *isothermal*
l'itinéraire (*m*), *route, way*
journalier, *daily*
le laboratoire, *laboratory*
la location, *hiring, renting*
la locomotive, *engine*
   locomotive à vapeur, *steam-engine*
la longueur, *length*
la machine, *engine, locomotive, machine*
les machines-outils, *machine tools*
la manutention, *handling (of goods)*
la marchandise, *goods, merchandise*
les matériaux de construction, *building materials*
le matériel roulant, *rolling stock*
les matières premières, *raw materials*
la messagerie, *carrying trade, parcels office*
le minerai, *iron ore*
le monopole, *monopoly*
la moyenne, *average*
nationaliser, *to nationalize*
négliger, *to neglect*
noter, *to note*
l'origine (*f*), *origin*
l'outillage (*m*), *gear, plant, equipment*
parcourir, *to travel through, to cover (distance)*
le particulier, *private individual*
le perfectionnement, *perfecting*
perfectionner, *to perfect*
périssable, *perishable (goods)*
permettre, *to permit, allow*
le personnel, *staff*
le plancher, *floor*
à pleine charge, *fully loaded*
à plein temps, *full time*
les pondéreux, *heavy goods*
la poussière, *dust*
les primeurs (*fpl*), *early vegetables*
primordial, *of prime importance*

le prix, *price*
  le prix de revient, *cost price*
  le prix du transport, *transport price*
le procédé, *process*
le progrès, *progress*
la puissance, *power*
les pulvérants, *powdery substances*
la quantité, *quantity*
la rapidité, *speed, rapidity*
réaliser, *to realize*
la recette, *receipt, returns, takings*
la recherche, *research*
le record de vitesse, *speed record*
régulier, *regular*
relier, *to connect*
la remorque, *trailer*
renover, *to renovate*
le réseau, *network, system*
ressembler à, *to resemble*
la semi-remorque, *half-trailer*
le service, *service, department*
signaler, *to signal*
la signalisation, *signalling*
soucieux, *anxious, concerned*
spectaculaire, *spectacular*
surbaissé, *underslung, dropped (frame)*
surlendemain, *next day but one*
le tarif, *price, tariff*
la tarification de monopole, *monopoly price control*

la technique, *technique, technics*
  technique électrique, *electrical engineering*
le tiers, *third*
  deux tiers, *two thirds*
le toit, *roof*
la tonne, *metric ton (1,000 kg)*
le tracteur, *tractor*
la traction, *traction, haulage*
le trafic marchandises, *goods traffic*
le trafic voyageurs, *passenger traffic*
le train de marchandises, *goods train*
le train de voyageurs, *passenger train*
le trajet, *journey*
le transformateur, *transformer*
la transmission, *transmission*
transvaser, *to siphon*
l'usage (*m*), *use*
l'utilisateur (*m*), *user*
l'utilisation (*f*), *use*
utiliser, *to use*
le véhicule, *vehicle*
viser, *to aim*
la vitesse, *speed*
le voyage d'affaires, *business journey*
le wagon, *carriage, waggon, truck*
  wagon couvert, *covered wagon*
  wagon plat, *flat goods truck*
  wagon surbaissé, *underslung wagon*
  wagon tombereau, *tip-wagon*

12

Le Commerce de Détail

1e Scène

C'ÉTAIT à la sortie de l'usine. Les ouvrières étaient pressées, mais du moment que le journaliste a commencé à parler «achats, commerces et commerçants» elles se sont toutes groupées pour lui répondre. Maintenant écoutez leur conversation—

JOURNALISTE. Quel est votre plus grand problème?

OUVRIÈRE. Le temps, c'est le problème no. 1 pour moi. Il m'en reste si peu quand je sors de l'usine.

J. De quoi avez-vous besoin?

O. J'ai besoin d'un commerçant près de chez moi, chez lequel on trouve tout, que ce soit de bons produits, naturellement, et des marques offrant les meilleures garanties de qualité.

J. Est-ce que vous avez besoin d'autre chose?

O. Oui, on a besoin aussi que le commerçant soit au courant de tout, qu'il nous conseille. On n'a pas le temps de s'informer ailleurs.

J. Votre commerçant doit vous conseiller sur la façon de faire vos achats!

O. Oui, bien sûr, et qu'il soit toujours aimable, même quand on arrive chez lui tard le soir.

J. Est-ce que vous avez un magasin J[1] près d'ici?

O. Oui, j'ai un magasin J près de chez moi.

J. Est-ce que les ménagères aiment le magasin J?

O. Oui, la ménagère a une très grande confiance dans son magasin J.

J. Des magasins J il y en a partout, 12 500 en France. Vingt-quatre sociétés se sont groupées pour réunir le maximum de garantie et de puissance dans les achats pour le plus grand bien du consommateur.

O. C'est vrai. Il existe une fidélité de «mère en fille» depuis plusieurs générations au magasin J.

J. Est-ce que le gérant connaît toutes ses clientes?

O. Oui, il les connaît parfaitement et les conseille en conséquence. Il met un point d'honneur à ne pas les tromper sur la qualité et les prix.

[1] Les magasins J sont le résultat des efforts réalisés par une grande chaîne de distribution qui a mis à la disposition de ses magasins des spécialistes expérimentés, en contact permanent avec la production et les industries alimentaires. Ces spécialistes s'efforcent de leur transmettre les désirs du consommateur, ses goûts et ses critiques qui leur sont connus grâce au contact qu'ont quotidiennement les gérants des 12 500 points de vente "J" avec plus de 4 millions de ménagères françaises.

2ᵉ Scène

Il faisait beau. Plusieurs centaines d'enfants jouaient dans les avenues, les jardins, entre les pelouses. Notre journaliste est venu parler aux mères de famille. Il les a interrogées pendant qu'elles lavaient les lainages, épluchaient des légumes ou changeaient le dernier-né. Leur désir a été unanime. Écoutez la conversation qui suit—

MÈRE DE FAMILLE. Vous comprenez, on ne peut pas tout savoir. Il faut bien faire confiance. Ce qu'on veut, c'est un commerçant qui ne nous trompera pas, ni sur la fraîcheur, ni sur la qualité, ni sur les prix.

JOURNALISTE. Et vous, vous n'avez pas le temps de comparer les prix?

M. Non. Nous ne pouvons pas perdre notre temps à courir pour comparer les prix. Il faut confiance dans son commerçant. Et ça, ce n'est pas tellement fréquent.

J. Mais tenez, au centre commercial, il y a un magasin J, n'est-ce pas?

M. Oui, là nous savons que nous pouvons acheter en toute sécurité.

J. Vous aimez donc le magasin J?

M. Oui, c'est capital. Tout en dépend. La santé de nos enfants, par exemple, et la nôtre. Et celle du porte-monnaie évidemment.

J. Qu'est-ce qu'il y a de si important dans le magasin J?

M. Ce qu'il y a d'important, c'est d'être sûre que ce qui entre dans l'alimentation familiale a fait l'objet de tous les soins d'une très grande organisation commerciale qui achète dans les meilleures conditions.

J. Est-ce que cette organisation commerciale vous propose toujours des produits de qualité constante aux meilleurs prix?

M. Oui, bien sûr, et elle a sélectionné pour nous les meilleures marques de fabrications.

J. Si j'effectue, par exemple, tous mes achats dans un même magasin J, pouvez-vous me donner l'assurance que j'obtiendrai le meilleur prix sur l'ensemble des produits par rapport à la concurrence?

M. Vous vous en apercevrez en fin de mois, sur la moyenne générale de vos achats.

3ᵉ Scène: En Province

C'etait un matin dans une petite ville de province. La foire occupait la place. Le journaliste attendait à la sortie d'un supermarché. La plupart des femmes qui ont répondu à ses questions étaient des environs ou habitaient le bourg. Elles étaient soucieuses de ne pas se laisser dépasser par les habitants des grandes villes. Écoutons leur conversation—

VILLAGEOISE. Avant l'ouverture du supermarché, on n'avait pas le même choix. Maintenant on trouve de tout, et aussi vite qu'à Paris. L'autre jour, à la radio, on parlait d'un nouveau shampooing. Je suis allée au supermarché. Il y était déjà.

JOURNALISTE. Est-ce que vous venez souvent vous approvisionner au supermarché?

V. Oui. Celles qui habitent ici y vont presque chaque jour. Nous autres villageoises, nous nous organisons. Nous profitons de la foire, du marché, d'une démarche officielle, pour venir nous approvisionner au supermarché.

J. Et les autres courses, celles de tous les jours?

V. Nous avons un camion-magasin. Il y a tout dedans. C'est un vrai magasin.

J. (*'riant*) Je vois que vous ne vivez plus comme vos grand'mères.

V. (*avec indignation*) Bien sûr que non. Nous ne vivons plus comme nos grand'mères. Venez nous voir un jour, quand le camion J passe, vous verrez!

J. Êtes-vous difficiles à contenter?

V. Non, nous les femmes, nous ne sommes pas tellement difficiles à contenter. Nous avons seulement besoin qu'on comprenne nos problèmes.

J. Si une grande chaîne de distribution comme les magasins J, par exemple, savait se mettre à votre place et vous apporter des solutions valables, deviendriez-vous vite des clientes fidèles?

V. Oui, je voudrais bien un magasin J dans notre village.

J. Derrière le magasin J, ou le camion-magasin J, que certaines d'entre vous connaissent bien, il y a toute une organisation.

V. Je sais. Elle permet d'assurer un approvisionnement régulier en produits de qualité au plus juste prix.

J. Enfin, la Société à succursales c'est un peu comme une famille où chaque membre aidant les autres permet à la communauté de vivre plus heureuse: c'est l'addition de chacun de ces magasins qui en fait sa puissance.

V. Son personnel est très «au courant» et sait résoudre mieux que personne tous les petits problèmes qui se posent chaque jour pour nous assurer un service parfait.

J. L'évolution de vos goûts permet aux Sociétés affiliées aux magasins J d'orienter le choix des produits qui vous sont offerts.

V. Nous avons donc tout intérêt à donner notre opinion, puisqu'on en tient compte pour nous satisfaire.

J. Comme les commandes aux fournisseurs sont importantes, les prix de revient baissent naturellement et l'approvisionnement des magasins J est facilité du même coup.

Questions

Répondez aux questions suivantes—

1. Quel est le plus grand problème de l'ouvrière qui sort de l'usine?
   Le temps c'est le plus grand problème pour elle.

2. De quoi a-t-elle besoin?
   Elle a besoin d'un commerçant près de chez elle, chez lequel on trouve tout.

3. Veut-elle que le commerçant la conseille?
   Oui, elle veut qu'il la conseille, parce qu'elle n'a pas le temps de s'informer ailleurs.

4. Combien de magasins J y a-t-il en France?
   Il y en a 12 500 en France.

5. Est-ce que le gérant du magasin trompe ses clientes sur la qualité et les prix?
   Non, il met un point d'honneur à ne pas les tromper sur la qualité et les prix.

6. Qu'est-ce que l'organisation commerciale offre à la ménagère?
   L'organisation commerciale lui offre toutes les meilleures marques de fabrications.

7. Pourquoi la villageoise a-t-elle un meilleur choix de produits au super-marché que dans une boutique?
   Elle en a un meilleur choix au supermarché parce qu'on y trouve de tout et aussi vite qu'à Paris.

8. De quoi la villageoise profite-t-elle pour venir s'approvisionner au super-marché dans la ville?
   Elle profite de la foire, du marché, d'une démarche officielle pour venir s'appro-visionner au supermarché dans la ville.

9. Où fait-elle d'habitude ses courses de tous les jours?
   D'habitude elle fait ses courses de tous les jours au camion-magasin.

10. Qu'est-ce que la villageoise voudrait voir s'ouvrir dans le village?
    La villageoise voudrait voir un magasin J s'ouvrir dans le village.

Basic Text

LA GRANDE ÉVOLUTION DU COMMERCE: LE LIBRE-SERVICE

En milliers de points minuscules, la carte de la France est couverte de villes comme celle de Doué-la-Fontaine, près de Saumur, dans la vallée de la Loire. Le chant des coqs la réveille, les soirées y sont paisibles et chaque journée ressemblerait à une autre s'il ne se produisait, là aussi, d'importants événements. Depuis ce mois de mai, Doué-la-Fontaine possède un pôle d'attraction qui rassemble tous les habitants de la ville et fait accourir ceux d'alentour. ÉGÉ, le premier groupe français du commerce associé, ayant 5 005 magasins-relais en France, a permis à un détaillant dynamique et avisé d'offrir à Doué-la-Fontaine un mode de vie de grande cité: le 1046e des magasins à libre service super ÉGÉ s'est ouvert au cœur de la ville. Il a été étudié et réalisé, selon les méthodes que développe sur 74 départements l'equipe des 50 assistants commerciaux ÉGÉ.

L'évolution de l'économie française et de la vie de chaque citoyen n'est pas laissée au hasard: un plan, le cinquième du nom, la prévoit et l'organise.[1] C'est ainsi, on le sait déjà, que la France de demain, celle de 1970, comptera 16 000 magasins où fonctionnera la vente en libre-service. L'idée vient d'Amérique et a été largement reprise en Europe, mais il a fallu l'adapter à la mentalité des Français, sans choquer, pour autant, leur attachement aux traditions. En dépit des difficultés, c'est aujourd'hui chose faite et l'ampleur du succès a dépassé les prévisions. Les spécialistes disaient, il y a cinq ans, que le libre-service était la forme de commerce de l'avenir. On peut dire maintenant qu'elle est celle du

---

[1] Le Vᵉ Plan (1965–70) fixe comme objectif général un accroissement de la production de 25% en cinq ans.

présent. Parmi les promoteurs et les réalisateurs de cette idée, ÉGÉ s'est taillé la part du lion. À travers les 5 005 magasins groupés sous son enseigne, l'implantation du libre-service progresse à pas de géant. A la date du 6 mai 1966, la «superette» de Doué-la-Fontaine était le 1 046e magasin ÉGÉ à libre service. Depuis ce jour si proche il s'est créé encore de nouvelles «superettes ÉGÉ».

Parmi des milliers de commerçants et les millions de consommateurs qui restent leurs amis, Jean-Baptiste Devaud, qui est un peu le héros de ce reportage, peut répondre en connaisseur à la question «ÉGÉ, qu'est-ce que c'est?»

C'est une organisation commerciale à laquelle il a librement adhéré l'un des premiers, et qui lui a permis de posséder, aujourd'hui, une «superette» de 150 mètres carrés. Lorsqu'il est entré au groupe ÉGÉ, Jean-Baptiste Devaud ne disposait que d'un minuscule magasin, dans un village voisin, une sorte d'épicerie «à la papa». Sa rencontre avec ÉGÉ a transformé sa vie et celle des consommateurs, ses clients de tous les jours.

Sans qu'il lui en coûtât un centime de plus, il a pu offrir les meilleurs produits, disposer d'un réseau permanent d'assistants commerciaux et s'agrandir à un rythme constant pour le plus grand bénéfice de tous. Un réseau de 66 entrepôts, les plus modernes d'Europe, permet à chaque relais ÉGÉ une régularité, une souplesse et une variété dans ses approvisionnements qui, en définitive, profite directement aux consommateurs.

L'expérience sans égale que possède ÉGÉ dans la technique du commerce de détail lui a servi à former une équipe incomparable d'assistants commerciaux dont chacun est, à la fois, le guide et le conseil des relais dont il a la charge. C'est à ces spécialistes des nouvelles méthodes de vente que revient le grand mérite d'avoir su adapter, à une grande échelle, le libre-service à la France jusque dans les villes les plus modestes.

Comme tous les détaillants indépendants, Jean-Baptiste Devaud ne pouvait, seul, passer du village à la ville, de la vente traditionnelle au libre-service, multiplier son chiffre d'affaires et être encore plus compétitif, tout en restant le conseiller le plus sûr de sa clientèle.

Le libre-service, rigoureusement étudié par l'équipe d'assistants commerciaux qu'ÉGÉ a mis à la disposition de ses relais, a permis à Jean-Baptiste Devaud, comme à tant d'autres, de réaliser un rêve qui lui paraissait inaccessible, il y a peu d'années encore.

Aujourd'hui, dans son nouveau magasin, ses clients circulent librement et trouvent tout ce qu'ils désirent sous le même toit, des produits alimentaires jusqu'à la boucherie, les vins fins, les fruits et les légumes frais et aussi des articles de nouveautés textiles. Le tout soigneusement sélectionné, présenté sur des rayonnages impeccables, à portée de la main, à des prix marqués et bénéficiant, de plus, d'offres spéciales.

Ils découvrent aussi, et ce n'est pas là le moindre avantage du libre-service, en la personne de Jean-Baptiste Devaud, un homme débarrassé des contraintes harassantes de la vente traditionelle et auprès duquel un conseil s'accompagne toujours d'un sourire.

La meilleure preuve du succès d'ÉGÉ? La réussite constante de Jean-Baptiste Devaud auprès d'une clientèle toujours plus nombreuse et plus fidèle.

Questions
Répondez aux questions suivantes—

1. Où se trouve la ville de Doué-la-Fontaine?
   Elle se trouve près de Saumur dans la vallée de la Loire.

2. Qu'est-ce qui s'est ouvert au cœur de la ville?
   Un magasin à libre service s'est ouvert au cœur de la ville.

3. Quel plan prévoit et organise l'évolution de l'économie française?
   Le Cinquième Plan la prévoit et l'organise.

4. En 1970 combien de magasins y aura-t-il où fonctionnera la vente en libre-service?
   En 1970 il y aura 16 000 magasins où fonctionnera la vente en libre-service.

5. D'où vient l'idée du supermarché?
   L'idée du supermarché vient d'Amérique.

6. A-t-il fallu adapter l'idée du supermarché à la mentalité des Français?
   Oui, il a fallu l'adapter à la mentalité des Français sans choquer leur attachement aux traditions.

7. Est-ce que l'ampleur du succès de la vente en libre-service a dépassé les prévisions?
   Oui, l'ampleur du succès de la vente en libre-service a dépassé les prévisions.

8. Qu'est-ce que les spécialistes français disaient il y a cinq ans?
   Ils disaient, il y a cinq ans, que le libre-service était la forme de commerce de l'avenir.

9. A quelle date s'est ouverte la superette de Doué-la-Fontaine?
   La superette de Doué-la-Fontaine s'est ouverte le 6 mai 1966.

10. Quelle est la grandeur de cette superette?
    Elle a 150 mètres carrés.

11. De quelle sorte de minuscule magasin Jean-Baptiste Devaud disposait-il dans un village voisin il y a quelques années?
    Il disposait il y a quelques années d'une petite épicerie, une sorte d'épicerie « à la papa ».

12. A quelle organisation commerciale a-t-il librement adhéré?
    Il a librement adhéré à l'organisation commerciale Égé.

13. Que possède-t-il aujourd'hui?
    Aujourd'hui il possède une superette de 150 mètres carrés.

14. Qu'est-ce qu'il a pu offrir à ses clients sans qu'il lui en coutât un centime de plus?
    Il a pu leur offrir les meilleurs produits sans qu'il lui en coutât un centime de plus.

15. A qui revient le grand mérite d'avoir su adapter, à une grande échelle, le libre-service à la France?
Le grand mérite revient aux spécialistes des nouvelles méthodes de vente.

Structure Drills

I. *Constructions with* **de** + *Infinitive*
Modèle—
Vous entendez: Le détaillant a conseillé à ses clientes d'acheter les meilleurs produits.
Vous dites: Il leur a conseillé de les acheter.
Commencez—

1. Le détaillant a conseillé à ses clientes d'acheter les meilleurs produits.
   Il leur a conseillé de les acheter.

2. Les clientes ont demandé au détaillant de leur donner des conseils.
   Elles lui ont demandé de leur donner des conseils.

3. L'évolution de vos goûts a permis aux sociétés d'orienter le choix des produits.
   Elle leur a permis de l'orienter.

4. La société à succursales permet à la communauté de vivre plus facilement.
   Elle lui permet de vivre plus facilement.

5. Cette grande organisation commerciale a permis au détaillant de posséder cette superette.
   Elle lui a permis de la posséder.

6. Les ouvrières n'ont pas le temps de s'informer au supermarché.
   Elles n'ont pas le temps de s'y informer.

7. Le commerçant doit conseiller à l'ouvrière d'acheter ses articles de choix.
   Il doit lui conseiller de les acheter.

8. Les spécialistes s'efforcent de transmettre aux gérants des industries d'alimentation les désirs du consommateur.
   Ils s'efforcent de les leur transmettre.

9. La mère de famille n'a pas le temps de comparer les prix.
   Elle n'a pas le temps de les comparer.

10. L'ouvrière ne doit pas oublier de faire ses achats avant de rentrer tard le soir chez elle.
    Elle ne doit pas oublier de les faire avant de rentrer tard le soir chez elle.

II. *Constructions with* **à** + *Infinitive*
Modèle—
Vous entendez: Le journaliste a commencé à parler à l'ouvrière.
Vous dites: Il a commencé à lui parler.

Commencez—

1. Le journaliste a commencé à parler à l'ouvrière.
   Il a commencé à lui parler.

2. Le gérant met un point d'honneur à ne pas tromper les clientes sur la qualité.
   Il met un point d'honneur à ne pas les y tromper.

3. La mère de famille ne veut pas perdre son temps à courir aux magasins.
   Elle ne veut pas perdre son temps à y courir.

4. Les ménagères françaises ne sont pas difficiles à contenter.
   Elles ne sont pas difficiles à contenter.

5. Chaque détaillant aide ses clientes à acheter de bons produits.
   Il les aide à en acheter.

6. Le gérant invite ses clientes à lui donner leur opinion.
   Il les invite à la lui donner.

7. Les ménagères ont tout intérêt à donner leur opinion au gérant.
   Elles ont tout intérêt à la lui donner.

8. La villageoise a réussi à trouver au supermarché des produits de bonne qualité.
   Elle a réussi à en trouver là.

9. Le commerçant continue à offrir à ses clientes les meilleures marques de fabrications.
   Il continue à les leur offrir.

10. Les ménagères hésitent toujours à acheter les nouveautés.
    Elles hésitent toujours à les acheter.

III. *Verbal Expressions followed by* **de**
Modèle—
   Vous entendez: La ménagère avait besoin d'un supermarché près de chez elle.
   Vous dites: Elle en avait besoin près de chez elle.
Commencez—

1. La ménagère avait besoin d'un supermarché près de chez elle.
   Elle en avait besoin près de chez elle.

2. La villageoise s'approche du camion-magasin.
   Elle s'en approche.

3. La santé de la famille dépend de cette organisation commerciale.
   Elle en dépend.

4. La mère de famille vous remercie de votre service parfait.
   Elle vous en remercie.

5. Les femmes profitent de la foire et du marché.
   Elles en profitent.

142

6. Le gérant se sert des rayonnages impeccables.
   Il s'en sert.

7. On tient compte des opinions de la ménagère.
   On en tient compte.

8. Il disposait d'un minuscule magasin.
   Il en disposait.

9. La jeune ménagère a parlé de cette grande chaîne de distribution.
   Elle en a parlé.

10. Il se souvenait souvent de sa petite épicerie.
    Il s'en souvenait souvent.

IV. *Completion Exercise*
   Complete the following sentences with reference to the text—
   1. L'idée de la vente en libre-service vient d'Amérique et a été. . . .
      (*largement reprise en Europe*)

   2. Il a fallu adapter l'idée de la vente en libre-service à la mentalité des Français sans choquer. . . .
      (*leur attachement aux traditions*)

   3. L'ampleur du succès a dépassé. . . .
      (*les prévisions*)

   4. La France de demain, celle de 1970, comptera 16 000 magasins où fonctionnera. . . .
      (*la vente en libre-service*)

   5. L'implantation du libre-service progresse. . . .
      (*à pas de géant*)

   6. Ce qu'on veut, c'est un commerçant qui ne vous trompera pas, ni sur la fraîcheur, ni. . . .
      (*sur la qualité, ni sur les prix*)

   7. Sans qu'il lui en coutât un centime de plus, il a pu offrir. . . .
      (*les meilleurs produits*)

   8. C'est à ces spécialistes des nouvelles méthodes de vente que revient le mérite d'avoir su adapter à une grande échelle. . . .
      (*le libre-service à la France*)

   9. Le premier groupe français du commerce associé a permis à un détaillant dynamique et avisé d'offrir à Doué-la-Fontaine. . . .
      (*un mode de vie de grande cité*)

   10. Ce qu'il y a d'important, c'est d'être sûr que ce qui entre dans l'alimentation familiale. . . .
       (*a fait l'objet de tous les soins d'une très grande organisation commerciale*)

A spontaneous oral translation into French is to be given immediately after you have heard the English phrase—

The great evolution	*La grande évolution*
of the twentieth century	*du vingtième siècle*
in the retail trade	*dans le commerce de détail*
is doubtless	*est sans doute*
that of the self-service store.	*celle du magasin à libre-service.*
The idea of self service	*L'idée du libre-service*
has come from America	*est venue d'Amérique*
and has had to be adapted in France	*et a dû être adaptée en France*
to the mentality of the French people,	*à la mentalité des Français,*
without shocking their attachment	*sans choquer leur attachement*
to traditions.	*aux traditions.*
Five years ago, specialists were saying	*Il y a cinq ans, des spécialistes disaient*
that self-service was the form	*que le libre-service était la forme*
of commerce of the future;	*de commerce de l'avenir;*
however, we realize that	*cependant, nous nous rendons compte*
it is no longer the form of the future	*qu'elle n'est plus la forme de l'avenir*
but rather that of the present.	*mais plutôt celle du présent.*
Indeed the volume of success	*En effet l'ampleur du succès*
has exceeded all expectation.	*a dépassé les prévisions.*
It is already known that in 1970	*On sait déjà qu'en 1970*
there will be	*il y aura*
16,000 self-service stores	*16 000 magasins à libre-service*
in France.	*en France.*

Selected Vocabulary List: Unit 12

accourir, *to hasten, to rush up*

un achat, *purchase, buying*

adhérer, *to join (a society), adhere*

affilier, *to affiliate*

agrandir, *to enlarge*

ailleurs, *elsewhere, somewhere else*

alentour, *around, round about*
  les alentours (*mpl*), *vicinity*

alimentaire, *nourishing, food (product)*

l'alimentation (*f*), *food, nourishment*

l'ampleur (*f*), *volume*

l'approvisionnement (*m*), *stocking (of shop)*

s'approvisionner, *to provision, to supply with*

avisé, *prudent, far-seeing*

baisser, *to lower*
  baisser le prix, *to lower the price*

le bénéfice, *profit, gain*

la boucherie, *butcher's shop*

le bourg, *small market town*

le camion-magasin, *mobile store*

la carte, *map*

le chiffre d'affaires, *turnover*

le choix, *choice*

le citoyen, *citizen*

le client, la cliente, *customer*

la commande, *order*

commander, *to order*

le commerçant, *tradesman*

le commerce de détail, *retail trade*
la communauté, *community*
conseiller, *to advise*
le conseiller, *adviser*
contraint, *constrained, restrained*
critique, *critical*
découvrir, *to discover*
la démarche, *step, action, occasion*
dépasser, *to exceed*
   dépasser les prévisions, *to exceed all expectation*
en dépit de, *in spite of*
le détaillant, *retailer*
disposer de, *to have at one's disposal*
une épicerie, *grocer's shop*
éplucher les légumes, *to peel vegetables*
une équipe, *team*
être au courant, *to know all about*
étudier, *to study*
un événement, *event*
expérimenté, *experienced*
le fabricant, *manufacturer*
la fabrication, *manufacture*
faire des courses, *to go out shopping, to run errands*
la foire, *fair*
fournir, *to supply*
le fournisseur, *supplier*
la fraîcheur, *freshness*
la garantie, *guarantee*
le gérant, *manager, director*
le goût, *taste*
un habitant, *inhabitant*
s'informer, *to make inquiries*
interroger, *to question, interrogate*
le lainage, *woollen article*
laver les lainages, *to wash the woollens*
le libre-service, *self-service*
le magasin, *shop, store*
   le magasin à libre-service, *self-service store*
la ménagère, *housewife*
minuscule, *small, minute, tiny*

la moitié, *half*
la moyenne, *average*
multiplier, *to multiply*
l'offre (f), *offer*
offrir, *to offer*
s'organiser, *to get oneself organized*
l'ouverture (f), *opening*
l'ouvrière (f), *workgirl*
la pelouse, *lawn*
perdre son temps (à), *to waste time*
le porte-monnaie, *purse*
posséder, *to possess*
préoccuper, *to preoccupy*
prévoir, *to foresee*
le prix de revient, *cost price*
le problème, *problem*
le produit, *product*
   le produit alimentaire, *food-product*
profiter de, *to take advantage of*
la puissance, *power*
la qualité, *quality*
quotidien, *daily*
rassembler, *to assemble, gather together*
le rayonnage, *shelving*
réaliser, *to realize*
la rencontre, *meeting*
résoudre, *to resolve*
   résoudre un problème, *to solve a problem*
la réussite, *success*
la santé, *health*
satisfaire, *to satisfy*
sélectionner, *to select*
la société à succursales, *branch society*
le spécialiste, *specialist*
le supermarché, *supermarket*
tenir compte, *to take into account, into consideration*
le toit, *roof*
tromper, *to deceive*
la vente, *sale*
le villageois, la villageoise, *villager*
vivre, *to live*

13

L'Agriculture

C'EST UN véritable zoo domestique qui est présenté aux visiteurs du Salon de l'Agriculture. Dans ce concours international qui se tient du 4 au 12 mars à la Porte de Versailles à Paris, 550 éleveurs présentent 1 530 animaux d'élite. Pour dix jours c'est la plus grande ferme du monde et beaucoup de visiteurs viennent la voir. Maintenant écoutez la conversation qui suit entre un fermier français et un visiteur au Salon—

FERMIER. Ce sont des animaux de demain que nous vous présentons aujourd'hui.

VISITEUR. Ce sont de vrais champions de l'élevage français.

F. La science des grands spécialistes de la génétique ont patiemment, à force de croisements, sélectionné dans les variétés animales ce qu'il y avait de meilleur, et les éleveurs ont su choisir leurs sujets et les amener à leur meilleur point de forme.

V. Ce sont de très belles espèces!

F. Nous présentons 1 530 animaux d'élite.

V. 1 530 animaux à Paris! C'est la plus grande ferme du monde, n'est-ce pas?

F. Oui, ici au Salon de l'Agriculture nous présentons 530 bovins, 300 porcs, 100 chevaux, 565 moutons et 35 chèvres.

V. Outre toutes ces espèces de l'élevage fermier on m'a dit qu'il y a aussi 4 000 têtes vivantes de volaille et de gibier et 2 000 chiens.

F. Oui, c'est vrai, mais venez voir ces belles vaches. Celle-ci a onze ans et produit 9 000 litres de lait par an. Elle absorbe 53 kilos de nourriture par jour.

V. Quelle belle vache! Mais regardez ce bœuf-là. Comme il est magnifique!

F. Il est normand. Il a quatre ans et pèse 1 200 kilos. Maintenant allons voir ce troupeau de moutons là-bas!

V. Quel beau bélier!

F. Oui, il porte 6 kilos de laine qui feront 48 kilomètres de fil. Il est nourri, comme le troupeau tout entier, de pastilles de foin «compacté» et déshydraté.

V. Comme tout le troupeau de brebis l'admire!

F. L'élevage des troupeaux, c'est notre activité la plus importante. Mais allons voir les porcs là-bas!

V. Quels jolis petits porcelets!

F. Regardez la truie là-bas! Elle a gagné le premier prix de fécondité. Elle a eu cinquante-cinq porcelets en trois ans. Elle est déjà venue trois fois à Paris. Elle pèse 400 kilos et ne mange que 3 kilos de nourriture par jour.

V. Regardez ces beaux chevaux. Allons les voir!

F. Ce sont des chevaux magnifiques. Regardez ce bel étalon-là. Il est né dans le Finistère. A trois ans il pèse 900 kg.

V. De quelle espèce est-il?

F. C'est un cheval postier breton, autrefois race de chevaux de l'artillerie.

V. (*plein d'admiration*) Ce sont tous de vrais champions de l'élevage français.

F. (*riant*) Ce sont les champions que le monde nous envie. Le cheptel français est une richesse nationale. Les produits de l'élevage dépassent en valeur toutes les autres productions.

V. La France, me semble-t-il, est restée longtemps un pays essentiellement agricole.

F. C'est vrai. Aujourd'hui encore l'agriculture tient dans son économie une place importante.

V. Est-il vrai qu'un des problèmes de nos jours, c'est l'exode rural?

F. Oui, il a dépeuplé progressivement la campagne française au rythme de 80 000 travailleurs par an.

V. Pourquoi les paysans quittent-ils la campagne?

F. La condition matérielle des paysans reste très inférieure à celle des autres catégories sociales.

V. Vraiment?

F. Oui, dans les villages 42% des logements n'ont pas l'eau et 83% n'ont pas d'installation sanitaire.

V. Quelle en est la conséquence?

F. (*haussant les épaules*) Ils quittent massivement la terre, surtout les jeunes.

V. Qu'est-ce qui en est résulté?

F. Il en est résulté un vieillissement de la population agricole.

V. Malgré l'exode rural, est-ce que la planification et la modernisation vous ont permis un accroissement remarquable de la productivité?

F. Oui, en 15 ans la production agricole a fait un bond en avant, s'accroissant de 2,5% par an en moyenne.

V. A-t-elle permis le redressement de la balance alimentaire?

F. Oui, avant 1939 la France, pays agricole, ne produisait que la moitié de sa consommation. Aujourd'hui elle exporte 20% de sa production agricole.

V. Est-il vrai qu'aujourd'hui l'agriculture française est menacée par la surproduction?

F. Oui, elle doit chercher de nouveaux débouchés pour vendre ses produits. Voilà l'importance du Salon de l'Agriculture, car il met en présence les producteurs et les acheteurs professionels.

V. Le Marché Commun, n'offre-t-il pas à l'agriculture française une chance exceptionnelle?

F. Oui, mais seulement à condition qu'elle réforme profondément ses structures.

V. Une reconversion profonde est donc à prévoir?

F. Oui, depuis la création du Marché Commun l'agriculture française a dû entreprendre une reconversion profonde de ses structures et de ses méthodes.

V. Est-ce que les paysans veulent s'adapter?

F. (*riant*) Quelques-uns ne veulent pas s'adapter car ils aiment la tradition. Ce sont surtout les vieux paysans qui constituent un frein à la modernisation.

V. La vie paysanne est-elle donc en train d'être transformée?

F. Oui. Les progrès techniques, les machines agricoles, l'utilisation des engrais chimiques et la recherche agronomique sont en train de transformer la vie des paysans.

V. Comme le temps passe vite ici!

F. Oui, avant de quitter le Salon il faut aller voir notre grand choix de produits laitiers, de produits de la terre et de produits vinicoles.

V. Je n'aurai pas le temps de voir tout, mais je voudrais bien voir les produits vinicoles.

F. Très bien, allons voir les jurés du Salon qui sont en train de déguster des échantillons de vin.

V. J'ai entendu dire que 120 jurés du Salon vont déguster 2 300 échantillons de vin.

F. Ils ont de la chance. Moi, je les envie!

V. Peut-être y aura-t-il quelques échantillons de vin pour les visiteurs aussi!

F. Quelle bonne idée! Allons voir!

(*Ils vont au Salon des Vins où de nombreux viticulteurs présentent une gamme complète des grands crus et des eaux-de-vie, cognacs et fine champagne*)

F. Il y a du monde ici, n'est-ce pas?

V. Oui, tout le monde s'intéresse aux vins français.

F. Vous avez raison. La France est par excellence le pays des vins. C'est elle qui produit non seulement la quantité la plus grande mais aussi les qualités les plus variées.

Questions

Répondez aux questions suivantes—

1. Combien d'animaux d'élite sont présentés au Salon de l'Agriculture?
   1 530 animaux d'élite sont présentés au Salon de l'Agriculture.
2. Combien de têtes vivantes de volaille et de gibier y a-t-il?
   Il y a 4 000 têtes vivantes de volaille et de gibier.
3. De quoi le troupeau de moutons est-il nourri?
   Il est nourri de pastilles de foin compacté et déshydraté.
4. Quelle est l'activité la plus importante de l'éleveur?
   L'activité la plus importante de l'éleveur, c'est l'élevage des troupeaux.
5. Quelle espèce de cheval est le bel étalon présenté au Salon?
   C'est un cheval de trait postier breton.
6. Pourquoi les paysans quittent-ils la campagne?
   Ils quittent la campagne parce que leur condition matérielle reste très inférieure à celle des autres catégories sociales.

7. Qu'est-ce qui en est résulté?
   Il en est résulté un vieillissement de la population agricole.

8. Est-ce que le Marché Commun offre à l'agriculture française une chance exceptionnelle?
   Oui, mais seulement à condition qu'elle réforme profondément ses structures.

9. Qu'est-ce qui est en train de transformer la vie paysanne?
   Les progrès techniques, les machines agricoles, l'utilisation des engrais chimiques et la recherche agronomique sont en train de transformer la vie paysanne.

10. Combien d'échantillons de vin les jurés du Salon vont-ils déguster?
    Les Jurés du Salon vont déguster 2 300 échantillons de vin.

Basic Text

LE PLUS TEMPÉRÉ DES CLIMATS A FAIT DE LA FRANCE UN COLOSSE AGRICOLE

Le destin agricole français est écrit dans ses cartes. Il suffit de survoler une fois la France, par un jour sans nuages, pour lire dans sa paume offerte. Les rivières y sont bouclées, les arbres y font des bouquets, les terres y sont imbriquées comme dans la plus raffinée des marqueteries. C'est une prodigieuse juxta-position de morceaux verts, de morceaux jaunes, de morceaux roux, brodés de vert sombre ou de bleu. La vérité géographique, qui saute aux yeux, c'est que la moitié de la France est un jardin. Oui, malgré le Mont Blanc et la Gironde, malgré le Gerbier-de-Jonc et la mer de sable de Fontainebleau, 50% de la carte de France ont été retournés à la charrue.

Malgré son étendue moyenne, malgré son souci du raisonnable, la France ne peut se comparer, en capacité terrienne, qu'aux deux géants de la planète, les U.S.A. et l'U.R.S.S. Mais la superficie cultivée, chez eux, n'excède guère 20% du territoire. Avec sa moitié-jardin, avec le plus tempéré des climats, avec ses rendements à l'hectare, la France est proprement, il faut bien l'admettre, un colosse agricole. Et cela dans tous les domaines. S'agit-il de céréales, de viande, de laitages, de sucre, de vin, de légumes, de fruits, la France ne s'aligne que sur les géants.

Si l'on veut descendre de l'avion, si l'on veut regarder de plus près ce qui se passe au bout de nos chemins vicinaux, il suffit d'aller au marché. La vitrine de la France agricole est là, sous les tentes basses, dans les fortes odeurs d'un matin de printemps. Tout ce qui peut faire saliver les humains s'étale à profusion, deux cent quarante fromages, dix-huit salades, toutes les nuances de la pêche et de l'abricot et la nomenclature infinie des morceaux de la boucherie.

Mais l'agriculture ne serait rien sans l'agriculteur. Le Français si facilement fier de ses joueurs de football et de ses cyclistes, sait-il que son agriculteur est champion du monde? La vieille image avec laquelle nous vivons le représente pataud, buté, conservateur. Mais tous les faits démentent cette image. En réalité, aucun industriel n'est plus capable, plus souple, plus moderne. En

149

voulez-vous des exemples? Vous n'avez qu'à faire un vœu. Que désirez-vous? Du riz? De l'orge? De la tomate? Du chou-fleur? De l'artichaut? De la pomme Golden? En deux ans, en trois ans, il aura répondu à votre demande avec surabondance. Vous voulez des vins plus forts en degrés? En cinq ans, il aura arraché ses vieilles souches, défoncé le sol, replanté, greffé des plantes nobles, et vous êtes servis. Maintenant vous voulez du sorgho, du colza, du tourne-sol? En voici à profusion. Quoi encore? Du bœuf, du mouton, du poulet? A vous de dire. Les facultés d'adaptation de l'usine agricole française sont prodigieuses.

Nous avons employé à dessein le mot *usine*. Parce que les Français ne savent pas assez ce qu'ils voient à droite et à gauche de l'autoroute; ce n'est pas la nature, c'est du travail. Ils appellent cela le paysage. Mais ce paysage, ce sont des hommes qui le dessinent et qui le peignent, des hommes si petits qu'on ne les voit pas au milieu des hectares dont ils ont charge. On ne voit que leur *tableau*. Et pourtant cette tache jaune, c'est leur blé, cette tache brune, c'est leur labour, cette rangée de peupliers, ils l'ont plantée, et ce pin-parasol ils l'ont voulu pour que le cheval souffle à l'ombre.

On dit parfois qu'ils sont trop nombreux. Combien en reste-t-il? A peine deux millions pour régner du haut de leurs lentes machines, de la Flandre au Roussillon et de la Bretagne à l'Alsace. Et ils ne règnent pas que sur la terre, ses ruisseaux et ses bois; ils règnent aussi sur l'immense population des bêtes. Car la France n'est pas peuplée que de Français. On y compte aussi plus d'un million de chevaux, les nobles compagnons de notre longue histoire, vingt millions de vaches et de bœufs, neuf millions de brebis et de moutons, neuf millions de truies et porcs, sans compter la multitude des poules qui, si elles s'effaraient d'un coup en un seul vol obscurciraient le soleil. Non, ce n'est pas une mince affaire. C'est même la plus grosse affaire française. Le marché de la viande représente à lui seul le total des trois premières sociétés françaises *Rhône-Poulenc*,[1] la *Compagnie Française des Pétroles*,[2] et la *Régie Renault*.[3] Les produits laitiers font deux fois le chiffre d'affaires de *Citroën*;[4] le vin fait trois fois plus que *Lorraine-Escaut*;[5] les fruits sont l'équivalent d'*Usinor*;[5] et la betterave s'aligne sur *Péchiney*.[6] On est loin de Perrette et son pot au lait.[7]

[1] *Rhône-Poulenc*, premier grand de la chimie, reste le chef de l'industrie française; avec *Rhodiacéta* et *Rovatex* consortium de textiles artificiels (Cp. chapitre 9); il possède des groupes de recherches dans le domaine de la chimie organique et pharmaceutique.

[2] La *Compagnie Française des Pétroles* (la C.F.P.), compagnie pétrolière très importante en France.

[3] *La Régie Renault*, première entreprise de France. Cette grande entreprise automobile a été nationalisée en 1946 (Cp. chapitre 5).

[4] *Citroën*, le deuxième grand de l'industrie automobile française (Cp. chapitre 5).

[5] Les aciéries de *Lorraine-Escaut* et d'*Usinor* ont été fusionnées en 1966. Ce groupe représente une quinzaine d'usines et un chiffre d'affaires d'environ 3 milliards et demi de francs (Cp. chapitre 4).

[6] *Péchiney*, deuxième grand de la chimie française et société de textiles synthétiques (Cp. chapitre 9).

[7] *Perrette et son pot au lait*. Perrette est le nom donné par La Fontaine à l'héroïne de sa fable «La Laitière et le Pot au Lait». Le nom de Perrette est resté la personnification plaisante des rêveurs.

Songez enfin que si un jour la France se décide à déclarer la seule guerre qui vaille, la guerre qui nous laverait de la honte de toutes les autres, la guerre à la faim dans le monde, une guerre inexpiable avec tous les moyens de la guerre, ils ne seraient que deux millions pour fournir les munitions. Mais soyez assurés qu'ils les fourniraient, eux qui dès aujourd'hui peuvent nourrir jusqu'à l'indigestion cinquante millions de Français encore qu'ils voient baisser leurs prix à mesure qu'ils accroissent leur rendement et perfectionnent leur qualité. Car dans la société moderne, ils sont les seuls, jusqu'ici, à être pénalisés de leur talent. Il est vrai que le Français, à cause de son atavisme paysan justement, discutera toujours une douzaine d'œufs et une botte de poireaux, alors qu'il paie sans barguigner n'importe quel produit industriel.

Ces chiffres, ces horizons, cette volonté de puissance peuvent surprendre tous ceux qui ne franchissent jamais le fossé qui sépare l'autoroute de l'agriculture. Car la révolution agricole française a à peine vingt ans. Mais ces vingt ans ont bouleversé plus profondément la France que les deux cents ans de la révolution industrielle. Ils justifient la définition savoureuse du ministre Edgar Faure: «Les paysans sont désormais non seulement nos compatriotes, mais aussi nos contemporains».

Aujourd'hui la marque française la plus demandée dans toutes les foires-expositions du monde n'est ni une locomotive, ni une auto, ni un avion, mais un bovin, le roi des reproducteurs: le charolais.[1]

Questions

Répondez aux questions suivantes—

1. Quelle est la vérité géographique qui saute aux yeux en survolant la France?
   La vérité géographique, c'est que la moitié de la France est un jardin.

2. A quels autres pays la France peut-elle se comparer s'il s'agit de céréales, de viande, de laitages, de sucre, de vin, de légumes ou de fruits?
   La France peut se comparer aux deux géants de la planète, les U.S.A. et l'U.R.S.S., s'il s'agit de céréales, de viande, de laitages, de sucre, de vin, de légumes ou de fruits.

3. Pourquoi la France est-elle un colosse agricole?
   La France est un colosse agricole à cause de sa moitié-jardin, de son climat tempéré, et de ses rendements à l'hectare.

4. Où se trouve la vitrine de la France agricole?
   Elle se trouve au marché sous les tentes basses.

5. Comment la vieille image représente-t-elle l'agriculteur français?
   Elle le représente pataud, buté et conservateur.

---

[1] *le charolais*: bullock reared in Charolais, in Burgundy, a district famous for bullock-breeding.

6. Est-ce que les faits démentent cette vieille image?

    Oui, les faits la démentent car en réalité aucun industriel n'est plus capable, plus souple et plus moderne.

7. Sur quoi les fermiers français règnent-ils?

    Ils règnent sur la terre, les ruisseaux et les bois et aussi sur les bêtes.

8. Combien d'agriculteurs y a-t-il en France?

    Il y en a environ deux millions.

9. Combien de chevaux compte-t-on en France?

    On y compte plus d'un million de chevaux.

10. Quelle est l'importance du marché de la viande?

    L'importance du marché de la viande, c'est qu'il représente à lui seul le total des trois premières sociétés françaises.

11. Combien de Français les agriculteurs peuvent-ils nourrir jusqu'à l'indigestion?

    Ils peuvent nourrir 50 millions de Français jusqu'à l'indigestion.

12. Est-ce que le Français discutera toujours le prix d'une douzaine d'œufs ou d'une botte de poireaux?

    Oui, il le discutera toujours. Il ne le paiera pas sans barguigner.

13. Est-ce que le Français paiera un produit industriel sans barguigner?

    Oui, il le paiera tout de suite sans barguigner.

14. Quelle est la marque française la plus demandée dans toutes les foires-expositions du monde?

    C'est un bovin, le roi des reproducteurs, le charolais.

15. Pourquoi la plupart des Français ne se rendent-ils pas compte de la révolution agricole française qui bouleverse la France?

    La plupart des Français ne s'en rendent pas compte parce qu'ils ne franchissent jamais le fossé qui sépare l'autoroute de l'agriculture.

Structure Drills

I. ce + être *or* **il, elle, ils, elles + être** *with Nouns and Adjectives*

Modèle—

   Vous entendez: Est-ce que sa ferme est grande?

   Vous dites: Oui, elle est grande, c'est une grande ferme.

Commencez—

1. Est-ce que sa ferme est grande?

    Oui, elle est grande, c'est une grande ferme.

2. Est-ce que cette vache est belle?

    Oui, elle est belle, c'est une belle vache.

3. Est-ce que cet étalon est beau?

    Oui, il est beau, c'est un bel étalon.

4. Est-ce que ces chevaux sont beaux?
   Oui, ils sont beaux, ce sont de beaux chevaux.

5. Est-ce que ces fermiers sont vieux?
   Oui, ils sont vieux, ce sont de vieux fermiers.

6. Est-ce que cette région est agricole?
   Oui, elle est agricole, c'est une région agricole.

7. Est-ce que ces engrais sont chimiques?
   Oui, ils sont chimiques, ce sont des engrais chimiques.

8. Est-ce que ces vins sont français?
   Oui, ils sont français, ce sont des vins français.

9. Est-ce que le climat est tempéré?
   Oui, il est tempéré, c'est un climat tempéré.

10. Est-ce que la qualité est perfectionnée?
    Oui, elle est perfectionnée, c'est une qualité perfectionnée.

II. ce > il
Modèle—
   Vous entendez: Le vin français est une œuvre d'art. C'est évident.
   Vous dites: Il est évident que le vin français est une œuvre d'art.
Commencez—
   1. Le vin français est une œuvre d'art. C'est évident.
      Il est évident que le vin français est une œuvre d'art.

   2. Déguster des échantillons de vin? C'est possible.
      Il est possible de déguster des échantillons de vin.

   3. S'intéresser aux vins français? C'est agréable.
      Il est agréable de s'intéresser aux vins français.

   4. Transformer la vie des paysans? Ce n'est pas facile.
      Il n'est pas facile de transformer la vie des paysans.

   5. L'élevage est notre activité la plus importante. C'est vrai.
      Il est vrai que l'élevage est notre activité la plus importante.

   6. Cette truie-là a gagné le premier prix. C'est impossible.
      Il est impossible que cette truie-là ait gagné le premier prix.

   7. Le Français discutera toujours une botte de poireaux. C'est nécessaire.
      Il est nécessaire que le Français discute toujours une botte de poireaux.

   8. Il paie sans barguigner n'importe quel produit industriel. C'est possible.
      Il est possible qu'il paie sans barguigner n'importe quel produit industriel.

   9. La France a le plus tempéré des climats. C'est probable.
      Il est probable que la France a le plus tempéré des climats.

   10. La France est un colosse agricole. C'est vrai.
       Il est vrai que la France est un colosse agricole.

153

III. *Expressions of Quantity followed by* **de**
Modèle—
    Vous entendez: Combien d'œufs avez-vous achetés? (Une douzaine)
    Vous dites: J'ai acheté une douzaine d'œufs.
              J'en ai acheté une douzaine.
Commencez—
1. Combien d'œufs avez-vous achetés? (Une douzaine)
   J'ai acheté une douzaine d'œufs.
   J'en ai acheté une douzaine.

2. Combien de poireaux a-t-il achetés? (Une botte)
   Il a acheté une botte de poireaux.
   Il en a acheté une botte.

3. Combien d'échantillons de vin vont-ils déguster? (2 300)
   Ils vont déguster 2 300 échantillons de vin.
   Ils vont en déguster 2 300.

4. Combien de têtes vivantes de volaille et de gibier y a-t-il au Salon? (4 000)
   Il y a 4 000 têtes vivantes de volaille et de gibier au Salon.
   Il y en a 4 000 au Salon.

5. Combien de kilos de nourriture mange-t-elle par jour? (3)
   Elle mange trois kilos de nourriture par jour.
   Elle en mange trois par jour.

6. Combien de kilos de laine porte-t-il? (6)
   Il porte six kilos de laine.
   Il en porte six.

7. Combien de vaches et de bœufs y a-t-il en France? (20 millions)
   Il y a vingt millions de vaches et de bœufs en France.
   Il y en a vingt millions en France.

8. Combien de litres de lait produit-elle par an? (9 000 litres)
   Elle produit 9 000 litres de lait par an.
   Elle en produit 9 000 par an.

9. Combien de visiteurs y a-t-il au Salon? (beaucoup)
   Il y a beaucoup de visiteurs au Salon.
   Il y en a beaucoup au Salon.

10. Combien de fermiers y a-t-il au Salon des Vins? (trop)
    Il y a trop de fermiers au Salon des Vins.
    Il y en a trop au Salon des Vins.

IV. *Completion Exercise*
    Complete the following sentences with reference to the text—
1. Il est vrai que le Français discutera toujours une douzaine d'œufs et. . . .
   (*une botte de poireaux*)

2. Il paie sans barguigner n'importe quel. . . .
   (*produit industriel*)

3. Le cheptel français est. . . .
   (*une richesse nationale*)

4. Les animaux présentés au Salon sont de vrais champions de. . . .
   (*l'élevage français*)

5. Les produits de l'élevage dépassent en valeur. . . .
   (*toutes les autres productions*)

6. La condition matérielle des paysans reste très inférieure à celle. . . .
   (*des autres catégories sociales*)

7. Avant 1939 la France, pays agricole, ne produisait que. . . .
   (*la moitié de sa consommation*)

8. Ce sont surtout les vieux paysans qui constituent. . . .
   (*un frein à la modernisation*)

9. Les progrès techniques, les machines agricoles, l'utilisation des engrais chimiques, et la recherche agronomique sont en train de. . . .
   (*transformer la vie des paysans*)

10. La France est par excellence le pays des vins; c'est elle qui produit non seulement la quantité la plus grande mais aussi. . . .
    (*les qualités les plus variées*)

V. *Translation Drill*

   A spontaneous oral translation into French is to be given immediately after you have heard the English phrase—

Agriculture still plays an important part in French economy.	*L'agriculture joue encore un rôle important dans l'économie française.*
Before the last world war,	*Avant la dernière guerre mondiale*
France, an agricultural country,	*la France, pays agricole,*
was only producing half	*ne produisait que la moitié*
of its annual consumption.	*de sa consommation annuelle.*
Today it exports 20 per cent	*Aujourd'hui elle exporte vingt pour cent*
of its agricultural products,	*de ses produits agricoles,*
and is even threatened by over-production.	*et est même menacée par la surproduction.*
It must seek new openings for selling its produce.	*Elle doit chercher de nouveaux débouchés pour vendre ses produits.*
The importance of the Agricultural Show,	*L'importance du Salon de l'Agriculture,*
which takes place in March in Paris,	*qui a lieu en mars à Paris,*
is that it brings together	*c'est qu'il met en contact*
the producers and the professional buyers.	*les producteurs et les acheteurs professionnels.*

In this way,	*De cette façon,*
everyone can see and admire	*tout le monde peut voir et admirer*
the French national wealth,	*la richesse nationale française,*
for its cattle and its dairy produce	*car son cheptel et ses produits laitiers*
surpass in value	*dépassent en valeur*
all other industrial products.	*toutes les autres productions industrielles.*
The meat market alone	*Le marché de la viande à lui seul*
represents the total	*représente le total*
of the top three French companies.	*des trois premières sociétés françaises.*
One can therefore realize	*On peut donc se rendre compte*
that this is no small matter.	*que ce n'est pas une mince affaire.*
Agriculture is indeed	*L'agriculture est en effet*
the largest French business.	*la plus grosse affaire française.*

Selected Vocabulary List: Unit 13

l'abricot (*m*), *apricot*

l'accroissement (*m*), *increase*

l'acheteur (*m*), *buyer*

adapter, *to adapt*

l'agriculteur (*m*), *agriculturist*

l'agriculture (*f*), *agriculture, husbandry*

agronomique, *agronomic(al)*

l'animal (animaux), *animal*

arracher, *to tear up, pull up*

l'artichaut (*m*), *artichoke*

barguigner, *to beat about the bush*

le bélier, *ram*

la bête, *beast, animal*

la betterave, *beetroot*

    la betterave à sucre, *sugar-beet*

le blé, *corn*

le bœuf, *ox, bullock, beef*

la botte, *bunch*

la boucherie, *butchery, butcher's trade*

bouleverser, *to upset*

le brebis, *ewe*

buté, *fixed, set, stubborn (nature)*

le cep de vigne, *vine-stock*

la céréale, *cereal*

le champagne, *champagne*

    la fine champagne, *liqueur brandy*

le charolais, *bullock reared in Charolais*

la charrue, *plough*

le chemin vicinal, *by-road, local road*

le cheptel, *livestock*

le cheval, *horse*

la chèvre, *goat*

le chou-fleur, *cauliflower*

le climat, *climate*

le colosse, *giant, colossus*

le colza, *colza*

conservateur, *conservative*

le coupage, *mixing, diluting*

le croisement, *cross-breeding*

le cru, *variety of wine, wine*

la cueillette, *picking, gathering (of fruit, flowers, etc.)*

cueillir, *to pick*

la cuve, *vat*

le débouché, *outlet, market*

défoncer, *to smash up, batter*

déguster, *to taste*

dépasser, *to exceed*

dépeupler, *to depopulate*

déshydraté, *dehydrated*

désormais, *henceforth, in future*

dessiner, *to draw, design*

le destin, *destiny*

distinguer, *to distinguish*

le domaine, *realm, sphere, field*
la douzaine, *dozen*
un échantillon, *sample*
éclaircir, *to clarify* (liquid)
l'élevage (*m*), *rearing, breeding*
élever, *to breed, raise* (stock)
l'éleveur (*m*), *stock-breeder*
l'engrais (*m*), *manure*
   l'engrais chimique, *fertilizer*
envier, *to envy*
l'espèce (*f*), *species, type*
étaler, *to display*
l'étalon (*m*), *stallion*
l'étendue (*f*), *extent, size, area*
la faim, *hunger*
le fait, *fact, deed*
la fécondité, *fertility*
la ferme, *farm*
fermenter, *to ferment*
le fermier, *farmer*
le foin, *hay*
fouler, *to crush, tread* (grapes)
fournir, *to supply*
franchir, *to jump over* (ditch), *cross*
le fromage, *cheese*
gagner, *to win*
   gagner le premier prix, *to win the
     first prize*
la gamme, *range, series*
la génétique, *genetics*
le gibier, *game*
le goût, *taste*
greffer, *to graft*
un hectare, *hectare* (2·47 acres)
une hotte, *basket* (carried on the back)
s'intéresser à, *to be interested in*
le jus, *juice*
le kilogramme, *kilogramme* (2·2 lbs)
le kilomètre, *kilometre* (0·624 mile)
le labour, *tilling, tillage, ploughing*
les labours, *ploughed land*
la laine, *wool*
le lait, *milk*
le laitage, *dairy produce*

la laiterie, *dairy*
le légume, *vegetable*
le litre, *litre* (approx. 1¾ pt)
la machine agricole, *agricultural
   machinery*
le marché, *market*
la marque, *brand, trade-mark*
le mélange, *blend, mixture*
menacer, *to threaten*
mentionner, *to mention*
la modernisation, *modernization*
la moitié, *half*
le mouton, *sheep*
mûr, *ripe, mellow* (wine)
la nourriture, *food*
obscurcir, *to obscure, darken*
une œuvre d'art, *a work of art*
l'orge (*f*), *barley*
le panier, *basket*
pataud, *clumsy, loutish, lumpish
   (person)*
le paysage, *countryside, scenery*
le paysan, *peasant, rustic*
la pêche, *peach*
perfectionner, *to perfect*
peser, *to weigh*
le peuplier, *poplar*
la plante, *plant*
planter, *to plant*
le poireau, *leek*
la pomme, *apple*
le porc, *pig*
le porcelet, *piglet*
la poule, *hen*
le poulet, *chicken, chick*
le prix, *price, prize*
le producteur, *producer*
la productivité, *productivity*
le produit, *product*
   les produits agricoles, *agricultural
     produce*
   les produits de la terre, *root crops*
   les produits laitiers, *dairy produce*
la puissance, *power*

la qualité, *quality*
la quantité, *quantity*
le raisin, *grape*
la rangée, *row*
la recherche, *research*
la récolte, *harvest, crop(s)*
le rendement, *output*
replanter, *to replant*
la richesse, *wealth*
le riz, *rice*
le ruisseau, *stream*
la salade, *salad*
le Salon, *Show*
   le Salon de l'Agriculture, *Agricultural Show*
sélectionner, *to select*
le sorgho, *Indian millet*
la souche, *root*
le spécialiste, *specialist*
le sucre, *sugar*
la surabondance, *super-abundance*

surprendre, *to surprise*
la surproduction, *over-production*
survoler, *to fly over*
tempéré, *temperate, mild (climate)*
la tomate, *tomato*
le tourne-sol, *sunflower*
le troupeau, *herd, flock*
la truie, *sow*
utiliser, *to use*
la vache, *cow*
la vendange, *vine-harvest, grape-gathering*
le vieillissement, *ageing*
la vigne, *vine*
le vin, *wine*
le viticulteur, *vine-grower*
la vitrine, *shop-window, show-case*
le vœu, *vow, wish*
le vol, *flight*
la volaille, *poultry, fowls*
la volonté, *will*

14

Le Syndicalisme

LES JOURNALISTES ont enquêté partout à travers la France sur les conflits sociaux de la classe ouvrière. A Saint-Nazaire—où l'on approchait le deuxième mois de conflit—ils sont venus parler aux grévistes. Sur le terre-plein devant les chantiers navals tous les grévistes sont rassemblés. Ils sont tous membres des syndicats ouvriers. Maintenant écoutez la discussion qui suit—

JOURNALISTE. Pourquoi êtes-vous en grève?

GRÉVISTE. Je suis membre d'un syndicat ouvrier et on m'a défendu de travailler.

J. Et pourquoi la défense de l'emploi?

G. C'est la guerre au chômage.

J. Quel est l'objectif des revendications?

G. Nous voulons une hausse de nos salaires, mais de plus en plus aussi, une garantie absolue de l'emploi.

J. Le patronat s'est toujours refusé à la négociation, n'est-ce pas?

G. (haussant les épaules) Nos patrons doivent tirer la conclusion, sinon il y aura des grèves partout.

J. Mais si vous obtenez des augmentations de salaire?

G. Les augmentations, on ne les refusera pas. Mais ce que nous voulons, c'est une garantie contre le chômage.

J. Combien d'ouvriers sont en grève ici en ce moment?

G. Dix mille sont déjà en grève et les piquets de grève empêchent tous les ouvriers de travailler.

J. Ces grèves sont sérieuses du point de vue de l'économie de notre pays, n'est-ce pas?

G. Je n'en doute pas, mais nous voulons nos droits. Nous ne demandons que nos droits.

J. Regardez! Ces grévistes-là qui défilent, portant deux banderoles.

G. Oui, sur l'une on a écrit «Chômage égale misère» et sur l'autre «Garantie de l'emploi».

J. Êtes-vous heureux d'être gréviste?

G. Non, parce que la grève a assez duré. Je n'ai pas d'argent. Mes enfants ont faim. Moi, j'espère que nos délégués C.G.T. et C.F.D.T. vont bientôt annoncer la décision de reprise de travail.

J. Et votre femme, qu'en pense-t-elle?

G. Elle n'aime pas les grèves, mais elle a peur du chômage, comme moi.

J. Où est-elle maintenant?

G. Elle défile avec toutes les autres femmes des grévistes. Les voici! Elles portent des pancartes «Pour une vie meilleure».

J. La modernisation industrielle aboutit systématiquement pour ceux qui la subissent à une perte d'argent, à un recul dans l'échelle sociale.

G. Et vous voudriez que nous nous y résignons!

J. On aurait dû le prévoir. Depuis des années nous répétons: «Créez des industries en Lorraine, dans l'Ouest, dans le Nord», on ne l'a pas fait.

G. Les patrons s'y sont même souvent opposés, de peur que l'arrivée d'une entreprise nouvelle ne suscite des hausses de salaires.

J. C'est vrai. A Trieux, en Meurthe-et-Moselle on avait promis en 1963 d'édifier une usine: on en a fait un terrain de football.

G. Le seul moyen d'en sortir est d'ouvrir entre syndicats, patrons et gouvernement des discussions franches, complètes.

J. Je suis d'accord. Le problème de l'emploi et des salaires ne peut pas se résoudre sans l'adhésion profonde des intéressés.

G. Malgré tout, l'obsession du chômage grandit. Dans les réunions la sécurité de l'emploi l'emporte nettement à l'applaudimètre sur les autres revendications.

J. Oui, je sais. J'ai enquêté partout, et j'ai trouvé que surtout en province ils sont chômeurs avant même d'avoir travaillé.

G. Oui, les jeunes posent un problème grave. Mettez-vous à la place d'un garçon de vingt ans dont l'horizon se limite à la façade triste du bureau de chômage. Il est révolté, désespéré.

J. Sur cent personnes actuellement sans emploi, onze n'ont pas 18 ans. La plupart n'ont jamais travaillé.

G. Y a-t-il beaucoup de jeunes chômeurs ailleurs en France?

J. Oui, la cote d'alerte est atteinte dans beaucoup de départements: 34% de jeunes chômeurs dans le Nord, 40% dans la Haute Marne et 46% dans le Haut Rhin.

G. Et le gouvernement, est-il au courant de l'affaire?

J. Oui, le Ministre de l'Industrie confirme «L'industrialisation de la Loire-Atlantique et de la Lorraine reste priorité». Georges Pompidou a déjà prié le secrétaire d'État à l'Emploi de s'occuper d'urgence du chômage des jeunes.

G. On a beau nous expliquer que la France est plongée dans une révolution technique. Les entreprises en retard doivent se transformer ou fermer leurs portes, sous peine d'entraîner la nation dans une crise effroyable.

J. Il est impossible de freiner les concentrations et les modernisations d'entreprises. Sinon, dans deux ans, notre industrie entrera dans le Marché Commun battue d'avance, et nous aurons ensuite un million de chômeurs que la nation ruinée ne pourra aider.

G. Des Français vont être obligés de changer de métier et de domicile.

J. Une enquête récente a montré que les deux tiers d'entre eux refusent de bouger, même pour gagner plus.

G. On a beau nous expliquer que la France est au monde un des pays qui a le moins de chômeurs. Malgré tout, l'obsession du chômage grandit.

Répondez aux questions suivantes—

1. A quelle ville les journalistes sont-ils venus parler aux grévistes?
   Ils sont venus à Saint-Nazaire parler aux grévistes.

2. Où, les grévistes, sont-ils rassemblés?
   Ils sont rassemblés sur le terre-plein devant les chantiers navals.

3. Les grévistes, sont-ils tous membres des syndicats ouvriers?
   Oui, les grévistes sont tous membres des syndicats ouvriers.

4. Qui a défendu aux grévistes de travailler?
   Les syndicats ouvriers leur ont défendu de travailler.

5. Que demandent les grévistes?
   Les grévistes demandent une hausse de leurs salaires et une garantie absolue de l'emploi.

6. Le patronat s'est-il toujours refusé à la négociation?
   Oui, le patronat s'est toujours refusé à la négociation.

7. Combien d'ouvriers sont déjà en grève?
   Dix mille ouvriers sont déjà en grève.

8. Que font les piquets de grève?
   Ils empêchent tous les ouvriers de travailler.

9. De quoi l'ouvrier et sa femme ont-ils peur?
   Ils ont peur du chômage.

10. Y a-t-il beaucoup de jeunes chômeurs en France?
    Oui, il y en a beaucoup. Sur cent personnes actuellement sans emploi, onze n'ont pas 18 ans.

Basic Text

LES SYNDICATS OUVRIERS

Comme les ouvriers anglais, les ouvriers industriels français sont organisés en syndicats ouvriers. Ces syndicats, comme ceux de la plupart des pays de l'Europe Occidentale, sont organisés sur une base professionnelle, tous les ouvriers du même métier appartenant au syndicat de ce métier.

La Confédération Générale du Travail (la C.G.T.), fondée en 1895, est un groupement national, à peu près analogue au T.U.C. en Angleterre, auquel tous les syndicats peuvent adhérer. La C.G.T. n'avait pas de rivale jusqu'en 1919, date de la fondation de la Confédération Française des Travailleurs Chrétiens (la C.F.T.C.). Quoique beaucoup inférieure par le nombre de ses adhérents, la C.F.T.C. attirait les ouvriers catholiques en raison de l'attitude anticléricale de la C.G.T., et de 1919 à 1939 elle était la seule organisation qui rivalisât avec la C.G.T.

La C.G.T. a toujours été une organisation très active qui a beaucoup influencé la vie de l'ouvrier français. Elle a obtenu des améliorations dans les conditions et dans la durée du travail de l'ouvrier et a servi d'instrument pour l'octroi de salaires plus élevés.

Dans les premières années du mouvement syndical, la C.G.T. était une force bienfaisante et elle accomplissait alors dans la vie industrielle des réformes dont l'ouvrier avait vraiment besoin. A cette époque elle n'était pas encore un organisme politique. Mais de 1919 à 1939 et surtout après 1945 la C.G.T. est devenue de plus en plus l'instrument du parti communiste français. C'est pourquoi des groupes de syndicats ont abandonné leur adhésion à la C.G.T. en 1947 et se sont organisés pour former la C.G.T.-Force Ouvrière. Ce sont des syndicats qui ne sont ni communistes ni catholiques; il y a donc maintenant trois organisations syndicales importantes en France, la C.G.T., la C.F.T.C. et la C.G.T.-Force Ouvrière.

L'activité syndicale a beaucoup amélioré la vie de l'ouvrier dans l'industrie. L'hygiène dans les usines, l'examen médical du personnel, sa protection contre les accidents du travail, et les congés payés, rendus obligatoires pour tout le monde en 1936, ont été des réformes nécessaires. Malheureusement l'activité syndicale a introduit des mesures qui, étant donné l'état économique et financier de la nation, ont eu des conséquences défavorables pour la France. C'est le cas de la semaine de 40 heures introduite en 1936: tout ouvrier qui travaille plus de 40 heures par semaine a le droit d'être payé au taux de 125 pour cent du tarif normal[1] pour ses heures supplémentaires, et quand le manque de main d'œuvre exige une semaine de 48 heures, ce système augmente le coût des produits pour les marchés intérieur et extérieur. Si l'ouvrier doit travailler plus de 48 heures son salaire monte à 150%[2] du taux normal. Il est interdit par la loi de demander plus de soixante heures par semaine.

Le gouvernement et les groupements patronaux ont, depuis la guerre de 1939–1945, accepté le principe d'un salaire minimum interprofessionel garanti (S.M.I.G.), qui varie suivant les fluctuations de l'indice du coût de la vie. D'autre part, tout travailleur a droit à trois semaines de congés payés par an au moins, et la France devance en cela la plupart des pays du monde. La loi a institué un jour obligatoire de repos par semaine (en principe le dimanche; le lundi dans le commerce de détail). Le principe de la «semaine anglaise» (repos le samedi et le dimanche) s'est assez largement répandu. Les administrations ferment seulement à partir du samedi à midi.

Depuis 1945, les travailleurs sont de plus en plus souvent représentés dans la gestion de l'entreprise. L'amélioration générale du niveau de vie des travailleurs a, depuis la dernière guerre, considérablement affaibli le mouvement syndicaliste, tant dans ses effectifs que dans son efficacité. Grâce à l'action syndicale, la durée et les conditions du travail ainsi que la protection des travailleurs, ont été peu à

[1] Time and a quarter.
[2] Time and a half.

peu réglementées par des mesures légales. D'ailleurs l'État tend de plus en plus à contrôler et à prendre en main l'organisation du travail.

Il existe à l'heure actuelle trois grandes centrales syndicales qui recrutent leurs adhérents non seulement parmi les ouvriers, mais aussi parmi les employés, les fonctionnaires et les cadres:

La C.G.T. (la Confédération Générale du Travail), d'inspiration communiste, groupe environ 1 700 000 adhérents répartis entre plus de 16 000 syndicats.

La C.G.T.-F.O. (Force Ouvrière) d'inspiration socialiste, constituée en 1948 par dissidence, n'est pas parvenue à regrouper tous les syndicats non communistes. Elle compte actuellement 400 000 adhérents.

La C.F.D.T. (la Confédération Française Démocratique du Travail), jusqu'en 1964 la Confédération Française des Travailleurs Chrétiens, fondée en 1919 et reconstituée en 1944, a vu son influence s'accroître sensiblement depuis lors dans les milieux ouvriers et groupe environ 750 000 adhérents.

Il faut citer en outre la C.N.T. (la Confédération Nationale du Travail) qui s'affirme apolitique (100 000 adhérents), et la C.G.C. (la Confédération Générale des Cadres), qui groupe les ingénieurs et cadres des entreprises (100 000 adhérents).

Questions

Répondez aux questions suivantes—

1. En quoi les ouvriers industriels français sont-ils organisés?
   Ils sont organisés en syndicats ouvriers.

2. Quelle organisation syndicale française est à peu près analogue au T.U.C. en Angleterre?
   La Confédération Générale du Travail est à peu près analogue au T.U.C. en Angleterre.

3. De quel parti politique la C.G.T. est-elle devenue de plus en plus l'instrument?
   La C.G.T. est devenue de plus en plus l'instrument du parti communiste français.

4. De quelle foi religieuse les ouvriers adhérés à la C.F.T.C. sont-ils?
   Les ouvriers adhérés à la C.F.T.C. sont catholiques.

5. Est-ce que les syndicats qui ont adhéré à la C.G.T.-Force Ouvrière sont d'inspiration communiste ou catholique?
   Non, les syndicats qui ont adhéré à la C.G.T.-Force Ouvrière ne sont ni communistes ni catholiques.

6. Quelles réformes nécessaires l'activité syndicale a-t-elle introduites?
   L'activité syndicale a introduit l'hygiène dans les usines, l'examen médical du personnel, sa protection contre les accidents de travail, et les congés payés.

7. Si un ouvrier travaille plus de 40 heures par semaine, a-t-il le droit d'être payé au taux de 125% du tarif normal pour ses heures supplémentaires?
   Oui, s'il travaille plus de 40 heures mais moins de 48 heures par semaine il a le droit d'être payé au taux de 125% du tarif normal pour ses heures supplémentaires.

8. Si l'ouvrier travaille plus de 48 heures par semaine, à quel taux son salaire monte-t-il?
   S'il travaille plus de 48 heures par semaine, son salaire monte à 150% du taux normal.

9. Peut-on travailler plus de 60 heures par semaine?
   Non, il est interdit par la loi de travailler plus de 60 heures par semaine.

10. Selon quelles fluctuations le salaire minimum interprofessionel garanti (S.M.I.G.) varie-t-il?
    Le salaire minimum interprofessionel garanti varie selon les fluctuations de l'indice du coût de la vie.

11. À combien de semaines de congés payés par an, les ouvriers français ont-ils droit?
    Les ouvriers français ont droit à trois semaines de congés payés par an au moins.

12. Est-ce que le principe de la «semaine anglaise» s'est assez largement répandu?
    Oui, le principe de «la semaine anglaise» s'est assez largement répandu.

13. Quand les administrations ferment-elles?
    Les administrations ferment à partir du samedi à midi.

14. Est-ce que les travailleurs sont souvent représentés dans la gestion de l'entreprise?
    Oui, les travailleurs sont de plus en plus souvent représentés dans la gestion de l'entreprise.

15. Qu'est-ce qui a considérablement affaibli le mouvement syndicaliste depuis la dernière guerre?
    L'amélioration générale du niveau de vie des travailleurs a, depuis la dernière guerre, considérablement affaibli le mouvement syndicaliste.

Structure Drills

I. *Constructions with* **de** + *Infinitive*
Modèle—
   Vous entendez: Le syndicat a défendu aux ouvriers de travailler.
   Vous dites: Il leur a défendu de travailler.
Commencez—
   1. Le syndicat a défendu aux ouvriers de travailler.
      Il leur a défendu de travailler.
   2. Les piquets de grève empêchent tous les ouvriers de travailler.
      Ils les empêchent de travailler.
   3. Les syndicats ouvriers ne promettront pas d'accepter les augmentations.
      Ils ne promettront pas de les accepter.

4. Le ministre a déjà prié le secrétaire de s'occuper du chômage des jeunes.
   Il l'a déjà prié de s'en occuper.

5. Les deux tiers d'entre eux refusent de bouger même pour gagner plus.
   Ils refusent de bouger, même pour gagner plus.

6. Le syndicat a dit à ses membres de ne pas travailler.
   Il leur a dit de ne pas travailler.

7. Les syndicats ont ordonné à leurs membres de se mettre en grève.
   Ils leur ont ordonné de se mettre en grève.

8. Les ouvriers ont peur de désobéir aux piquets de grève.
   Ils ont peur de leur désobéir.

9. Les syndicats ouvriers ont décidé d'accepter les offres du patronat.
   Ils ont décidé de les accepter.

10. Les délégués ont décidé d'annoncer la décision de reprise de travail.
    Ils ont décidé de l'annoncer.

II.. *Reflexive Verbs in Perfect Tense: Interrogative Form* (*using* **pourquoi?**)
Modèle—
   Vous entendez: Les groupes de syndicats se sont organisés.
   Vous dites: Pourquoi se sont-ils organisés?
Commencez—

1. Les groupes de syndicats se sont organisés.
   Pourquoi se sont-ils organisés?

2. L'entreprise s'est transformée.
   Pourquoi s'est-elle transformée?

3. Les patrons s'y sont opposés.
   Pourquoi s'y sont-ils opposés?

4. La femme du gréviste s'y est résignée.
   Pourquoi s'y est-elle résignée?

5. Je me suis mis à sa place.
   Pourquoi vous êtes-vous mis à sa place?

6. Une situation difficile s'est créée.
   Pourquoi s'est-elle créée?

7. L'influence du syndicat s'est accrue.
   Pourquoi s'est-elle accrue?

8. Le principe de la «semaine anglaise» s'est répandu.
   Pourquoi s'est-il répandu?

9. La semaine de 40 heures s'est introduite.
   Pourquoi s'est-elle introduite?

10. L'horizon s'est limité.
    Pourquoi s'est-il limité?

III. *Subjunctive after expressions of wishing and feeling, possibility and doubt and after* **il faut que** *and* **il est nécessaire que.**

Modèle—
Vous entendez: L'ouvrier fait grève (je regrette que).
Vous dites: Je regrette que l'ouvrier fasse grève.

Commencez—

1. L'ouvrier fait grève (je regrette que).
   Je regrette que l'ouvrier fasse grève.

2. Le gouvernement est au courant de l'affaire (je ne crois pas).
   Je ne crois pas que le gouvernement soit au courant de l'affaire.

3. Le problème des salaires peut se résoudre (je doute que).
   Je doute que le problème des salaires puisse se résoudre.

4. L'obsession du chômage grandit (c'est dommage que).
   C'est dommage que l'obsession du chômage grandisse.

5. L'ouvrier a peur du chômage (je m'étonne que).
   Je m'étonne que l'ouvrier ait peur du chômage.

6. Les journalistes vont parler aux grévistes (il est possible que).
   Il est possible que les journalistes aillent parler aux grévistes.

7. L'ouvrier veut une garantie de l'emploi (il est nécessaire que).
   Il est nécessaire que l'ouvrier veuille une garantie de l'emploi.

8. Les travailleurs sont représentés dans la gestion de l'entreprise (il est impossible que).
   Il est impossible que les travailleurs soient représentés dans la gestion de l'entreprise.

9. La grève demeure un instrument essentiel de l'action collective ouvrière (je ne pense pas que).
   Je ne pense pas que la grève demeure un instrument essentiel de l'action collective ouvrière.

10. Chaque ouvrier appartient à un syndicat (il faut que).
    Il faut que chaque ouvrier appartienne à un syndicat.

IV. *Completion Exercise*
Complete the following with reference to the text—

1. Ces grèves sont sérieuses du point de vue. . . .
   (*de l'économie de notre pays*)

2. Comme les ouvriers anglais, les ouvriers industriels français sont organisés en. . . .
   (*syndicats ouvriers*)

3. La C.G.T. est un groupement national à peu près analogue. . . .
   (*au T.U.C. en Angleterre*)

4. L'activité syndicale a beaucoup amélioré. . . .
   (*la vie de l'ouvrier dans l'industrie*)

5. Tout ouvrier qui travaille plus de 40 heures a le droit d'être payé au taux de. . . .

   (*125 pour cent du tarif normal pour ses heures supplémentaires*)

6. Le gouvernement et les groupements patronaux ont accepté le principe d'un salaire minimum interprofessionnel garanti (S.M.I.G.) qui varie. . . .

   (*suivant les fluctuations de l'indice du coût de la vie*)

7. Tout travailleur a droit à trois semaines. . . .

   (*de congés payés par an au moins*)

8. Le principe de la «semaine anglaise» (repos le samedi et le dimanche). . . .

   (*s'est assez largement répandu*)

9. Depuis 1945 les travailleurs sont de plus en plus souvent représentés. . . .

   (*dans la gestion de l'entreprise*)

10. L'amélioration générale du niveau de vie des travailleurs a, depuis la dernière guerre. . . .

    (*considérablement affaibli le mouvement syndicaliste*)

V. Translation Drill

A spontaneous oral translation into French is to be given immediately after you have heard the English phrase—

The workers from the factory	*Les ouvriers de l'usine*
who were all members of the trade-union	*qui étaient tous membres du syndicat*
were on strike.	*etaient en grève.*
They wanted a guarantee of employment,	*Ils voulaient une garantie de l'emploi,*
for they were all afraid of unemployment.	*car ils avaient tous peur du chômage.*
The trade-union movement	*Le mouvement syndicaliste*
has very much improved	*a beaucoup amélioré*
the life of the worker in industry.	*la vie de l'ouvrier dans l'industrie.*
The union has introduced	*Le syndicat a introduit*
necessary reforms	*de réformes nécessaires*
such as hygiene in the factories,	*elles que l'hygiène dans les usines,*
medical examination of the staff,	*l'examen médical du personnel,*
protection against accidents,	*la protection contre les accidents,*
and the forty hour week.	*et la semaine de 40 heures par semaine.*
Every worker has a right to	*Tout travailleur a droit à*
three weeks paid holiday per year,	*trois semaines de congés payés par an,*
at least.	*au moins.*
Since the last war	*Depuis la dernière guerre*
the general improvement	*l'amélioration générale*
of the standard of living	*du niveau de vie*

of the workers   *des travailleurs*
has considerably weakened   *a considérablement affaibli*
the trade-union movement.   *le mouvement syndicaliste.*

Selected Vocabulary List: Unit 14

aboutir à, *to end in, lead to*

s'accroître, *to increase, grow*

un adhérent, *member (of union), supporter (of party)*

adhérer, *to join (union)*

affaiblir, *to weaken*

agir, *to act*

une amélioration, *improvement*

analogue à, *similar to*

appartenir à, *to belong to*

l'applaudimètre (*m*), *clapometer*

l'arbitrage (*m*), *arbitration*

un arrêt de travail, *stoppage*

attirer, *to attract*

une augmentation, *rise*

l'avertissement (*m*), *warning*

avoir droit à quelque chose, *to have a right to something*

la banderole, *streamer*

bienfaisant, *beneficial*

bouger, *to move*

le bureau de chômage, *employment exchange*

le cadre, *business executive*

la centrale syndicale, *trade-union head-office*

cesser, *to cease, stop*

la C.G.T. (Confédération Générale du Travail), *General Confederation of Labour*

changer de domicile, *to move house*

changer de métier, *to change employment*

le chômage, *unemployment*

le chômeur, *unemployed workman*
    les chômeurs, *the unemployed*

citer, *to quote*

la classe ouvrière, *the working class*

compromettre, *to compromise*

le conflit, *conflict*

les congés payés, *paid leave (holidays with pay)*

contrôler, *to control*

le coût, *cost*
    le coût de vie, *cost of living*

la crise, *crisis*

défavorable, *unfavourable*

défendre, *to forbid, prohibit*

la défense, *prohibition*

défiler, *to walk in procession*

un délégué syndical, *shop-steward*

devancer, *to outdistance, outstrip*

le droit, *right*

la durée, *length*

économique, *economic*

édifier, *to erect, set up*

l'efficacité (*f*), *efficiency, effectiveness*

empêcher, *to prevent*

l'emploi (*m*), *employment, occupation*

employer, *to employ*

l'employeur (*m*), *employer*

une enquête, *inquiry*

enquêter, *to inquire, to hold an inquiry*

l'état (*m*), *state*

éviter, *to avoid*

l'examen médical, *medical examination*

exiger, *to demand, require*

faire grève, *to strike, to be on strike*

le fonctionnaire, *civil servant*

le fonctionnement, *functioning, working*

la fondation, *foundation*

fonder, *to found*

freiner, *to put on the brake*

la garantie, *guarantee*

la gestion, *management, administration*

le gouvernement, *government*
grandir, *to increase*
la grève, *strike*
le gréviste, *striker*
le groupement patronal, *management group*
la guerre, *war*
une hausse, *rise*
les heures supplémentaires (*fpl*), *overtime*
l'hygiène (*f*), *hygiene*
l'indice (*m*), *index*
l'ingénieur (*m*), *engineer*
inspirer, *to inspire*
interdire, *to forbid, prohibit*
introduire, *to introduce*
le journaliste, *journalist*
la loi, *law*
la main d'œuvre, *labour, manpower*
la manifestation, *demonstration*
le manque, *lack*
le marché extérieur, *overseas market*
le marché intérieur, *home market*
la masse ouvrière, *the working mass, body of people*
menacer, *to threaten*
une mesure, *measure*
le métier, *trade*
se mettre en grève, *to go on strike*
les milieux ouvriers, *the working classes*
la misère, *poverty, destitution*
le mouvement syndicaliste, *trade-union movement*
le moyen, *means*
le niveau, *level*
le niveau de vie, *standard of living*
l'octroi (*m*), *concession, granting*
s'opposer, *to be opposed (to something)*
la pancarte, *placard, bill*
parvenir à, *to succeed, manage to*

le patron, *head, owner (of firm), employer*
le patronat, *body of employers*
le personnel, *staff*
la perte, *loss*
le piquet de grève, *strike picket*
le pouvoir, *power*
le préavis, *previous notice*
la pression, *pressure*
prévoir, *to foresee*
le principe, *principle*
le problème, *problem*
se produire, *to occur, come into being*
professionnel, *professional*
promettre, *to promise*
rassembler, *to assemble, get together*
recruter, *to recruit*
le recul, *set-back*
la réforme, *reform*
réglementer, *to regulate, make rules*
résoudre un problème, *to solve a problem*
la revendication, *claim, demand*
le salaire, *salary*
le secteur, *sector*
la sécurité, *safety*
subir, *to undergo*
supplémentaire, *extra*
le syndicalisme, *trade unionism*
le syndicaliste, *trade-unionist*
le syndicat, *syndicate*
le syndicat ouvrier, *trade union*
le syndicat patronal, *employers' federation*
le taux, *rate*
tendre à, *to tend to*
le terre-plein, *paved square*
se transformer, *to be transformed*
travailler, *to work*
le travailleur, *worker*
triompher, *to triumph*
une usine, *factory*

15

La Publicité

Dans une agence de publicité à Paris un agent de publicité discute avec son ami, directeur d'une maison de commerce, les divers moyens publicitaires que l'on peut employer pour augmenter les ventes des marchandises. Maintenant écoutez la conversation qui suit—

Directeur d'une maison de commerce. Quelle est, à votre avis, la façon la plus efficace de faire de la réclame?

Agent de publicité. Impossible de vous répondre. Toutes sont capables d'un bon rendement si elles sont faites intelligemment et judicieusement.

D. Ainsi, annoncer une nouvelle automobile dans les salles d'attente des gares est du temps et de l'argent en grande partie perdus.

A. Ce qui s'impose, c'est de persuader les gens de l'intégrité indiscutable de la maison qui annonce ses produits ou offre ses services.

D. C'est vrai. Personne ne veut avoir affaire à une firme douteuse ou même de second ordre.

A. Oui, inspirer la confiance dès l'abord est une nécessité absolue.

D. Le genre de public auquel on s'adresse détermine souvent le mode de publicité à adopter.

A. Oui, d'une façon générale, il faut s'efforcer d'atteindre le public féminin.

D. D'accord! C'est lui qui, par ses goûts fantaisistes et changeants, par son incessant besoin d'acheter, répond le mieux à nos sollicitations.

A. Je crois qu'une des missions du beau sexe sur cette terre est de dépenser à pleines mains l'argent amassé par les efforts des hommes.

D. (*riant*) Ce n'est pas moi qui m'en plaindrai! C'est bon pour le commerce et aussi pour la publicité, n'est-ce pas?

(*il se tourne vers son ami, la figure eclairée d'un vaste sourire*) Mais revenons à la réclame.

A. Eh bien, il y a la réclame par radio ou télévision. Rien de plus énervant pour l'auditeur ou pour le téléspectateur que d'entendre exalter les mérites des souliers «Hush Puppies» ou du dentifrice «Signal» ou du nouveau shampooing «Dopsève» qui respecte les cheveux, quand il est installé en pantoufles au coin d'un feu de cheminée.

D. Mais les paroles entendues et entendues souvent, ne sont pas toujours perdues.

A. D'accord! La marque «Hush Puppies» lui viendra à l'idée quand il voudra acheter des souliers, et quand il voudra se brosser les dents il n'oubliera pas d'acheter le dentifrice «Signal».

D. Néanmoins, il faut ici encore savoir observer un certain sens des proportions et ne pas exaspérer les propriétaires de postes récepteurs ou de téléviseurs au point de leur faire couper le courant dans un mouvement de colère ou de dégoût.

A. Puis il y a la réclame du cinéma: des films de court métrage destinés à nous attirer sur le nom d'une marque ou sur ses qualités.

D. Moi, j'aime voir ces films de publicité. Je les trouve très intéressants.

A. Puis il y a la presse: les annonces ou même la publicité rédactionnelle dans un journal ou une revue.

D. Toute la publicité est destinée à nous faire acheter quelque chose. La ménagère qui lit les journaux ou les revues voit les réclames et commence à désirer quelques objets. Même si elle ne peut pas les acheter tout de suite, elle se souviendra des noms de ces produits.

A. Et même si elle résiste à la publicité rédactionnelle des journaux et des revues, quand elle se promènera dans la rue, elle verra partout l'affichage routier.

D. Et puis elle verra l'affichage mural dans le Métro. . . .

A. Et enfin l'affichage ambulant sur les côtés des autobus ou des camions.

D. Et si elle résiste encore, elle recevra les catalogues et les lettres circulaires. . . .

A. Et si elle entre dans le supermarché elle lira sur les paquets d'«Omo» les mots «super-concours» lui offrant quatre tours du monde et des milliers de prix, et elle sera tentée d'en acheter.

D. Et si elle entre dans les grands magasins, elle verra toutes sortes de panonceaux et d'affichettes, et puis elle ne peut pas s'empêcher de regarder les étalages dans les vitrines!

A. Vous avez raison. Aujourd'hui il est presque impossible de résister à la publicité.

Questions

Répondez aux questions suivantes—

1. Quel facteur détermine souvent le mode de publicité à adopter?
   Le genre de public auquel on s'adresse détermine souvent le mode de publicité à adopter.

2. Pourquoi faut-il s'efforcer d'atteindre le public féminin?
   Il faut s'efforcer d'atteindre le public féminin parce que c'est lui qui répond le mieux aux sollicitations de la publicité.

3. Est-ce que le directeur de la maison se plaint du fait que les femmes dépensent l'argent amassé par les efforts des hommes?
   Non, il ne s'en plaint pas, parce qu'il est bon pour le commerce et aussi pour la publicité.

4. Est-ce que les réclames par radio ou télévision sont efficaces?
   Oui, les réclames par radio et télévision sont très efficaces.

5. Qu'est-ce qui viendra à l'idée de l'auditeur ou du téléspectateur quand il voudra renouveler ses souliers?
   Quand il voudra renouveler ses souliers, la marque qu'il a entendue dans la réclame lui viendra à l'idée.

6. Quand il voudra se brosser les dents, qu'est-ce qu'il n'oubliera pas d'acheter?
   Quand il voudra se brosser les dents il n'oubliera pas d'acheter la marque de dentifrice qu'il a entendue dans la réclame.

7. Pourquoi ne faut-il pas exaspérer les propriétaires de postes-récepteurs?
   Il ne faut pas les exaspérer parce qu'on ne veut pas leur faire couper le courant dans un mouvement de colère ou de dégoût.

8. En quoi la réclame du cinéma consiste-t-elle?
   Elle consiste en films de court métrage destinés à nous attirer sur le nom d'une marque ou sur ses qualités.

9. A quoi la publicité est-elle destinée?
   La publicité est destinée à nous faire acheter quelquechose.

10. Croyez-vous qu'il soit possible de résister à la publicité de nos jours?
    Non, je crois qu'il est presque impossible de résister à la publicité de nos jours.

Basic Text

LES FEMMES ET LA VENTE SUR CATALOGUE

Ce n'est pas par hasard que les chiffres réalisés aux États-Unis par la vente sur catalogue sont les plus élevés du monde et représentent 8% des ventes totales du commerce intérieur.

Il y a en effet une corrélation certaine entre le niveau de vie d'un pays, sa richesse, le confort dont jouissent ses habitants et la vente par correspondance. Plus les premiers sont élevés, plus la troisième se pratique.

Or les États-Unis possèdent le plus haut niveau de vie du monde et certainement le confort maximum par tête d'habitant. Une bonne partie de leurs industries est axée vers la simplification et la rationalisation des tâches domestiques. La plupart de celles-ci s'accomplissent désormais à l'aide d'appareils automatiques. Libérées d'un grand nombre de servitudes, les femmes américaines ont évolué rapidement.

Leur façon de vivre s'est modifiée, leur façon de voir la vie aussi. Et c'est une évolution, une philosophie irréversible qui les fait toujours et partout rechercher l'efficacité pour le minimum de peine. Voilà pourquoi le système de l'achat sur catalogue, qui n'oblige plus les femmes à aller vers les produits mais qui fait venir ceux-ci à elles et qui donc leur épargne déplacements et fatigues inutiles, jouit de plus en plus de leurs faveurs.

En Europe, s'il n'est pas encore possible de passer sa commande par téléphone, la vente par correspondance prend cependant une importance de plus en plus grande.

L'Angleterre et l'Allemagne rattrapent les États-Unis. La France voit le chiffre total des ventes par correspondance augmenter régulièrement de 15% par an. Le grand courant est amorcé, demain la rivière sera un fleuve: qu'on le veuille ou non, la vente par correspondance est d'ores et déjà un facteur important dans l'économie des pays européens à niveau de vie élevé car le rapport pouvoir d'achat/vente par correspondance est valable partout.

Et puis à l'instar des Américaines, les femmes européennes et plus particulièrement les Françaises, puisque ce sont elles qui nous occupent dans le cas présent, elles aussi, ont évolué.

Elles gardent évidemment et garderont toujours leur personnalité «nationale» et les traits caractéristiques qui leur sont propres (Dieu soit loué), ceci n'empêche pas qu'elles possèdent sur la vie pratique de tous les jours des idées très différentes de celles qui gouvernaient l'esprit de leurs mères il y a vingt ans. De plus en plus, les femmes travaillent. De moins en moins, elles aiment perdre leur temps. Cela paraît être une lapalissade, mais il est bon de le répéter de temps à autre, car un certain nombre d'industriels français dont pourtant la mission devrait être de simplifier la vie des femmes, semble ne pas l'avoir très bien compris. Mais ceci est une autre histoire. Toujours est-il qu'aucune femme sensée n'aime faire des courses en traînant après elle un ou deux enfants paniqués au milieu de la foule des magasins bondés, après avoir cherché désespérément une place pour sa voiture, garée finalement sur un passage clouté. Je passe sur les récriminations aigres des maris recevant les papillons. Oui, tout cela commence à irriter profondément les Françaises et elles ont bien raison d'être irritées: on le serait à moins.

Directrice d'une agence de voyages à Paris, une jeune femme, par ailleurs mariée et mère de deux jeunes enfants, nous disait récemment: «Entre ma situation et ma famille, mon 'timing' est extrêmement minuté. Je n'ai absolument pas le temps d'en perdre à chercher pendant des heures dans un magasin, ce que souvent d'ailleurs je n'y trouve pas. Faire la queue, discutailler sans fin avec des vendeuses qui essaient de me refiler quelque chose dont je n'ai pas besoin, c'est bon pour les femmes qui n'ont que cela à faire!»

Vous en connaissez, vous, des femmes désœuvrées? Moi, pas, et je dirais même que, souvent, ce ne sont pas les femmes qui n'ont pas de situation qui travaillent le moins. Mais revenons aux propos de notre directrice d'agence car ils sont extrêmement révélateurs du nouvel état d'esprit des femmes sur la façon d'acheter.

Ils dénotent non seulement la volonté de ne plus être l'esclave de facteurs matériels, tels que le temps perdu, la fatigue, mais aussi ils manifestent une nette volonté d'indépendance. Indépendance vis-à-vis du vendeur ou de la vendeuse de la boutique ou du magasin qui, à de rares exceptions près, cherche à influencer le goût de l'acheteuse et cela évidemment d'une manière qui ne peut être désintéressée. Et bien que les femmes se méfient pourtant des conseils enthousiastes: «Mais si Madame, je vous assure que ça vous va très bien», alors que visiblement ça ne va pas du tout, certaines, pas toutes bien sûr, n'osent pas après avoir fait déballer tout le magasin, sortir la tête haute et les mains vides. Elles cèdent donc. Elles achètent sans conviction et regrettent de «s'être laissées avoir».

La même chose se passe lorsqu'une femme fait un achat impulsif: une lubie.

173

Toutes les femmes en ont. Une couleur soudaine qui charme un truc amusant, mais dont elle s'aperçoit rapidement qu'elle ne peut absolument pas se servir. Contrariété, amertume. «Ce que j'ai été bête.»
Or ceci ne se passe pas et ne peut pas se passer quand l'achat se fait sur catalogue.
La femme qui achète sur catalogue dispose en effet de tout son temps pour réfléchir à ce dont elle a besoin, pour elle, son mari et ses enfants. Elle peut comparer entre eux divers articles similaires dont le prix est sans surprise. Elle peut ensuite, lorsqu'il s'agit d'achats importants, en parler à son mari, les planifier dans le temps et dans les limites du budget familial. Elle peut enfin, et c'est là un des avantages remarquables de l'achat par correspondance, renvoyer sa commande quand elle la reçoit, soit que celle-ci ne lui plaise pas, soit tout simplement parce qu'elle a changé d'avis entre temps. Il n'y a aucun risque: le renvoi se fait sans autre forme de procès et bien entendu le remboursement ou l'échange suivent immédiatement.
Vous connaissez, vous, beaucoup de magasins en France qui acceptent de reprendre un article? et même lorsque c'est le cas, il faut de toute façon retourner dans le magasin: encore du temps perdu. Et je passe sur le sourire crispé de la caissière et les affres intérieures de la malheureuse qui a «osé».
Tous ces avantages pratiques, concrets, matériels, suffisent en soi à expliquer le développement croissant de la vente par correspondance.

Questions
Répondez aux questions suivantes—
1. Quels pays possède le plus haut niveau de vie du monde et le confort maximum par tête d'habitant?
   Les États-Unis possèdent le plus haut niveau de vie du monde et le confort maximum par tête d'habitant.
2. Vers quoi est axée une bonne partie de leurs industries?
   Une bonne partie de leurs industries est axée vers la simplification et la rationalisation des tâches domestiques.
3. Comment la plupart des tâches domestiques en Amérique s'accomplissent-elles?
   Elles s'accomplissent à l'aide d'appareils automatiques.
4. Qu'est-ce que les firmes américaines recherchent partout?
   Elles recherchent partout l'efficacité pour le minimum de peine.
5. Pourquoi le système de l'achat sur catalogue est-il si populaire aux États-Unis?
   Il est si populaire parce qu'il n'oblige plus les femmes à aller vers les produits mais il fait venir ceux-ci à elles.
6. Est-ce que la vente par correspondance en Europe prend une importance de plus en plus grande?
   Oui, elle prend une importance de plus en plus grande.

7. Est-ce que la France voit augmenter le chiffre total des ventes par correspondance?

Oui, la France le voit augmenter régulièrement de 15% par an.

8. Qu'est-ce que les industriels français semblent ne pas avoir très bien compris?

Ils semblent ne pas avoir très bien compris que de plus en plus les femmes travaillent, de moins en moins elles aiment perdre leur temps.

9. Est-ce que la femme, qui est directrice d'une agence de voyages à Paris, a le temps de faire la queue et de discutailler sans fin avec des vendeuses?

Non, elle n'a pas le temps de faire la queue et de discutailler sans fin avec des vendeuses.

10. Pourquoi les propos de la directrice d'agence sont-ils extrêmement révélateurs du nouvel état d'esprit des femmes sur la façon d'acheter?

Ils sont extrêmement révélateurs parce qu'ils dénotent non seulement la volonté de ne plus être l'esclave de facteurs matériels mais aussi ils manifestent une nette volonté d'indépendance.

11. Qui cherche à influencer le goût de l'acheteuse?

Le vendeur ou la vendeuse de la boutique ou du magasin cherchent à l'influencer.

12. De quels conseils enthousiastes les femmes se méfient-elles?

Elles se méfient des conseils enthousiastes de la vendeuse qui dit: « Mais si, madame, je vous assure que ça vous va très bien ! »

13. Si les femmes achètent sans conviction, qu'est-ce qu'elles regrettent après?

Si elles achètent sans conviction, elles regrettent de s'être laissées avoir.

14. Quel est un des avantages remarquables de l'achat par correspondance?

Un avantage remarquable de l'achat par correspondance, c'est que la femme peut renvoyer sa commande quand elle la reçoit, si elle veut.

15. Lorsqu'il s'agit d'une vente sur catalogue, est-ce que le remboursement suit immédiatement le renvoi d'un article?

Oui, le remboursement ou l'échange suivent immédiatement le renvoi d'un article.

Structure Drills

I. savoir *contrasted with* **connaître**

Modèle—

Vous entendez: . . .-vous beaucoup de magasins qui acceptent de reprendre un article?

Vous dites: Connaissez-vous beaucoup de magasins qui acceptent de reprendre un article?

Commencez—

1. . . .-vous beaucoup de magasins qui acceptent de reprendre un article?

Connaissez-vous beaucoup de magasins qui acceptent de reprendre un article?

2. . . .-nous si nous allons accepter cet article?
   Savons-nous si nous allons accepter cet article?
3. . . .-vous des femmes désœuvrées?
   Connaissez-vous des femmes désœuvrées?
4. . . .-il la directrice d'une agence de voyages à Paris?
   Connaît-il la directrice d'une agence de voyages à Paris?
5. . . .-elle si les femmes qui n'ont pas de situation travaillent le moins?
   Sait-elle si les femmes qui n'ont pas de situation travaillent le moins?
6. . . .-il quel pays possède le plus haut niveau de vie du monde?
   Sait-il quel pays possède le plus haut niveau de vie du monde?
7. . . .-vous les États-Unis?
   Connaissez-vous les États-Unis?
8. . . .-vous quelle est la façon la plus efficace de faire de la réclame?
   Savez-vous quelle est la façon la plus efficace de faire de la réclame?
9. . . .-elles le public auquel elles doivent s'adresser?
   Connaissent-elles le public auquel elles doivent s'adresser?
10. Je . . . que le genre de public auquel on s'adresse détermine souvent le mode de publicité à adopter.
    Je sais que le genre de public auquel on s'adresse détermine souvent le mode de publicité à adopter.

II. Imperatives and Pronoun word-order

1. In the Affirmative

Modèle—
Vous entendez: Je dois réfléchir à ce que vous m'avez dit.
Vous dites: Oui, réfléchissez-y.
Commencez—
1. Je dois réfléchir à ce que vous m'avez dit.
   Oui, réfléchissez-y.
2. Je dois comparer les prix.
   Oui, comparez-les.
3. Je dois parler de l'achat à mon mari.
   Oui, parlez-lui-en.
4. Je dois renvoyer la commande.
   Oui, renvoyez-la.
5. Je dois reprendre cet article.
   Oui, reprenez-le.
6. Je dois acheter cette machine à laver.
   Oui, achetez-la.
7. Je dois résister au désir d'acheter tout ce que je vois.
   Oui, résistez-y.

8. Je dois me méfier des conseils enthousiastes des vendeuses.
   Oui, méfiez-vous-en.
9. Je dois m'intéresser à la vente sur catalogue.
   Oui, intéressez-vous-y.
10. Je dois me souvenir des noms de tous ces produits.
   Oui, souvenez-vous-en.

III. *Imperatives (continued) with Pronoun word-order*

2. In the Negative

Modèle—
   Vous entendez: Il ne faut pas vous efforcer d'atteindre le public féminin.
   Vous dites: Ne vous efforcez pas de l'atteindre.

Commencez—
1. Il ne faut pas vous efforcer d'atteindre le public féminin.
   Ne vous efforcez pas de l'atteindre.
2. Il ne faut pas parler à l'agent de publicité.
   Ne lui parlez pas.
3. Il ne faut pas vous en plaindre.
   Ne vous en plaignez pas.
4. Il ne faut pas acheter ces souliers.
   Ne les achetez pas.
5. Il ne faut pas vous brosser les dents.
   Ne vous les brossez pas.
6. Il ne faut pas exaspérer les propriétaires de postes-récepteurs.
   Ne les exaspérez pas.
7. Il ne faut pas oublier d'acheter du dentifrice.
   N'oubliez pas d'en acheter.
8. Il ne faut pas vous souvenir du nom de ce produit.
   Ne vous en souvenez pas.
9. Il ne faut pas envoyer aux ménagères trop de catalogues.
   Ne leur en envoyez pas trop.
10. Il ne faut pas résister au désir d'acheter.
   N'y résistez pas.

IV. *Completion Exercise*
   Complete the following with reference to the text—
1. Ils discutent les divers moyens publicitaires qui peuvent être employés pour. . . .
   (augmenter les ventes des marchandises)
2. Personne ne veut avoir affaire à une firme douteuse ou même. . . .
   (de second ordre)

3. Le genre de public auquel on s'adresse détermine souvent. . . .
   (*le mode de publicité à adopter*)

4. D'une façon générale il faut s'efforcer d'atteindre. . . .
   (*le public féminin*)

5. Une des missions du beau sexe sur cette terre est de dépenser à pleines mains. . . .
   (*l'argent amassé par les efforts des hommes*)

6. Il ne faut pas exaspérer les propriétaires de postes-récepteurs ou de téléviseurs au point de leur faire. . . .
   (*couper le courant*)

7. Toute la publicité est destinée à. . . .
   (*nous faire acheter quelque chose*)

8. La ménagère qui lit les journaux ou les revues voit les réclames et commence à. . . .
   (*désirer quelques objets*)

9. Quand la ménagère se promènera dans la rue elle verra partout. . . .
   (*l'affichage routier*)

10. Il y a une corrélation certaine entre le niveau de vie d'un pays, sa richesse, le confort dont jouissent ses habitants et. . . .
    (*la vente par correspondance*)

V. *Translation Drill*

A spontaneous oral translation into French is to be given immediately after you have heard the English phrase—

All commercial firms	*Toutes les firmes commerciales*
are incessantly trying	*essaient sans cesse*
to increase their sales	*d'augmenter leurs ventes*
by various means of publicity.	*par divers moyens publicitaires.*
They have to convince the public	*Elles doivent convaincre le public*
of the indisputable integrity	*de l'intégrité indiscutable*
of their company	*de leur société*
and, at the same time,	*et, en même temps,*
inspire confidence.	*inspirer la confiance.*
Most of them have discovered	*La plupart d'entre elles ont découvert*
that the housewife	*que la ménagère*
who does the shopping	*qui fait les emplettes*
is tempted to buy	*est tentée d'acheter*
the brands of products	*les marques de produits*
which she has already seen	*qu'elle a déjà vues*
on display in shop-windows	*étalées dans les vitrines*
or which she has seen advertised	*ou qu'elle a vues annoncées*
in the press or on television.	*dans la presse ou à la télévision.*

Advertising is destined	*La publicité est destinée*
to make her buy certain products	*à lui faire acheter certains produits*
and, if she cannot buy them	*et, si elle ne peut pas les acheter*
straightaway,	*tout de suite,*
she will remember the names	*elle se souviendra des noms*
of these products in the future.	*de ces produits à l'avenir.*
Indeed, as advertising is based often	*En effet, comme la publicité se fonde souvent*
on human psychology,	*sur la psychologie humaine,*
sex appeal, vanity and quality	*le sexe-appel, la vanité et la qualité*
are perhaps more important	*sont peut-être plus importants*
than the price.	*que le prix.*
Consequently, today, advertising	*Par conséquent, aujourd'hui la publicité*
continues to intensify trade.	*continue à intensifier le commerce.*

Selected Vocabulary List: Unit 15

l'achat (m), *purchase, buying*
   l'achat sur catalogue, *catalogue buying*
acheter, *to buy*
l'acheteur (m), l'acheteuse (f), *buyer, purchaser*
l'affichage (m), *bill-sticking, placarding*
l'affiche (f), *placard*
   affiche murale, *poster, bill*
l'affre (f), *anguish*
l'agence (f), *agency*
   agence de publicité, *advertising agency*
l'aide (f), *help, assistance, aid*
amasser, *to hoard, store up*
annoncer, *to advertise*
apercevoir, *to perceive, notice*
atteindre, *to attain, reach*
attirer, *to attract*
l'auditeur (m), *listener*
augmenter, *to increase*
automatique, *automatic*
l'avenir (m), *future*
l'avis (m), *opinion*
le besoin, *need*
bondé, *packed, crammed (with people)*

le caissier, la caissière, *cashier*
le camion, *lorry*
caractéristique, *characteristic*
céder, *to yield, give way (under pressure)*
changer, *to change*
le chiffre, *figure, number*
la colère, *anger*
la commande, *order*
le commerce, *trade*
comparer, *to compare*
   comparer les prix, *to compare prices*
la confiance, *confidence*
le confort, *comfort*
le conseil, *advice*
convaincre, *to convince*
la corrélation, *correlation*
le côté, *side*
couper le courant, *to switch off (electricity)*
le court-métrage (m), *short film, short subject (on film)*
crispé, *contorted (face), screwed up*
croissant, *increasing*
déballer, *to unpack (goods)*
le dégoût, *disgust*

e dentifrice, *toothpaste*
dépenser, *to spend*
le déplacement, *travelling, moving, journey*
désespéré, *desperate*
désintéressé, *disinterested*
désœuvré, *unoccupied, idle (person)*
désormais, *henceforth, in future*
le directeur, *manager*
la directrice, *manageress*
discuter, *to discuss*
disposer de, *to dispose of*
douteux (se), *doubtful, uncertain*
l'échange (*m*), *exchange (of article)*
efficace, *effective*
l'efficacité (*f*), *efficiency, effectiveness*
élevé, *high (of price)*
s'empêcher de, *to refrain from*
épargner, *to spare, save*
l'esclave (*m, f*), *slave*
l'esprit (*m*), *mind, spirit*
l'étalage (*m*), *display, window-dressing*
étaler, *to display*
l'état d'esprit, *state of mind*
évoluer, *to evolve, develop*
l'évolution (*f*), *evolution, development*
exaspérer, *to exasperate*
la façon, *way, manner*
 façon de vie, *way of living*
le facteur, *factor*
faire des achats, *to make purchases*
faire des courses, *to do errands*
faire des emplettes, *to do shopping*
faire la queue, *to queue*
fantaisiste, *freakish*
le film de publicité, *advertising film*
la foi, *confidence, belief, trust*
la foule, *crowd*
garder, *to keep*
garer, *to park, garage (car)*
le goût, *taste, (sense of) taste*
gouverner, *to govern*
l'habitant (*m*), *inhabitant, resident*
l'idée (*f*), *idea*

l'indépendance (*f*), *independence*
indiscutable, *unquestionable, indisputable*
l'industriel, *industrialist, manufacturer*
influencer, *to influence*
à l'instar de, *after the fashion of*
l'intégrité (*f*), *integrity, honesty*
inutile, *useless, vain*
irriter, *to irritate*
jouir de, *to enjoy*
le journal, *newspaper*
la lapalissade, *self-evident truth*
la lettre, *letter*
 la lettre circulaire, *circular letter*
la lubie, *whim, fad*
la maison de commerce, *commercial firm*
manifester, *to manifest, reveal*
la marchandise, *merchandise, goods, wares*
la marque de commerce, *trade-mark*
la marque de fabrique, *brand*
se méfier, *to mistrust, distrust*
la ménagère, *housewife*
le mode de publicité, *method (mode) of advertising*
le moyen, *means*
le niveau de vie, *standard of living*
oser, *to dare*
le panneau-réclame, *advertisement hoarding*
le panonceau, *sign*
la pantoufle, *slipper*
le passage clouté, *pedestrian crossing*
passer une commande, *to place an order*
perdre son temps (à), *to waste one's time*
se plaindre, *to complain*
posséder, *to possess*
le pouvoir d'achat, *purchasing power*
pratique, *practical, useful*
la presse, *press, newspapers*
le produit, *product*
le propriétaire, *owner*

la psychologie, *psychology*
la publicité, *advertising*
la qualité, *quality*
rattraper, *to recover (money)*
rechercher, *to search for (after), inquire into*
la réclame, *advertising*
rédactionnel(le), *editorial*
refiler, *to palm off something on someone*
réfléchir, *to think over, reflect*
regretter, *to be sorry, regret*
régulier(ère), *regular*
le rendement, *output*
renouveler, *to renew*
le renvoi, *sending back (of goods)*
renvoyer, *to send back, return (goods)*
reprendre, *to take back*
résister, *to resist*
révélateur (trice), *revealing*
la revue, *magazine*
la richesse, *wealth*
le risque, *risk*
la salle d'attente, *waiting-room*
le sens de proportion, *sense of proportion*

sensé, *sensible*
se servir de, *to use*
le shampooing, *shampoo*
simplifier, *to simplify*
la sollicitation, *attraction*
se souvenir de, *to remember*
suivre, *to follow*
le supermarché, *supermarket*
la tâche, *task*
le téléspectateur, *TV viewer*
tenter, *to tempt*
traîner, *to drag, trail*
le trait, *feature*
le truc, *knick-knack, thingumabob*
valable, *valid*
le vendeur, *salesman*
la vendeuse, *salesgirl*
la vente, *sale, selling*
vente par correspondance, *selling by mail*
vis-à-vis, *with respect to, with regard to*
la vitrine, *shop-window*
la volonté, *will*

16

Le Logement

AU DERNIER recensement, 23% des jeunes ménages vivaient chez leurs parents, et 35% des moins de trente ans et 18% des plus de quarante ans auraient souhaité se loger mieux. Malgré ceci, un nombre croissant de jeunes mariés, notamment cadres ou membres des professions libérales, sont devenus propriétaires.

Écoutez maintenant la conversation qui suit entre un agent immobilier et un client accompagné de sa femme qui veut acheter un appartement.

CLIENT. Je cherche un appartement, c'est-à-dire ma femme et moi cherchons un appartement.

AGENT IMMOBILIER. Réfléchissez. Il en est des appartements comme des restaurants : on en trouve de très bons pas très chers et de médiocres hors de prix. Ce n'est donc pas au prix qu'il faut subordonner vos recherches mais à la qualité.

C. La qualité dans le cas d'un appartement, qu'est-ce que c'est?

A.I. Ce n'est pas seulement la qualité de la construction, c'est aussi tout un ensemble de prestations dont vous-même et votre famille avez besoin.

C. Il me faut tout d'abord un appartement d'un minimum de standing. Je suis chef comptable. Plus ma situation s'améliorera, plus je serai amené à recevoir des clients, des collègues, ou même mon patron.

A.I. (souriant) Alors il vous faut de la place. Il vous arrivera d'avoir des dossiers à étudier chez vous : vous devrez vous isoler des enfants notamment.

C. Oui et il faut aussi que mon domicile ne soit pas trop éloigné de mon lieu de travail.

A.I. Est-ce que vous travaillez à Paris?

C. Oui, je travaille dans la banlieue.

A.I. Voilà pour vous-même, voyons maintenant ce qui concerne votre femme. (se tournant vers la femme du client) Qu'est-ce que vous voulez, madame?

FEMME DU CLIENT. Il me faut un appartement «facile à vivre», c'est-à-dire des pièces bien distribuées, la partie «jour» nettement séparée de la partie «nuit». Et, si possible, un certain équipement dans la cuisine et dans la salle de bains.

A.I. Oui, madame, combien d'enfants avez-vous?

F.C. Nous en avons trois. Il leur faut des écoles, des possibilités de jeux et de sports, et surtout de «l'oxygène».

A.I. Eh bien, monsieur et madame, je vous suggère de prendre votre voiture et d'aller faire un tour, le prochain weekend, par exemple à Meudon-la-Forêt. Ce n'est qu'à 8 kilomètres de Paris. Et la forêt de Meudon qui borde la Résidence est merveilleuse en cette saison.

F.C. Est-ce qu'il y a des centres commerciaux là? Il me faut des boutiques pour faire mes achats.

A.I. Avant de laisser votre voiture au parking, faites le tour des centres commerciaux. Ici de modernes supermarchés, là des boutiques installées sous des arcades, au rez-de-chaussée de vieilles maisons.

F.C. Est-ce que tous les commerces sont représentés?

A.I. Oui, madame, il y a même des banques, des stations-service, un hôtel et des restaurants.

C. (*qui commence à s'impatienter*) Mais où se trouve l'immeuble dont vous nous avez parlé?

A.I. Sur la rue Saint-Jacques en face de l'hôtel. Vous vous trouverez devant un immeuble en pierre de taille. La façade harmonieuse est animée de larges baies et de loggias profondes.

C. Est-ce que nous pourrons voir un appartement-témoin?

A.I. Bien sûr, monsieur. Franchissez le hall de marbre et prenez l'ascenseur qui vous conduira en silence à l'entrée des appartements-témoins.

F.C. Quelle sorte de gens seront nos voisins?

A.I. Les trois quarts d'entre eux sont cadres ou membres d'une profession libérale. Ce sont des gens qui ont les pieds sur terre et s'ils ont acheté un appartement à Meudon-Joli-Mai, c'est après avoir fait leurs comptes.

C. A quel prix se vendent ces appartements?

A.I. Vous trouverez à Meudon-Joli-Mai tous les types d'appartements, du studio au 5 pièces. Chaque appartement est vendu à prix ferme et définitif (environ 1 550 F le m^2) et le crédit peut atteindre jusqu'à 80% du prix de vente.

C. Si nous choisissons un appartement, à quelle date pourrons-nous emménager?

A.I. Selon l'appartement que vous choisirez, vous pourrez emménager soit tout de suite, soit au cours de l'été.

C. Quand les appartements-témoins sont-ils ouverts?

A.I. Ils sont ouverts les lundi, jeudi et vendredi de 13h. à 19h. et les samedi et dimanche de 10h.30 à 12h.30 et de 14h. à 19h.

F.C. (*se tournant vers son mari*) Il faut aller les voir, mon chéri.

A.I. Oui, monsieur et madame, il faut aller les voir tout de suite. Et n'oubliez pas que bien qu'il existe sans doute ailleurs des Résidences plus luxueuses ou meilleur marché, c'est ici, tous comptes faits, que vous trouverez le rapport prix/qualité le plus favorable.

Questions

Répondez aux questions suivantes—

1. Au dernier recensement combien de jeunes ménages vivaient chez leurs parents?

   Au dernier recensement 23% des jeunes ménages vivaient chez leurs parents.

2. De quelle catégorie sociale sont la plupart des mariés qui sont devenus propriétaires?

   La plupart d'entre eux cadres ou membres des professions libérales.

183

3. Quel est le métier du client dans l'agence immobilière?
   Il est chef comptable.
4. Pourquoi lui faut-il de la place?
   Il lui faut de la place car plus sa situation s'améliorera, plus il sera amené à recevoir des clients, des collègues ou même son patron.
5. Quand devra-t-il s'isoler des enfants?
   Il devra s'isoler des enfants quand il lui arrivera d'avoir des dossiers à étudier chez lui.
6. Est-ce que la femme du client trouvera à Meudon-la-Forêt des boutiques et de modernes supermarchés où elle pourra faire ses achats?
   Oui, elle y trouvera des boutiques et de modernes supermarchés où elle pourra faire ses achats.
7. Où se trouve l'immeuble dont l'agent immobilier a parlé à ses clients?
   L'immeuble se trouve sur la rue Saint-Jacques en face de l'hôtel à Meudon-la-Forêt.
8. Comment arrivez-vous à l'entrée des appartements-témoins?
   Vous franchissez le hall de marbre et prenez l'ascenseur qui vous conduira en silence à l'entrée des appartements-témoins.
9. Quelle sorte de gens habitent cet immeuble?
   Les trois quarts d'entre eux sont cadres ou membres d'une profession libérale.
10. Si le client choisit un appartement, à quelle date pourra-t-il emménager?
    Selon l'appartement qu'il choisira, il pourra emménager soit tout de suite, soit au cours de l'été.

Basic Text

DES CENTAINES DE MILLIERS DE FRANÇAIS SONT DEVENUS PROPRIÉTAIRES

Des centaines de milliers de Français sont devenus propriétaires et ont fait une bonne affaire. Chaque année, ils sont plus nombreux. Comment font-ils? Ils n'ont pas gagné de gros lots à la Loterie, ni touché un tiercé[1] exceptionnel. Naturellement, ils ne font pas de hold-up et ont appris que, de nos jours, les héritages ne sont souvent que des espérances déçues.

Mariés, pères de famille, occupant une situation honorable ils bouclent tout juste leur budget, la plupart d'entre eux ne disposant pas de ressources dépassant 30 000 francs par an.

Cependant, ils font figure de privilégiés, car ils ont réalisé leur rêve: installés «chez eux», ils sont propriétaires!

Qui sont-ils? Ou bien ils font partie des cadres des 160 000 entreprises du

---

[1] *le tiercé*: winnings on bet won by placing in the correct order the first three horses in a horse-race; those selecting the first three horses in the wrong order receive a small win.

secteur privé; ou bien ils sont fonctionnaires et la vie organisée du pays repose un peu sur chacun d'eux; ou bien encore ils ont une profession libérale et les années d'études ont pesé lourd déjà dans l'élaboration de leur édifice vital.

L'équipement familial a absorbé les premières ressources de leur foyer, et, l'âge de la maturité arrivant, l'image réconfortante de la sécurité a hanté leur pensée sous l'apparence d'un toit sûr.

Pour trouver celui-ci, ils bénéficient de l'enrichissement et de l'aménagement d'un pays en expansion. La construction d'immeubles neufs ou de maisons pimpantes offre à chacun—Parisien ou provincial, citadin ou campagnard—une solution pratique à l'un des problèmes les plus importants de toute l'existence.

Mais comment acquérir ce bien précieux, ce toit?

Si l'on compare, dans le livre de comptes familial, le prix du mètre carré construit avec le montant du chèque de fin de mois, le joli appartement tout confort et le pavillon de rêve semblent rangés pour toujours au rayon des chimères.

La solution est cependant à la portée de chacun, dès lors qu'il trouve les facilités financières dont il a besoin et qu'il connaît l'existence de l'organisme qui les lui accordera. Une importante banque, la Compagnie Bancaire, a prêté aux nouveaux propriétaires en 1964 la somme considérable de 120 milliards d'anciens francs. Elle a apporté cette aide puissante à travers ses deux filiales: l'U.C.B.—Union de Crédit pour le Bâtiment—et la C.F.É.C.—Compagnie Française d'Épargne et de Crédit. On ne regrette jamais de s'adresser à ces établissements accueillants et toujours pleins d'idées: ils sont une fois encore en train de le prouver en allongeant de façon très sensible la durée de leurs prêts. Largement entré dans les usages modernes pour faciliter l'achat de réfrigérateurs, de machines à laver, de téléviseurs et d'automobiles, le crédit apparaît encore à quelques-uns comme entraînant de trop lourdes charges pour acquérir un foyer. Les arguments en faveur du crédit sont pourtant évidents. En achetant grâce à un prêt un appartement neuf on réalise la plus rassurante des affaires, celle que l'on a toujours appelée un «placement de père de famille» dont la valeur suit l'évolution du coût de la vie.

Il est bien préférable, d'autre part, de régler les mensualités de remboursement d'un prêt qui restent constantes que de verser à fonds perdus un loyer affecté de majorations annuelles.

Les statistiques et l'expérience ont démontré qu'un chef de famille peut, sans risques, consacrer le quart de ses revenus à rembourser son emprunt. A ce moment-là, il peut donc, l'esprit tranquille, contracter un prêt de l'ordre des deux tiers du prix de son acquisition, davantage même s'il présente des garanties suffisantes. Contribuable, il s'aperçoit avec plaisir qu'une fraction importante des charges du prêt est déductible de son revenu imposable et qu'en outre son appartement est exonéré de l'impôt foncier pendant vingt-cinq ans. Enfin les primes à la construction souvent complémentées par l'allocation-logement, viennent alléger sensiblement le poids de l'emprunt sur le budget familial.

Pour cinq francs par mois seulement—par fraction de 10 000 francs empruntés—une assurance contre l'incapacité de travail et le décès le décharge d'un souci grave: la sécurité de sa famille reste assurée quoi qu'il arrive.

Et si, pour une raison inattendue et heureuse, des disponibilités nouvelles lui permettent un remboursement anticipé, il peut le faire à tout moment.

En s'adressant à la Compagnie Française d'Épargne et de Crédit et à l'Union de Crédit pour le Bâtiment—soit à Paris, soit en province auprès de l'un de leurs 160 agents—notre chef de famille finance son opération immobilière aux conditions les meilleures qui lui soient offertes dans le secteur privé. Tout bien pesé, il réalise une affaire heureuse puisqu'il assure son installation en effectuant un placement sûr et que l'amélioration progressive de ses ressources atténuera très sensiblement la charge du prêt.

S'il a d'autres projets que celui de devenir propriétaire d'un appartement neuf, il trouvera à l'U.C.B. et à la C.F.É.C. la formule de prêt adaptée à ses projets et à ses moyens. Aux problèmes de crédits les plus variés, il y a une solution: c'est la Compagnie Bancaire.

Questions

Répondez aux questions suivantes—

1. Combien de Français sont devenus propriétaires?
   Des centaines de milliers de Français sont devenus propriétaires.

2. Ont-ils gagné de gros lots à la Loterie?
   Non, ils n'ont pas gagné de gros lots à la Loterie.

3. Est-ce que les propriétaires disposent souvent de grandes ressources financières?
   Non, la plupart d'entre eux ne disposent pas souvent de ressources dépassant 30 000 francs par an.

4. Pourquoi font-ils figure de privilégiés?
   Ils font figure de privilégiés car ils ont réalisé leur rêve: installés chez eux, ils sont propriétaires.

5. Quelles occupations ont la plupart d'entre eux?
   La plupart d'entre eux sont cadres, fonctionnaires ou membres des professions libérales.

6. Qu'est-ce qui a absorbé les premières ressources de leur foyer?
   L'équipement familial a absorbé les premières ressources de leur foyer.

7. De quoi bénéficient-ils?
   Ils bénéficient de l'enrichissement et de l'aménagement d'un pays en expansion.

8. Combien de milliards de francs la Compagnie Bancaire a-t-elle prêtés aux nouveaux propriétaires en 1964?
   Elle leur a prêté 120 milliards d'anciens francs en 1964.

9. Quelles sont les deux filiales de la Compagnie Bancaire?
   Ce sont l'U.C.B., Union de Crédit pour le Bâtiment, et la C.F.É.C., Compagnie Française d'Épargne et de Crédit.

10. Est-ce que le crédit est largement entré dans les usages modernes pour faciliter l'achat des appareils ménagers et des automobiles?

Oui, il est largement entré dans les usages modernes pour faciliter l'achat des appareils ménagers et des automobiles.

11. Quelle proportion de ses revenus un chef de famille peut-il consacrer à rembourser son emprunt?

Il peut consacrer le quart de ses revenus à rembourser son emprunt.

12. Qu'est-ce qui vient alléger sensiblement le poids de l'emprunt sur le budget familial?

Les primes à la construction souvent complémentées par l'allocation-logement viennent l'alléger sensiblement.

13. Contre quoi l'emprunteur d'un prêt doit-il s'assurer?

L'emprunteur d'un prêt doit s'assurer contre l'incapacité de travail et le décès.

14. Si des disponibilités nouvelles lui permettent un remboursement anticipé, peut-il le faire à tout moment?

Oui, si des disponibilités nouvelles lui permettent un remboursement anticipé, il peut le faire à tout moment.

15. S'il a d'autres projets que celui de devenir propriétaire d'un appartement neuf, pourra-t-il trouver une formule de prêt adaptée à ses projets et à ses moyens?

Oui, s'il a d'autres projets que celui de devenir propriétaire d'un appartement neuf, il pourra trouver une formule de prêt adaptée à ses projets et à ses moyens.

Structure Drills

I. si *clauses.* **si** + *Present* + *Future* > **si** + *Imperfect* + *Conditional*
Modèle—
Vous entendez: Si nous choisissons un appartement, à quelle date pourrons-nous emménager?
Vous dites: Si nous choisissions un appartement, à quelle date pourrions-nous emménager?
Commencez—

1. Si nous choisissons un appartement, à quelle date pourrons-nous emménager?
   Si nous choisissions un appartement, à quelle date pourrions-nous emménager?

2. Si nous allons voir cet immeuble, pourrons-nous voir l'appartement-témoin?
   Si nous allions voir cet immeuble, pourrions-nous voir l'appartement-témoin?

3. Si vous avez des dossiers à étudier chez vous, il faudra vous isoler des enfants.
   Si vous aviez des dossiers à étudier chez vous, il faudrait vous isoler des enfants.

4. Si ma situation s'améliore, je serai obligé de recevoir des clients et mon patron chez moi.
   Si ma situation s'améliorait, je serais obligé de recevoir des clients et mon patron chez moi.

187

5. Si le client choisit un appartement, il pourra emménager tout de suite.
   Si le client choisissait un appartement, il pourrait emménager tout de suite.

6. Si le client est membre d'une profession libérale il pourra devenir propriétaire.
   Si le client était membre d'une profession libérale il pourrait devenir propriétaire.

7. Si un industriel désire financer son équipement, la Compagnie Bancaire lui viendra en aide.
   Si un industriel désirait financer son équipement la Compagnie Bancaire lui viendrait en aide.

8. Si l'appartement loué que le client occupe est mis en vente il pourra l'acheter.
   Si l'appartement loué que le client occupe était mis en vente il pourrait l'acheter.

II. **si** + *Imperfect* + *Conditional* > **si** + *Past Perfect* + *Conditional Perfect*
Modèle—
Vous entendez: Si le client achetait un appartement il déménagerait au cours de l'été.
Vous dites: Si le client avait acheté un appartement il aurait déménagé au cours de l'été.
Commencez—

1. Si le client achetait un appartement il déménagerait au cours de l'été.
   Si le client avait acheté un appartement il aurait déménagé au cours de l'été.

2. Si la femme du client voyait la cuisine moderne elle choisirait cet appartement-ci.
   Si la femme du client avait vu la cuisine moderne elle aurait choisi cet appartement-ci.

3. Si le client allait voir l'appartement-témoin il déciderait de l'acheter.
   Si le client était allé voir l'appartement-témoin il aurait décidé de l'acheter.

4. Si la femme accompagnait son mari elle trouverait des centres commerciaux dans ce quartier.
   Si la femme avait accompagné son mari elle aurait trouvé des centres commerciaux dans ce quartier.

5. Si l'agent immobilier montrait à ses clients un appartement moins cher ils pourraient l'acheter.
   Si l'agent immobilier avait montré à ses clients un appartement moins cher ils auraient pu l'acheter.

6. Si les jeunes mariés faisaient des économies ils pourraient acheter un appartement.
   Si les jeunes mariés avaient fait des économies ils auraient pu acheter un appartement.

7. Si le client voyait l'appartement-témoin il remarquerait le balcon.
   Si le client avait vu l'appartement-témoin il aurait remarqué le balcon.

188

8. Si votre femme voyait les pièces de cet appartement elle trouverait la partie *jour* nettement séparée de la partie *nuit.*

Si votre femme avait vu les pièces de cet appartement elle aurait trouvé la partie jour nettement séparée de la partie nuit.

9. Si le client visitait ce quartier moderne il remarquerait ce grand immeuble en pierre de taille.

Si le client avait visité ce quartier moderne il aurait remarqué ce grand immeuble en pierre de taille.

10. Si la cliente entrait dans cet immeuble elle prendrait l'ascenseur.

Si la cliente était entrée dans cet immeuble elle aurait pris l'ascenseur.

III. $\left.\begin{array}{l}\textbf{quand}\\\textbf{dès que}\end{array}\right\} + Future$ and $\left\{\begin{array}{l}\textbf{quand}\\\textbf{dès que}\end{array}\right. + Future\ Perfect$

i. quand and dès que + Future Tense

Modèle—

Vous entendez: Vous arrivez à l'immeuble. Vous remarquez la qualité de la construction (Dès que).

Vous dites: Dès que vous arriverez à l'immeuble vous remarquerez la qualité de la construction.

Commencez—

1. Vous arrivez à l'immeuble. Vous remarquez la qualité de la construction (Dès que)

   Dès que vous arriverez à l'immeuble vous remarquerez la qualité de la construction.

2. Il vous arrive d'avoir des dossiers à étudier. Vous devez vous isoler des enfants (Quand)

   Quand il vous arrivera d'avoir des dossiers à étudier vous devrez vous isoler des enfants.

3. Ma situation s'améliore. Je suis amené à recevoir des clients (Quand)

   Quand ma situation s'améliorera je serai amené à recevoir des clients.

4. Je suis chef comptable. Il me faut un appartement d'un minimum de standing (Quand)

   Quand je serai chef comptable il me faudra un appartement d'un minimum de standing.

5. Des disponibilités nouvelles lui permettent un remboursement anticipé. Il peut le faire à tout moment (Dès que)

   Dès que des disponibilités nouvelles lui permettront un remboursement anticipé il pourra le faire à tout moment.

ii. quand and dès que + Future Perfect

6. Vous franchissez le hall de marbre. Vous prenez l'ascenseur (Dès que)

   Dès que vous aurez franchi le hall de marbre vous prendrez l'ascenseur.

189

7. Vous laissez votre voiture au parking. Vous faites le tour des centres commerciaux (Quand)
   Quand vous aurez laissé votre voiture au parking vous ferez le tour des centres commerciaux.

8. Vous choisissez un appartement. Vous pouvez emménager au cours de l'été (Dès que)
   Dès que vous aurez choisi un appartement vous pourrez emménager au cours de l'été.

9. La femme trouve des boutiques. Elle peut faire ses achats (Dès que)
   Dès que la femme aura trouvé des boutiques elle pourra faire ses achats.

10. Les pères de famille bouclent tout juste leur budget. Ils deviennent propriétaires (Quand)
    Quand les pères de famille auront bouclé tout juste leur budget ils deviendront propriétaires.

IV. *Completion Exercise*
   Complete the following sentences with reference to the text—
   1. Des centaines de milliers de Français sont devenus. . . .
      (*propriétaires et ont fait une bonne affaire*)

   2. Mariés, pères de famille, occupant une situation honorable, ils bouclent tout juste. . . .
      (*leur budget*)

   3. Ils font figure de privilégiés, car ils ont réalisé leur rêve: installés chez. . . .
      (*eux ils sont propriétaires*)

   4. Selon l'appartement que vous choisirez vous pourrez emménager soit tout de suite, soit. . . .
      (*au cours de l'été*)

   5. Franchissez le hall de marbre et prenez l'ascenseur qui vous conduira en silence à. . . .
      (*l'entrée des appartements-témoins*)

   6. Bien qu'il existe sans doute ailleurs des Résidences plus luxueuses ou meilleur marché, c'est ici tous comptes faits que vous trouverez. . . .
      (*le rapport prix/qualité le plus favorable*)

   7. En achetant, grâce à un prêt, un appartement neuf on réalise. . . .
      (*la plus rassurante des affaires*)

   8. Les statistiques et l'expérience ont démontré qu'un chef de famille peut sans risques consacrer le quart de ses revenus à. . . .
      (*rembourser son emprunt*)

   9. Les primes à la construction souvent complémentées par l'allocation-logement viennent alléger sensiblement. . . .
      (*le poids de l'emprunt sur le budget familial*)

190

10. Un nombre croissant de jeunes mariés, notamment cadres ou membres des professions libérales. . . .
    (*sont devenus propriétaires*)

V. Translation Drill
A spontaneous oral translation into French is to be given immediately after you have heard the English phrase—

In France at the last census	*En France au dernier recensement*
23 per cent the of young couples	*vingt-trois pour cent des jeunes ménages*
were living with their parents and	*vivaient chez leurs parents et*
35 per cent of the less than 30 year-olds,	*trente-cinq pour cent des moins de trente ans,*
and 18 per cent of the more	*et dix-huit pour cent des plus de*
than 40 year olds	*quarante ans*
would have wished to be better housed.	*auraient souhaité se loger mieux.*
Nevertheless hundreds of thousands of Frenchmen	*Néanmoins de centaines de milliers de Français*
have become owners.	*sont devenus propriétaires.*
Married and occupying an honourable position,	*Mariés et occupant une position honorable,*
most of them are business executives,	*la plupart d'entre eux sont cadres,*
civil servants,	*fonctionnaires,*
or members of the liberal professions.	*ou membres des professions libérales.*
They have realized their ambition:	*Ils ont réalisé leur rêve:*
they have acquired their dream-house.	*ils ont acquéri leur pavillon de rêve.*
Statistics reveal	*Des statistiques révèlent*
that a family man can devote	*qu'un homme de famille peut consacrer*
a quarter of his income	*un quart de ses revenus*
to repaying his loan.	*à rembourser son emprunt.*
Before purchasing a house or a flat	*Avant d'acheter une maison ou un appartement*
most young couples	*la plupart des jeunes ménages*
go to see some show flats.	*vont voir des appartements-témoins.*
They notice not only the quality of the building,	*Ils remarquent non seulement la qualité de la construction,*
but also the selling price,	*mais aussi le prix de vente,*
for most of them must contract	*car la plupart d'entre eux doivent contracter*
a loan or a mortage	*un prêt ou une hypothèque*
before moving into their new flat.	*avant d'emménager dans leur appartement neuf.*

Selected Vocabulary List: Unit 16

accorder, *to grant*
accueillant, *welcoming*

l'achat (*m*), *purchase*
acquérir, *to acquire*

s'adresser à, *to apply to, speak to*
une agence immobilière, *estate agency*
un agent immobilier, *estate agent*
l'aide (f), *aid, assistance*
alléger, *to ease, alleviate, relieve*
l'allocation (f), *allowance*
   allocation-logement, *housing allowance*
allonger, *to lengthen*
aménager, *to fit up, arrange (house)*
l'appareil ménager (*m*), *household
   appliance*
l'appartement (*m*), *flat*
   l'appartement-témoin, *show flat*
l'ascenseur (*m*), *flat, elevator*
l'assurance (f), *insurance*
atteindre, *to attain, achieve*
atténuer, *to lessen, reduce*
la banlieue, *suburbs, outskirts*
la banque, *bank*
le bâtiment, *building*
bénéficier, *to benefit*
boucler son budget, *to make both ends
   meet*
la boutique, *shop*
le budget familial, *family budget*
le cadre, *business executive*
le campagnard, *countryman*
le centre commercial, *shopping centre*
le chef comptable, *chief accountant*
le chef de famille, *head of family*
le chèque, *cheque*
la chimère, *fancy, wild dream, chimera*
choisir, *to choose*
le citadin, *citizen*
le client, *customer, client*
le collègue, *colleague*
le commerçant, *tradesman, trader*
le commerce, *trade*
comparer, *to compare*
le compte, *account*
consacrer, *to devote*
la construction, *building*
contracter, *to contract, draw together*

au cours de, *in the course of*
le coût de vie, *cost of living*
le crédit, *credit*
croissant, *increasing*
croître, *to increase*
la cuisine, *kitchen*
le décès, *decease, death*
décharger, *to remit (a debt)*
déçu, *disappointed*
démontrer, *to demonstrate*
dépasser, *to exceed*
diminuer, *to diminish, lessen*
les disponibilités (*fpl*), *liquid assets*
le domicile, *residence*
le dossier, *document, file*
la durée, *length*
une école, *school*
les économies (*fpl*), *savings*
un édifice, *building*
éloigné, *distant*
emménager, *to move into a new house*
l'emprunt (*m*), *loan, borrowing*
emprunter, *to borrow*
l'enrichissement (*m*), *enrichment*
l'entrepreneur (*m*), *contractor*
   l'entrepreneur en bâtiments, *building
   contractor*
l'épargne (f), *saving, economy*
l'équipement (*m*), *equipment, fitting out*
équiper, *to equip, fit out*
une espérance, *hope*
un établissement, *establishment*
l'étude (f), *study*
étudier, *to study*
l'évolution (f), *evolution, development*
exonéré, *exonerated, exempt (from)*
l'expérience (f), *experience*
l'exploitant (*m*), *cultivator (of land)*
la façade, *frontage (of building)*
face à, *facing*
   en face de, *opposite*
les facilités de paiement, *easy terms,
   facilities for payment*
la façon, *way, fashion*

faire des économies, *to save (money),*
save up
la filiale, *branch, subsidiary company*
financer, *to finance*
le fonctionnaire, *official, civil servant*
les fonds (*mpl*), *funds*
à fonds perdus, *without security*
la formule, *form*
le foyer, *hearth, home*
franchir, *to cross*
gagner, *to win, earn*
la garantie, *guarantee*
grâce à, *thanks to*
hanter, *to haunt*
l'héritage (*m*), *inheritance*
l'hôtel (*m*), *hotel*
l'hypothèque (*f*), *mortgage*
l'immeuble (*m*), *mansion (in flats)*
s'impatienter, *to lose patience*
l'impôt, *tax*
  l'impôt foncier, *land tax*
inattendu, *unexpected*
l'incapacité (*f*), *unfitness, incapacity (of*
  person)
l'industriel, *industrialist*
l'investissement (*m*), *investment*
le lieu de travail, *place of work*
se loger, *to build a house, find a suitable*
  abode
la loggia, *loggia*
la loterie, *lottery*
le loyer, *rent*
luxueux, *luxurious*
la machine à laver, *washing machine*
la maison, *house*
  la maison de vacances, *holiday*
  house
la majoration, *increase (in price)*
le marbre, *marble*
le marié, *married (person)*
le médecin, *doctor*
le ménage, *household, family*
  le jeune ménage, *young married*
  couple

la mensualité, *monthly instalment,*
  remittance
le m² (mètre carré), *square metre*
le montant, *total amount*
les moyens (*mpl*), *means*
neuf, neuve, *new, brand new*
nombreux, *numerous*
offrir, *to offer*
organiser, *to organize*
un particulier, *an individual*
le patron, *chief, head, owner (of firm)*
le pavillon de rêve, *dream house*
payer par mensualités, *to pay by*
  monthly instalments
la pensée, *thought*
peser, *to weigh*
la pièce, *room*
la pierre de taille, *hewn stone*
pimpant, *smart, spruce*
le poids, *weight*
précieux, *precious*
le prêt, *loan*
prêter, *to lend*
la prime, *bonus*
  la prime à la construction,
  building bonus
le privilégié, *privileged person*
le prix, *price*
  le prix de vente, *selling price*
le professionnel, *professional*
le projet, *plan*
le propriétaire, *owner*
la qualité, *quality*
le rapport, *relation, ratio*
rassurant, *reassuring*
réaliser, *to realize (dream)*
le recensement, *census*
la recherche, *research*
réconfortant, *comforting*
le réfrigérateur, *refrigerator*
régler une dette, *to settle a debt*
le remboursement, *repayment*
rembourser, *to repay, return (loan)*
les ressources (*fpl*), *means*

la retraite, *retirement*
le rêve, *dream*
le revenu, *income*
le rez-de-chaussée, *ground floor*
la salle de bains, *bathroom*
le secteur, *sector*
la sécurité, *security, safety*
le souci, *care, anxiety, worry*
souhaiter, *to wish*
la station-service, *petrol filling station*
la statistique, *statistics*
le studio, *one-room flat, bed-sitter*
subordonner, *to subordinate*
suffisant, *sufficient*
suggérer, *to suggest*

suivre, *to follow*
le supermarché, *supermarket*
le téléviseur, *TV set*
le toit, *roof*
tout de suite, *immediately*
la valeur, *value, worth*
vendre, *to sell*
le versement, *payment*
   le versement à compte, *payment
   on account*
verser, *to pay out (money)*
   verser à fonds perdus, *to pay
   without security*
vivre, *to live*
le voisin, *neighbour*

17
La Banque

I^e SCÈNE: L'ORGANISATION DES BANQUES ET DU CRÉDIT

Un financier anglais est en visite d'affaires en France. Pendant sa visite il se renseigne sur l'organisation des banques et du crédit en France. Écoutons sa conversation avec un banquier français—

BANQUIER FRANÇAIS. Aujourd'hui les organismes de crédit et notamment les banques jouent un rôle déterminant dans l'économie française.

FINANCIER ANGLAIS. Est-ce que l'État français s'en est assuré le contrôle?

B. Oui, après la deuxième guerre mondiale l'État a jugé nécessaire de s'en assurer le contrôle et d'en faire les véritables régulateurs de la circulation monétaire.

F. A-t-il donc nationalisé la Banque de France?

B. Oui. L'État a nationalisé non seulement la Banque de France en 1945 mais aussi les plus grands établissements de crédit en France.

F. A-t-il mis en place des organismes de direction et de contrôle?

B. Oui, il a mis en place deux organismes de direction et de contrôle: la Commission de Contrôle des Banques et le Conseil National du Crédit.

F. En combien de catégories les banques de France sont-elles réparties?

B. Elles sont réparties en trois catégories: banques de dépôts, banques privées et banques d'affaires.

F. Quelles sont les grandes banques de dépôts?

B. Ce sont les quatre grandes banques nationalisées: le Crédit Lyonnais, la Société Générale, le Comptoir National d'Escompte et la Banque Nationale de Crédit Industriel.

F. Ces quatre grandes banques, ont-elles aussi de nombreuses succursales?

B. Certainement. Elles totalisent 50% de l'activité bancaire.

F. Combien de banques privées y a-t-il en France actuellement?

B. Il y en a environ 260 actuellement.

F. Les banques d'affaires sont-elles aussi soumises au contrôle du gouvernement?

B. Oui, elles sont soumises au contrôle d'un commissaire du gouvernement.

F. Le gouvernement dirige-t-il par l'intermédiaire de la Banque de France la répartition du crédit?

B. Oui, il la dirige, afin de réaliser au mieux la politique économique.

F. Quels sont les plus grands établissements de crédit en France?

B. Ce sont la Caisse Nationale de Crédit Agricole,[1] le Crédit Foncier[2] et le Crédit National.[3]

F. Est-ce que les banques et les organismes de crédit facilitent les investissements et l'activité des différentes branches de l'économie?

B. Oui, ils prêtent des crédits aux entreprises et ont une participation financière dans toutes les grandes entreprises françaises et étrangères.

2ᵉ SCÈNE: A LA BANQUE

Quelle que soit votre situation ou l'importance de vos revenus votre Banque s'occupe de tous les problèmes financiers de votre vie quotidienne. Elle gère votre compte chèque, elle paie vos notes de gaz, d'électricité ou de téléphone et elle porte le virement de votre salaire sur votre compte. Elle s'occupe également de vos problèmes de change et de la gestion de vos titres. Si vous voulez placer vos disponibilités et faire fructifier vos économies la Banque est à votre disposition pour vous conseiller. Maintenant écoutez la conversation qui suit entre un commis de banque et une nouvelle cliente—

CLIENTE. Est-ce que je peux ouvrir un compte ici?

COMMIS DE BANQUE. Oui, mademoiselle, tout le monde peut ouvrir un compte chez nous. Est-ce que vous voulez ouvrir un compte courant ou un compte spécial d'épargne?

C. Je veux ouvrir un compte courant. Je suis salariée et je veux régler mes comptes par chèque. Mon frère aîné a déjà un compte à cette banque.

C. de B. Vraiment, mademoiselle. Comment s'appelle-t-il?

C. Il s'appelle Robert-Henri Jourdain.

C. de B. Et quelle est son adresse?

C. 17 rue Mouffetard, Paris VIIIe.

C. de B. Attendez, mademoiselle, je vais voir son compte. (*retournant à la caisse quelques minutes plus tard*) Votre frère est un de nos meilleurs clients. Mademoiselle, puis-je avoir votre nom et adresse?

C. Je m'appelle Henriette-Marie Jourdain. J'habite à la même adresse que mon frère. Voici ma carte d'identité.

C. de B. Et quelle est votre profession, mademoiselle?

C. Je suis directrice d'une Agence de Voyages à Paris. Je suis payée au mois; voilà pourquoi je veux ouvrir un compte.

C. de B. Voulez-vous remplir cette fiche, mademoiselle, et n'oubliez pas de la signer de la même façon que vous allez signer vos chèques.

C. Oui, monsieur, je vais remplir la fiche. (*retournant à la caisse en quelques minutes*)

C. de B. Combien d'argent voulez-vous déposer, mademoiselle?

[1] *La Caisse Nationale de Crédit Agricole:* prêts aux agriculteurs et aux coopératives agricoles.
[2] *Le Crédit Foncier:* prêts pour la construction et l'achat d'habitations.
[3] *Le Crédit National:* prêts pour l'équipement industriel.

C. Je déposerai une somme de 200 F, mais à la fin de chaque mois vous pourrez porter le virement de mon salaire sur mon compte.

C. de B. Oui, mademoiselle, cette banque vous enverra un relevé de compte après chaque opération.

C. Quels avantages cette banque offre-t-elle à ses clients?

C. de B. Cette banque vous offre quatre avantages essentiels:

Premièrement *sécurité*: vous pouvez lui confier vos économies en toute tranquillité.

Deuxièmement *crédit*: elle vous prêtera de l'argent dans des conditions avantageuses.

Troisièmement *profit*: ella fait fructifier vos économies.

Quatrièmement *service*: elle vous apporte toutes sortes de facilités.

C. Quelles sortes de facilités puis-je obtenir si je vais à l'étranger?

C. de B. Nous offrons à nos clients les facilités de toutes sortes comme par exemple chèques de voyage, monnaies étrangères, change de devises, etc.

C. Et si je passe mes vacances en France, monsieur?

C. de B. Partout en France, mademoiselle, à toutes nos succursales vous disposez du service complet dont vous avez besoin: compte chèque, paiement de vos notes, encaissements, gestion de vos titres et location de coffres-forts. Tenez, mademoiselle, voici votre carte d'identité, votre carnet de chèques et votre carnet de compte. Vous êtes maintenant titulaire d'un compte courant.

C. Je vous remercie, monsieur.

C. de B. Le carnet de chèques sert à retirer des fonds ou à effectuer des paiements.

C. Et le carnet de compte?

C. de B. Il a pour but de vous faire connaître la position de votre compte.

C. Je vois que cette banque m'offrira un bon service.

C. de B. Cette banque prétend offrir à tout le monde le meilleur service possible. Rappelez-vous, mademoiselle, si plus tard vous avez besoin d'un compte d'épargne pour faire fructifier vos économies nous sommes toujours à votre disposition pour vous conseiller et vous proposer la formule qui vous conviendra.

C. Je vous remercie, monsieur.

C. de B. Mademoiselle, vous avez une banque pour gérer votre avoir au mieux de vos intérêts. Vous travaillez pour gagner de l'argent, vous ne pouvez vous passer de travailler et vous ne pouvez davantage vous passer des services d'une banque.

Questions

Répondez aux questions suivantes—

1. Qu'est-ce qui joue un rôle déterminant dans l'économie française de nos jours?

   Les organismes de crédit et notamment les banques jouent un rôle déterminant dans l'économie française de nos jours.

2. Quand l'État a-t-il jugé nécessaire de s'assurer le contrôle des banques et des établissements de crédit?
   Il a jugé nécessaire de s'en assurer le contrôle après la deuxième guerre mondiale.

3. Qu'est-ce qu'il a mis en place?
   Il a mis en place deux organismes de direction et de contrôle.

4. En combien de catégories les banques de France sont-elles réparties?
   Elles sont réparties en trois catégories: banques de dépôts, banques privées et banques d'affaires.

5. Quelles sont les quatre grandes banques de dépôts?
   Ce sont le Crédit Lyonnais, la Société Générale, le Comptoir National d'Escompte et la Banque Nationale de Crédit Industriel.

6. Combien de banques privées y a-t-il en France actuellement?
   Il y en a environ 260 actuellement.

7. Quels sont les plus grands établissements de crédit en France?
   Ce sont la Caisse Nationale du Crédit Agricole, le Crédit Foncier et le Crédit National.

8. De quoi votre Banque s'occupe-t-elle, quelle que soit votre situation ou l'importance de vos revenus?
   Elle s'occupe de tous les problèmes financiers de votre vie quotidienne.

9. Sur quoi porte-t-elle le virement de votre salaire?
   Elle porte le virement de votre salaire sur votre compte.

10. Pourquoi la cliente veut-elle ouvrir un compte courant?
    Elle veut ouvrir un compte courant parce qu'elle est payée au mois et elle veut régler ses comptes par chèque.

11. Quelle est la profession de la cliente?
    Elle est directrice d'une Agence de Voyages à Paris.

12. Comment doit-elle signer la fiche?
    Elle doit la signer de la même façon qu'elle va signer ses chèques.

13. Quelle somme va-t-elle déposer?
    Elle va déposer 200 F.

14. Si la cliente va à l'étranger quelles sortes de facilités peut-elle obtenir à la Banque?
    Elle peut y obtenir chèques de voyage, monnaies étrangères, change de devises, etc.

15. A quoi le carnet de chèques sert-il?
    Il sert à retirer des fonds ou à effectuer des paiements.

Basic Text

LA BANQUE DE DEMAIN

Comment voyez-vous la Banque de demain? C'est la question que nous vous posons et que nous posons à tous les Français. Que vous soyez client ou non d'une banque, et quelle que soit cette banque, vous pourrez construire vous-même la Banque de demain.

La Banque d'aujourd'hui vous intimide un peu? Demain, elle vous sera familière. Elle ressemblera à un grand magasin ou à une agence de voyages. On n'y parlera plus seulement «argent» mais surtout «services». Vous vous y sentirez vraiment chez vous.

En voyage, sur la route, c'est pratique de pouvoir retirer de l'argent, n'importe où, plutôt que d'en transporter sur soi. Actuellement vous pouvez retirer 750 F par semaine dans les agences de *votre banque*. Dans l'avenir, grâce à des accords interbanques, vous pourrez—avec votre carnet de chèques habituel—prendre de l'argent dans *n'importe quelle banque*, même si vous n'en êtes pas client.

A la fin du mois, votre compte est «à sec», mais qu'importe, la Banque de demain, tenant compte de vos rentrées d'argent mensuelles, vous aura accordé à l'avance un «crédit-automatique». Vous pourrez ainsi être à découvert à n'importe quel moment et sans aucune formalité. Dans une Banque, les statuts permettent de devenir mieux qu'un client, un véritable associé, détenant une part même minime du capital.

Où trouver les meilleurs comptables, experts fiscaux et juridiques, etc? Comment faire votre déclaration d'impôts? Comment choisir un logement? Quel est le marché du travail dans votre région? Toutes ces adresses, tous ces conseils, la Banque de demain vous les fournira. Les Banques de demain seront de véritables «centrales de renseignements» pour votre administration personnelle.

Crédit-Vacances, Crédit-Mobilier, Crédit Maison de Campagne, un même service de la Banque s'occupera de ces nouvelles formes de crédit très avantageuses, comparables à l'Épargne-Logement. Vous épargnerez une partie de la somme dont vous aurez besoin pour acheter votre bateau, votre caravane ou votre villa et, le moment venu, vous aurez droit, pour l'autre partie, à un prêt bon marché.

Des conditions particulièrement intéressantes seront consenties aux jeunes artisans, aux étudiants, aux jeunes ménages pour préparer leur avenir ou démarrer leur activité professionnelle: crédit études, crédit première installation, crédit première voiture.

Vous avez une carte de crédit. Pas d'argent liquide, pas de chèque à remplir: vous montrez votre carte au commerçant qui transmet la facture à votre Banque. La Banque de demain développera ce service: carte de paiement de la mère de famille, carte de crédit pour la France, pour l'Europe. . . .

La Banque de demain vous avancera l'argent qui vous manque aux différentes étapes de votre vie familiale ou professionnelle. Au-delà de votre situation matérielle du moment, elle fera plus encore confiance à vos perspectives d'avenir, vos idées, votre talent, votre dynamisme.

La Banque de demain sera ouverte aux mêmes heures que les commerces, c'est-à-dire entre midi et deux heures, tard le soir et parfois après le dîner, comme certains grands magasins. Les dimanches et jours fériés une permanence sera organisée.

Si vous ne pouvez aller à la Banque, dans les petites localités, c'est la Banque qui ira à vous avec ses caravanes motorisées. Dans les grandes villes encombrées, il y aura des guichets-auto où vous pourrez prendre de l'argent sans descendre de voiture. On trouvera même des distributeurs automatiques (comme il en existe déjà dans certains pays) qui vous permettront de retirer de l'argent à l'aide d'une carte spéciale.

Où en est votre budget? De nombreuses banques envoient déjà à leurs clients un relevé de compte après chaque opération. La Banque de demain vous enverra en outre des relevés périodiques, donnant la répartition de vos dépenses en fonction de leur nature: impôts, logement, vacances, assurances, etc. Si vous le désirez, elle pourra même retenir tous les mois les provisions nécessaires au paiement de ces dépenses importantes.

Voilà la Banque de demain, non pas telle que vous l'imaginez dans dix ou vingt ans, mais telle que vous désirez qu'elle soit . . . le plus tôt possible!

Questions

Répondez aux questions suivantes—

1. A quoi la Banque de demain ressemblera-t-elle?
   Elle ressemblera à un grand magasin ou à une agence de voyages.

2. Lequel est le plus pratique: de pouvoir retirer de l'argent n'importe où ou d'en transporter sur soi?
   Il est plus pratique de pouvoir retirer de l'argent n'importe où.

3. Qu'est-ce que la Banque de demain pourra vous accorder quand votre compte est «à sec» à la fin du mois?
   Elle pourra m'accorder à l'avance un crédit automatique, tenant compte de mes rentrées d'argent mensuelles.

4. Pourquoi les banques de demain seront-elles de véritables «centrales de renseignement»?
   Elles seront de véritables centrales de renseignement parce qu'elles vous fourniront toutes les adresses et tous les conseils dont vous aurez besoin.

5. De quelles formes de crédit très avantageuses la Banque de demain s'occupera-t-elle?
   Elle s'occupera des Crédit-Vacances, Crédit Mobilier et Crédit Maison de Campagne.

6. A quoi ces nouvelles formes de crédit sont-elles comparables?
   Elles sont comparables à l'Épargne-Logement.

7. A qui seront consenties des conditions particulièrement intéressantes?
   Elles seront consenties aux jeunes artisans, aux étudiants, aux jeunes ménages pour préparer leur avenir ou démarrer leur activité professionnelle.

8. Que fera le commerçant quand il verra la carte de crédit d'un client?
   Il transmettra la facture du client à sa banque.

9. Est-ce que la Banque de demain avancera aux clients l'argent qui leur manque?
   Oui, la Banque de demain avancera aux clients l'argent qui leur manque.

10. Quand la Banque de demain sera-t-elle ouverte?
    La Banque de demain sera ouverte aux mêmes heures que les commerces, c'est-à--dire entre midi et deux heures, tard le soir et parfois après le dîner.

11. Qu'est-ce qui sera organisé les dimanches et jours fériés?
    Une permanence sera organisée les dimanches et jours fériés.

12. Comment la Banque de demain ira-t-elle à ses clients dans les petites localités?
    La Banque de demain ira à ses clients dans des caravanes motorisées.

13. Quelles facilités la Banque de demain offrira-t-elle aux automobilistes dans les grandes villes encombrées?
    La Banque de demain offrira aux automobilistes dans les grandes villes encombrées des guichets-auto où les clients pourront prendre de l'argent sans descendre de voiture.

14. Est-ce que la Banque de demain enverra des relevés périodiques à ses clients?
    Oui, la Banque de demain leur enverra des relevés périodiques donnant la répartition de leurs dépenses en fonction de leur nature: impôts, logement, vacances, assurances, etc.

15. Si le client le désire, que pourra retenir la Banque de demain tous les mois de son compte?
    Si le client le désire, la Banque de demain pourra retenir de son compte tous les mois les provisions nécessaires au paiement de ses dépenses importantes.

Structure Drills

I. *Reflexive Verbs in the Infinitive*
   Singular Verb > Plural Verb
   Modèle—
   Vous entendez: Je ne peux pas me passer des services d'une banque.
   Vous dites: Nous ne pouvons pas nous passer des services d'une banque.
Commencez—

1. Je ne peux pas me passer des services d'une banque.
   Nous ne pouvons pas nous passer des services d'une banque.

2. Tu ne peux pas te passer des services d'une banque.
   Vous ne pouvez pas vous passer des services d'une banque.

3. Il ne peut pas se passer des services d'une banque.
   Ils ne peuvent pas se passer des services d'une banque.

4. Je veux me renseigner sur l'organisation du crédit.
   Nous voulons nous renseigner sur l'organisation du crédit.

5. Veux-tu te renseigner sur l'organisation du crédit?
   Voulez-vous vous renseigner sur l'organisation du crédit?

6. Elle veut se renseigner sur son compte d'épargne.
   Elles veulent se renseigner sur leurs comptes d'épargne.

7. Dois-tu te passer d'un compte courant?
   Devez-vous vous passer d'un compte courant?

8. Je ne peux pas me passer des chèques de voyage.
   Nous ne pouvons pas nous passer des chèques de voyage.

9. Ne doit-il pas se passer de travailler?
   Ne doivent-ils pas se passer de travailler?

10. Dois-tu t'occuper de tes problèmes de change?
    Devez-vous vous occuper de vos problèmes de change?

II. *Negation + Infinitive*
Modèle—
   Vous entendez: Il nous a conseillé d'ouvrir un compte courant.
   Vous dites: Il nous a conseillé de ne pas ouvrir un compte courant.
Commencez—
   1. Il nous a conseillé d'ouvrir un compte courant.
      Il nous a conseillé de ne pas ouvrir un compte courant.

   2. Dites-lui d'attendre à la caisse.
      Dites-lui de ne pas attendre à la caisse.

   3. J'ai décidé de passer mes vacances à l'étranger.
      J'ai décidé de ne pas passer mes vacances à l'étranger.

   4. Elle va essayer de retirer de l'argent de son compte.
      Elle va essayer de ne pas retirer d'argent de son compte.

   5. Elle nous a priés de lui prêter de l'argent.
      Elle nous a priés de ne pas lui prêter d'argent.

   6. Je vous demande de m'avancer l'argent qui me manque.
      Je vous demande de ne pas m'avancer l'argent qui me manque.

   7. Dites-leur d'épargner une partie de la somme dont ils auront besoin.
      Dites-leur de ne pas épargner une partie de la somme dont ils auront besoin.

   8. Nous avons décidé de lui répondre.
      Nous avons décidé de ne pas lui répondre.

   9. J'aime mieux le savoir tout de suite.
      J'aime mieux ne pas le savoir tout de suite.

   10. Nous avons essayé de le faire sans rien dire.
       Nous avons essayé de ne pas le faire sans rien dire.

III. The Interrogative Pronoun **quoi**

Modèle—
> Vous entendez: Votre carnet de chèques sert à retirer des fonds.
> Vous dites: A quoi sert-il?

Commencez—

1. Votre carnet de chèques sert à retirer des fonds.
   A quoi sert-il?

2. Il s'agit du crédit agricole.
   De quoi s'agit-il?

3. Votre banque s'occupera de tous vos problèmes financiers.
   De quoi s'occupera-t-elle?

4. Elle disposera d'un service complet.
   De quoi disposera-t-elle?

5. Le client a besoin d'un compte courant.
   De quoi a-t-il besoin?

6. La cliente pense à ses chèques de voyage.
   A quoi pense-t-elle?

7. Le banquier parle de la circulation monétaire.
   De quoi parle-t-il?

8. Il faut répondre à cette question.
   A quoi faut-il répondre?

9. Cette banque ressemble à une agence de voyages.
   A quoi ressemble-t-elle?

10. Il aura droit à un prêt bon marché.
    A quoi aura-t-il droit?

IV. Completion Exercise
Complete the following sentences with reference to the text—

1. Aujourd'hui les organismes de crédit et notamment les banques jouent. . . .
   (un rôle déterminant dans l'économie française)

2. L'État a nationalisé non seulement la Banque de France en 1945 mais aussi. . . .
   (les plus grands établissements de crédit en France)

3. Quelle que soit votre situation ou l'importance de vos revenus votre Banque s'occupe de. . . .
   (tous les problèmes financiers de votre vie quotidienne)

4. N'oubliez pas de signer la fiche de la même façon que vous allez. . . .
   (signer vos chèques)

5. Le carnet de chèques sert à. . . .
   (retirer des fonds ou à effectuer des paiements)

6. Vous ne pouvez pas vous passer de travailler et vous ne pouvez davantage vous passer. . . .
(des services d'une banque)

7. Des conditions particulièrement intéressantes seront consenties aux jeunes artisans, aux étudiants, aux jeunes ménages pour. . . .
(préparer leur avenir ou démarrer leur activité professionnelle)

8. De nombreuses banques envoient à leurs clients un relevé de compte après. . . .
(chaque opération)

9. En voyage, sur la route, c'est pratique de pouvoir retirer de l'argent n'importe où plutôt que. . . .
(d'en transporter sur soi)

10. Vous épargnerez une partie de la somme dont vous aurez besoin pour acheter votre bateau ou votre villa et vous aurez droit pour l'autre partie à. . . .
(un prêt bon marché)

V. *Translation Drill*

A spontaneous oral translation into French is to be given immediately after you have heard the English phrase—

Whatever your situation is	*Quelle que soit votre situation*
or the importance of your income	*ou l'importance de vos revenus*
your bank	*votre banque*
attends to all the financial problems	*s'occupe de tous les problèmes financiers*
of your daily life.	*de votre vie quotidienne.*
It administers your account	*Elle gère votre compte,*
pays your gas, electricity and	*paie vos notes de gaz, d'électricité ou*
telephone bills,	*de téléphone,*
and puts the transfer of your salary	*et met le virement de votre salaire*
on to your account.	*sur votre compte.*
Your bank will send you a statement	*Votre banque vous enverra un relevé*
after each transaction.	*après chaque opération.*
You can borrow money	*Vous pouvez emprunter de l'argent*
from the bank if you need to,	*à la banque si vous en avez besoin,*
or open a savings account.	*ou ouvrir un compte d'épargne.*
If you decide to go abroad	*Si vous décidez d'aller à l'étranger*
your bank will supply your travellers' cheques	*votre banque fournira vos chèques de voyage*
and foreign currency.	*et vos devises étrangères.*
You work to earn money,	*Vous travaillez pour gagner de l'argent,*
you cannot do without working,	*vous ne pouvez vous passer de travailler,*
and you can no more do without the services of a bank.	*et vous ne pouvez davantage vous passer des services d'une banque.*

Selected Vocabulary List: Unit 17

l'accord (m), *agreement*
des accords inter-banques, *agreements between banks*
accorder, *to grant*
l'administration (f), *administration*
les affaires (fpl), *business, trade*
l'argent (m), *money*
l'argent liquide, *liquid money*
l'associé (m), *associate*
avancer, *to advance*
avancer de l'argent, *to advance money*
l'avantage (m), *advantage*
l'avenir (m), *future*
l'avoir (m), *property*
avoir besoin (de), *to need*
avoir droit (à), *to have a right to*
la banque, *bank, banking*
banque de dépôts, *deposit bank*
banque de virement, *clearing bank*
banque privée, *private bank*
le banquier, *banker*
le bureau de change, *foreign exchange office*
la Caisse, *counting house, bank*
la Caisse d'Épargne, *P.O. Savings Bank*
les Caisses de l'État, *coffers of the State*
la caisse, *counter, pay desk (at bank)*
le carnet de banque, *bank book*
le carnet de chèques, *cheque book*
le carnet de compte, *bank pass book*
la carte de crédit, *credit card*
la carte d'identité, *identity card*
la carte de paiement, *payment card*
la catégorie, *category*
le change, *exchange*
le change de devises, *foreign exchange*
le chèque, *cheque*
un chèque de voyage, *travellers' cheque*

la circulation monétaire, *monetary circulation*
le client, la cliente, *customer, client*
le coffre-fort, *safe*
le commis de banque, *bank clerk*
le comptable, *accountant*
le compte, *account*
compte courant, *current account*
compte d'épargne, *savings account*
compte en participation, *joint account*
la confiance, *confidence, trust*
le conseil, *advice*
conseiller, *to advise*
le contrôle, *control*
le crédit, *credit*
le crédit à découvert, *blank, open credit*
le crédit agricole, *agricultural credit*
crédit foncier, *land bank*
la déclaration, *declaration*
déclaration d'impôt, *tax declaration*
demain, *tomorrow*
démarrer, *to start off*
la dépense, *expenditure*
les dépenses (fpl), *expenses*
déposer, *to deposit*
le dépôt, *deposit*
détenir, *to hold, be in possession of*
diriger, *to direct*
les disponibilités (fpl), *liquid assets, available funds*
à votre disposition, *at your disposal*
le doit et avoir, *debit and credit*
l'économie, *saving*
les économies (fpl), *savings*
emprunter, *to borrow*
l'encaissement (m), *encashment*
l'épargne (f), *saving, economy*
l'escompte (m), *discount*

205

l'établissement (m), establishment
établissement de crédit, loan society
une étape, stage
l'État, State
l'expert fiscal, tax expert
l'expert juridique, legal expert
la facture, invoice, bill
faire des dépenses, to incur expenses
faire des économies, to save (money)
le financier, financier
financier(ière), financial
foncier, land, of the land
le fonds, fund
les fonds d'État, Government stock
la formalité, formality
fournir, to supply
gérer, to administer
la gestion, administration
le gouvernement, government
le guichet, pay-desk (in bank)
l'impôt (m), tax, duty
intimider, to intimidate
l'investissement (m), investment
le jour férié, (general) holiday
juridique, legal
le logement, housing, accommodation
mensuel(le), monthly
mensuellement, monthly, each month
mettre le virement, to put credit transfer (on to account)
la monnaie, money, change
monnaie étrangère, foreign money
monnaie légale, legal tender, currency
nationaliser, to nationalize
la note, bill, account, invoice
s'occuper de, to be busied with
ouvrir un compte, to open an account
le paiement, payment

la participation (à), share, interest (in)
se passer de, to do without (something)
placer, to invest (money)
poser une question, to ask a question
préparer, to prepare
prêter, to lend
le problème financier, financial problem
la quittance, receipt
quotidien, daily
régler, to settle
régler une dette, to settle a debt
régler les comptes, to settle the accounts
régulateur(trice), regulating, regulative
le relevé, statement
remplir la fiche, to fill in the form
remplir le chèque, to fill in the cheque
le renseignement, information
se renseigner (sur), to inquire (about)
répartir, to distribute, divide
ressembler à, to resemble
retirer, to draw out (money from account)
les revenus (mpl), income
le salaire, salary
salarié, salaried
la sécurité, security, safety
la somme, sum (of money)
la somme en banque, sum in the bank
soumettre, to submit
la succursale, branch
tenir compte de, to take account of
le titre, deed
le titulaire, bearer, holder (of cheque book)
tôt, soon
le plus tôt possible, as soon as possible
les vacances (fpl), holidays
la vie, life
le virement, (credit) transfer
la visite d'affaires, business visit

18

Le Tourisme
et L'Industrie Hôtelière

I^e SCÈNE: À L'AÉROPORT D'ORLY

L'AÉROPORT d'Orly, situé à douze kilomètres au sud-est de Paris, est une véritable ville créée pour le confort et l'agrément des voyageurs. Cet aéroport est l'un des ouvrages les plus importants et les mieux réussis du monde au cours de ces dernières années. Un visiteur anglais et son ami français se rencontrent sur la terrasse de l'aéroport. Écoutons leur conversation—

VISITEUR ANGLAIS. Quelle vue extraordinaire nous avons de la terrasse de l'aéroport!

FRANÇAIS. Oui, regardez les pistes fourmillant d'avions de toutes tailles, d'autocars multicolores, de voitures et d'employés.

V. Comme ces employés paraissent minuscules dans ce décor grandiose!

F. Vous n'en apercevez qu'une partie de l'aéroport. Les pistes de décollage sont plus loin derrière la tour de contrôle.

V. Quelle tour de contrôle?

F. C'est le bâtiment qui se dresse là-bas près du tunnel. Lorsqu'un avion atterrit, il entre en contact par radio avec les techniciens de cette tour.

V. Les techniciens, que font-ils?

F. Ils guident l'avion jusqu'au sol, de jour comme de nuit.

V. Quand un avion atterrit à l'aéroport, comment les passagers sont-ils transportés à l'aérogare?

F. Lorsque l'avion atterrit les passagers sont rapidement transportés à l'aérogare grâce à un service d'autocars.

V. Quelles facilités trouveront-ils à leur arrivée à l'aérogare?

F. Ils y trouveront que tout est prévu pour les recevoir. Il y a un hôtel, des boutiques, un cinéma, même une chapelle!

V. (riant) Rien n'est oublié pour faciliter le voyage des passagers.

F. Vous avez raison. Tout est prévu pour les recevoir, qu'ils attendent un autre avion ou qu'ils se rendent dans la capitale.

V. Tenez! Des voyageurs s'apprêtent à monter dans la Caravelle là-bas.

F. Allons voir cela de plus près.

V. Voici déjà le car des passagers.

F. Oui, l'hôtesse de l'air est déjà en place pour les accueillir.

V. Le pilote, est-il déjà à son poste?

F. Oui, sans doute. Il doit s'assurer avant le décollage du bon fonctionnement de toutes les commandes.

2ᵉ SCÈNE: À BORD DE LA CARAVELLE

Autour de la *Caravelle* règne une intense agitation. Le départ a lieu dans cinq minutes; il n'y a donc pas un instant à perdre! Tandis que le camion-citerne fait le plein de carburant, des mécaniciens rechargent les batteries du bord et complètent les réservoirs d'eau. A bord de la *Caravelle* les passagers sont déjà assis dans leurs fauteuils réservés. Écoutons leur conversation—

HÔTESSE DE L'AIR. Mesdames et messieurs, attachez vos ceintures, s'il vous plaît, nous allons décoller. Le commandant de bord et tout l'équipage vous souhaitent un bon voyage.

PASSAGER. (*excité*) C'est l'heure de départ! (*la Caravelle décolle*)

HOMME D'AFFAIRES. L'aviation commerciale, dernière venue parmi les grands moyens de transport, apparaîtra, sans doute, dans l'avenir comme une des plus grandes inventions du vingtième siècle.

P. Oui, sans doute. Aujourd'hui tous les hommes modernes, toute la jeunesse, se tournent vers elle.

HOMME. La rapidité des relations commerciales n'est-elle pas, dans la concurrence internationale, un des plus importants facteurs de succès?

P. Certainement. Sur tous les longs trajets, pour le transport de son courrier et pour ses déplacements personnels, l'homme d'affaires moderne utilise l'avion.

HOMME. Jadis l'avion apparaissait comme un mode de transport exceptionnel réservé soit à la clientèle sportive et audacieuse, soit aux plis particulièrement urgents.

P. De nos jours il est le moyen normal de transport sur les longues distances des passagers pressés et du courrier.

HOMME. Les temps ont vite changé. Il y a seulement soixante-dix ans l'avion n'existait pas encore.

P. Malheureusement à présent les tarifs des voyages aériens sont encore légèrement supérieurs à ceux des autres moyens de transport.

HOMME. Ce supplément est amplement compensé par l'économie de temps, la suppression des frais de logement et de repas.

P. Vous avez raison. Il ne faut jamais oublier les possibilités qu'une liaison rapide offre à l'homme d'affaires et au touriste.

HOMME. Nous voici déjà presque à destination.

HÔTESSE. Mesdames et messieurs, attachez vos ceintures, s'il vous plaît nous allons atterrir.

P. L'avion atterrit! (*la Caravelle atterrit*)

HOMME. Oui, les lignes aériennes commerciales françaises comptent parmi les plus régulières, les plus confortables et les plus sûres du monde.

Questions

Répondez aux questions suivantes—

1. A quelle distance de Paris l'Aéroport d'Orly est-il situé?

   L'Aéroport d'Orly est situé à 12 kilomètres au sud-est de Paris.

2. Avec qui le pilote entre-t-il en contact par radio avant l'atterrissage?
Avant l'atterrissage le pilote entre en contact par radio avec les techniciens de la tour de contrôle.

3. Lorsque l'avion atterrit où les passagers sont-ils rapidement transportés?
Lorsque l'avion atterrit les passagers sont rapidement transportés à l'aérogare.

4. Qu'est-ce qu'ils trouvent à leur arrivée à l'aérogare?
Ils trouvent que tout est prévu pour les recevoir: il y a un hôtel, des boutiques, un cinéma, même une chapelle.

5. De quoi le pilote doit-il s'assurer avant le décollage?
Avant le décollage le pilote doit s'assurer du bon fonctionnement de toutes les commandes.

6. Qu'est-ce qui apparaîtra dans l'avenir comme une des grandes inventions du vingtième siècle?
L'aviation commerciale apparaîtra dans l'avenir comme une des grandes inventions du vingtième siècle.

7. Quel est le plus grand avantage du transport aérien?
Le plus grand avantage du transport aérien c'est qu'il est beaucoup plus rapide que les autres moyens de transport.

8. Est-ce que les frais du transport aérien sont légèrement supérieurs à ceux des autres moyens de transport?
Oui, les frais du transport aérien sont légèrement supérieurs à ceux des autres moyens de transport.

Basic Text

LE TOURISME ET L'INDUSTRIE HÔTELIÈRE

L'institution des congés payés, l'élévation du niveau de vie, l'amélioration des transports, ont donné au tourisme une extension considérable. En France, tous les ans, à la fin de l'année scolaire, au seuil de l'été, on assiste à une véritable mobilisation du pays: départs massifs des citadins par vagues successives (1er juillet, 14 juillet, fêtes du 15 août), trains doublés ou triplés, files de voitures sur les routes, déploiement des services de sécurité routière. Des millions de touristes étrangers débarquent ou passent les frontières. Sur les plages, dans les villes d'eau et les stations de montagne, les hôtels affichent «complet».

Les estivants se concentrent en effet dans certaines régions dites «touristiques», auxquelles se posent alors de redoutables problèmes de logement, de ravitaillement, de transports, d'équipement sanitaire. Aussi s'efforce-t-on actuellement de développer l'équipement de régions pittoresques moins fréquentées telles que le Jura ou le Massif Central.

Mais les formes mêmes du tourisme se modifient et posent des problèmes nouveaux. Jusqu'ici les vacances des Français étaient concentrées sur une période relativement courte: principalement de la fin juillet au 15 ou 20 août. On s'efforce de les « étaler » par divers moyens (réductions de prix aux autres périodes, décalage des vacances, etc.).

D'autre part la riche clientèle de naguère a fait place à une nouvelle clientèle aux moyens plus limités. Aux anciens palaces, dont la plupart sont vendus par appartements, ont succédé de nouvelles formes d'équipement. Les clubs de vacances se multiplient.

L'automobile a favorisé le tourisme itinérant. Les estivants se déplacent beaucoup, exigeant des formules d'accueil plus souples. Enfin le développement du tourisme international tend à modifier les grands courants touristiques.

Il existe actuellement en France 12 000 hôtels de tourisme classés et 60 000 hôtels non classés et maisons meublées offrant ensemble un total de près d'un million de chambres (1 500 000 lits). Bien qu'il soit le double de celui de l'Italie, ce chiffre est insuffisant par rapport aux progrès du tourisme; d'où un effort de construction et de modernisation de l'équipement hôtelier, notamment grâce au *Crédit Hôtelier.*

Les hôtels de tourisme sont répartis en quatre catégories, indiquées par des étoiles, chaque catégorie étant subdivisée en classes *A, B* ou *C*.[1] Les logis de France,[2] au nombre de 1 500, sont des hôtels de tourisme modernisés, aux installations simples, mais propres et confortables, à l'intention des bourses moyennes.

En outre, pour répondre aux besoins des catégories sociales disposant de revenus limités, le Commissariat au Tourisme s'efforce depuis quelques années de multiplier les formules économiques d'hébergement. Tels sont les « gîtes de France »,[3] au nombre de 2 000, habitations rurales restaurées et modernisées. Grâce à des initiatives officielles ou privées (Caisses d'Allocations familiales, Touring Club de France, etc.) camps, villages de vacances, maisons familiales se multiplient également un peu partout, ainsi que les Auberges de Jeunesse.

Le camping et son complément, le « caravaning » connaissent à leur tour en

[1] The General Commission for Tourism divides the recognized tourist hotels into four categories ranging from one to four stars, plus a de luxe category. An hotel's category is decided by the Secretary of State for Tourism after consulting a commission chaired by the Commissioner General for Tourism. The number of stars, which determines a hotel's prices, takes into account the standard of comfort.

[2] *Les logis de France:* to become a *logis de France,* an hotel must be of small or medium size, located in a tourist region but away from major built-up areas and the proprietors must have undertaken to observe a charter imposing certain terms as regards the hotel's appointments, hospitality and all-in prices. These establishments belong to one of the associations existing in a great number of departments and which are grouped into a *Fédération Nationale des Logis de France.*

[3] *Les gîtes de France:* in 1966, 7 000 *gîtes ruraux* in more than 60 departments received about 28 000 holiday-makers. Located in attractive, though sometimes unprosperous regions, these are provided for tourist purposes in country houses that are often too big for their occupants. Town families with low incomes can thus spend holidays in the country, while the hosts, besides gaining an additional source of income from rents, receive subsidies for the improvement of premises which they undertake to let.

France un succès croissant. On comptait un million de campeurs en 1956, on en compte près de 5 millions aujourd'hui. Plus de 4 000 terrains sont mis à leur disposition, comportant des aménagements souvent très perfectionnés. Des clubs de campeurs se sont constitués: la Fédération française groupe plus de 300 associations et environ 400 000 membres.

Le tourisme et l'industrie hôtelière, en apportant à la France beaucoup de devises étrangères, jouent un grand rôle dans la balance des comptes. En déduisant les dépenses des touristes français à l'étranger le solde positif atteint 200 à 300 millions de dollars par an (plus d'un milliard de francs).

Questions

Répondez aux questions suivantes—

1. Qu'est-ce qui a donné au tourisme une extension considérable?
   L'institution des congés payés, l'élévation du niveau de vie, l'amélioration des transports ont donné au tourisme une extension considérable.

2. Quand assiste-t-on à une véritable mobilisation du pays?
   A la fin de l'année scolaire, au seuil de l'été on assiste à une véritable mobilisation du pays.

3. Est-ce que beaucoup d'étrangers débarquent en France ou passent les frontières françaises?
   Oui, des millions de touristes étrangers débarquent en France ou passent les frontières françaises.

4. Quels problèmes se posent dans les régions touristiques?
   Des problèmes de logement, de ravitaillement, de transports, d'équipement sanitaire se posent dans les régions touristiques.

5. Que s'efforce-t-on actuellement de développer en France pour les estivants?
   On s'efforce de développer en France actuellement l'équipement de régions pittoresques moins fréquentées telles que le Jura ou le Massif Central.

6. Est-ce que les vacances des Français étaient, jusqu'ici, concentrées sur une période relativement courte?
   Oui, les vacances des Français étaient jusqu'ici concentrées sur une période relativement courte, principalement de la fin juillet au 15 ou 20 août.

7. Qu'est-ce qui a favorisé le tourisme itinérant?
   L'automobile a favorisé le tourisme itinérant.

8. Combien d'hôtels de tourisme classés et non classés y a-t-il actuellement en France?
   Actuellement en France il y a 1 200 hôtels de tourisme classés et 60 000 hôtels de tourisme non classés.

9. Est-ce que le chiffre de près d'un million de chambres est suffisant par rapport aux progrès du tourisme en France?
   Non, il est insuffisant, par rapport aux progrès du tourisme en France.

10. Quel effort faut-il faire pour améliorer l'équipement hôtelier en France?
Il faut faire un effort de construction et de modernisation pour améliorer l'équipement hôtelier.

11. Comment les hôtels de tourisme sont-ils répartis?
Ils sont répartis en quatre catégories, indiquées par des étoiles, chaque catégorie étant subdivisée en classes A, B ou C.

12. Qu'est-ce qu'un logis de France?
C'est un hôtel de tourisme modernisé, aux installations simples, mais propre et confortable, à l'intention des bourses moyennes.

13. Combien de logis de France y a-t-il actuellement?
Actuellement il y a 1 500 logis de France.

14. Qu'est-ce qu'une gîte de France?
C'est une habitation rurale restaurée et modernisée, pour ceux qui disposent de revenus limités.

15. Pourquoi le Commissariat au Tourisme s'efforce-t-il, depuis quelques années, de multiplier les formules économiques d'hébergement?
Il s'efforce de multiplier les formules économiques d'hébergement pour répondre aux besoins des catégories sociales disposant de revenus limités.

16. Qu'est-ce qui se multiplie un peu partout en France?
Les camps, les villages de vacances et les maisons familiales se multiplient un peu partout en France.

17. Quels types de vacances connaissent un succès croissant?
Le camping et le caravaning connaissent un succès croissant.

18. Est-ce que le nombre de campeurs en France s'est élevé depuis 1956?
Oui, il s'est beaucoup élevé; en 1956 on comptait un million de campeurs, aujourd'hui on en compte près de cinq millions.

19. Qu'est-ce que le tourisme et l'industrie hôtelière apportent à la France?
Ils apportent beaucoup de devises étrangères à la France.

20. Quel est le solde positif atteint par an en France, après qu'on a déduit les dépenses des touristes français à l'étranger?
Après qu'on a déduit les dépenses des touristes français à l'étranger, le solde positif atteint par an en France est plus d'un milliard de francs.

Structure Drills

I. *Prepositions* + **qui** + *Persons; Prepositions* + **lequel** + *Things*
Modèle—
Vous entendez: Le pilote entre en contact avec les techniciens de la tour de contrôle.
Voici les techniciens. . . .
Vous dites: Voici les techniciens de la tour de contrôle avec qui le pilote entre en contact.

(a) Prepositions + **qui** + Persons

Commencez—

1. Le pilote entre en contact avec les techniciens de la tour de contrôle.
   Voici les techniciens. . . .
   Voici les techniciens de la tour de contrôle avec qui le pilote entre en contact.

2. Le passager excité est assis à côté de l'homme d'affaires.
   Voici l'homme d'affaires. . . .
   Voici l'homme d'affaires à côté de qui le passager excité est assis.

3. L'hôtesse de l'air parle aux passagers à bord de la *Caravelle*.
   Voici les passagers. . . .
   Voici les passagers à bord de la Caravelle à qui l'hôtesse de l'air parle.

4. Le pilote compte sur le navigateur et le commandant de bord.
   Voici le navigateur. . . .
   Voici le navigateur et le commandant de bord sur qui le pilote compte.

5. L'hôtesse de l'air va apporter le déjeuner aux passagers.
   Voici les passagers. . . .
   Voici les passagers à qui l'hôtesse de l'air va apporter le déjeuner.

(b) Prepositions + **lequel** + Things

6. Autour de la *Caravelle* règne une intense agitation.
   Voici la Caravelle. . . .
   Voici la Caravelle autour de laquelle règne une intense agitation.

7. A bord de la Caravelle les passagers sont déjà assis.
   Voici la Caravelle. . . .
   Voici la Caravelle à bord de laquelle les passagers sont déjà assis.

8. Les passagers sont rapidement transportés à l'aérogare dans des autocars.
   Voici des autocars. . . .
   Voici des autocars dans lesquels les passagers sont rapidement transportés à l'aérogare.

9. Le co-pilote est déjà installé dans le poste de pilotage.
   Voici le poste de pilotage. . . .
   Voici le poste de pilotage dans lequel le co-pilote est déjà installé.

10. Les pistes de décollage se trouvent derrière la tour de contrôle.
    Voici la tour de contrôle. . . .
    Voici la tour de contrôle derrière laquelle se trouvent les pistes de décollage.

II. *Verbs of Perception* + *Infinitive*

Modèle—

Vous entendez: Les visiteurs ont vu l'avion qui atterrissait.
Vous dites: Ils l'ont vu atterrir.

Commencez—

1. Les visiteurs ont vu l'avion qui atterrissait.
   Ils l'ont vu atterrir.

213

2. J'ai entendu les ingénieurs qui discutaient le *Concorde*.
Je les ai entendus le discuter.

3. Les visiteurs ont regardé les autocars qui partaient de l'aérogare.
Ils les ont regardés en partir.

4. Nous avons vu l'hôtesse de l'air qui apportait le déjeuner aux passagers.
Nous l'avons vue le leur apporter.

5. Le pilote écoutait l'hôtesse de l'air qui disait aux passagers d'attacher leurs ceintures.
Il l'écoutait leur dire de les attacher.

6. Les visiteurs sont allés à l'aéroport voir l'avion supersonique.
Ils y sont allés le voir.

7. L'hôtesse de l'air a regardé les passagers qui attachaient leurs ceintures.
Elle les a regardés les attacher.

8. L'homme d'affaires a entendu le passager qui discutait les tarifs des voyages aériens.
Il l'a entendu les discuter.

9. Le fabricant a écouté le transitaire qui lui expliquait l'avantage du transport aérien.
Il l'a écouté le lui expliquer.

10. Les douaniers ont vu les passagers qui arrivaient à l'aérogare.
Ils les ont vus y arriver.

III. *Adverbs*

(*a*) Adverbs > Superlative Adverbs

Modèle—
Vous entendez: L'hôtesse de l'air parle fort aux passagers.
Vous dites: Oui, c'est l'hôtesse de l'air qui parle le plus fort.

Commencez—

1. L'hôtesse de l'air parle fort aux passagers.
Oui, c'est l'hôtesse de l'air qui parle le plus fort.

2. Le pilote travaille ferme dans son poste de pilotage.
Oui, c'est le pilote qui travaille le plus ferme.

3. Le passager a payé cher son billet.
Oui, c'est le passager qui a payé le plus cher.

4. Les tarifs aériens coûtent cher.
Oui, ce sont les tarifs aériens qui coûtent le plus cher.

5. Le navigateur a pu voir clairement ce qui se passait.
Oui, c'est le navigateur qui a pu voir le plus clairement.

(*b*) Comparative Adverbs > Superlative Adverbs

Modèle—
Vous entendez: L'homme d'affaires se sert de l'avion plus souvent que le touriste.

Vous dites: Oui, l'homme d'affaires se sert de l'avion le plus souvent.
Commencez—

1. L'homme d'affaires se sert de l'avion plus souvent que le touriste.
   Oui, l'homme d'affaires se sert de l'avion le plus souvent.

2. Les marchandises transportées par avion se vendent plus cher que celles transportées par chemin de fer.
   Oui, les marchandises transportées par avion se vendent le plus cher.

3. Les tarifs aériens coûtent plus cher que ceux des autres moyens de transport.
   Oui, les tarifs aériens coûtent le plus cher.

4. Les frais de transport par chemin de fer coûtent moins cher que ceux par avion.
   Oui, les frais de transport par chemin de fer coûtent le moins cher.

5. Le fret aérien arrivera plus vite à la destination prévue que celui expédié au port d'embarquement.
   Oui, le fret aérien arrivera le plus vite à la destination prévue.

IV. *Completion Exercise*
   Complete the following sentences with reference to the text—

1. Lorsqu'un avion atterrit le pilote entre en contact par radio avec. . . .
   (les techniciens de la tour de contrôle)

2. Avant le décollage le pilote doit s'assurer du bon fonctionnement de. . . .
   (toutes les commandes)

3. L'aviation commerciale apparaîtra sans doute dans l'avenir comme. . . .
   (une des plus grandes inventions du vingtième siècle)

4. Les tarifs des voyages aériens sont encore légèrement supérieurs à. . . .
   (ceux des autres moyens de transport)

5. Les hôtels de tourisme sont répartis en quatre catégories indiquées par. . . .
   (des étoiles)

6. Les logis de France sont des hôtels de tourisme modernisés, aux installations simples, mais propres et confortables, à l'intention . . . .
   (des bourses moyennes)

7. Le camping et son complément le «caravaning» connaissent à leur tour en France. . . .
   (un succès croissant)

8. Le tourisme et l'industrie hôtelière en apportant à la France beaucoup de devises étrangères jouent un grand rôle dans. . . .
   (la balance des comptes)

9. La riche clientèle de naguère a fait place à une nouvelle clientèle. . . .
   (aux moyens plus limités)

10. L'institution des congés payés, l'élévation du niveau de vie, l'amélioration des transports ont donné au tourisme. . . .
    (une extension considérable)

V. Translation Drill

A spontaneous oral translation into French is to be given immediately after you have heard the English phrase—

Today tourism plays an important part in the economy of a country.	Aujourd'hui le tourisme joue un rôle important dans l'économie d'un pays.
In France everyone has realized the influence	En France tout le monde s'est rendu compte de l'influence
that tourism can exercise	que le tourisme peut exercer
on the prosperity of the country.	sur la prospérité du pays.
France is well equipped	La France est bien équipée
to turn into account	pour tirer parti
the beauty of its scenery	de la beauté de son paysage
and the mildness of its climate.	et de la douceur de son climat.
Each year thousands of foreign visitors	Chaque année, des milliers de visiteurs étrangers
come to France,	viennent en France,
and, in this way,	et, de cette façon,
tourism and the hotel industry	le tourisme et l'industrie hôtelière
bring to France	apportent à la France
a great deal of foreign currency.	beaucoup de devises étrangères.
Tourism thus plays a great part	Le tourisme joue donc un grand rôle
in the balance of payments.	dans la balance des comptes.
After deducting the expenses	Après avoir déduit les dépenses
of French tourists abroad	des touristes français à l'étranger
one finds that France earns	on trouve que la France gagne
more than a thousand million francs per year.	plus d'un milliard de francs par an.
These "invisible exports"	Ces «exportations invisibles»
represent the expenditure	représentent les dépenses
of foreign visitors	des visiteurs étrangers
during their stay in France.	pendant leur séjour en France.

Selected Vocabulary List: Unit 18

l'abaissement (m), *dropping, lowering (of price)*
à bord de, *on board*
l'accroissement (m), *increase*
accueillir, *to welcome*
l'aérogare (f), *air terminal*
l'aéroport (m), *airport*
l'amélioration (f), *improvement*

l'année scolaire, *school year*
attacher les ceintures, *to fasten the safety belts*
atterrir, *to land*
l'atterrissage (m), *landing*
l'auberge (f) de jeunesse, *youth hostel*
l'autocar (m), *bus, motor coach*
l'avenir (m), *future*

216

l'avion (m), *aeroplane*
avion à réaction, *jet aircraft*
avion supersonique, *supersonic aircraft*
la balance des comptes, *balance of payments*
le bâtiment, *building*
la caravane, *caravan*
le caravaning, *caravanning*
la ceinture de sécurité, *safety belt*
la chapelle, *chapel*
le chiffre, *figure, number*
le citadin, *citizen*
le client, *customer, client*
le club de campeurs, *campers' club*
club de vacances, *holiday club*
la commande, *order*
commode, *convenient*
la compagnie aérienne, *air company*
compenser, *to compensate*
comporter, *to comprise*
comprendre, *to comprise, include*
se concentrer (sur), *to concentrate (on)*
la concurrence, *competition*
le confort, *comfort*
confortable, *comfortable*
les congés payés (mpl), *holidays with pay*
le courrier, *mail*
le coût, *cost*
le crédit hôtelier, *hotel credit*
créér, *to create*
croissant, *increasing*
la date de départ, *departure date*
date d'arrivée, *arrival date*
débarquer, *to disembark (passengers)*
le décalage, *staggering (of holiday period)*
décharger, *to unload*
le décollage, *take-off (of plane)*
décoller, *to take off (of plane)*
décupler, *to increase, multiply tenfold*
dépasser, *to exceed*
la dépense, *expense, expenditure*

le déplacement, *travelling, moving*
développer, *to develop*
les devises étrangères, *foreign currency*
disposer, *to have available*
douter, *to doubt*
s'efforcer de, *to strive, to do one's utmost*
embarquer, *to embark*
entrer en contact avec, *to get into contact with*
l'envoi (m), *dispatch, forwarding*
l'équipage (m), *crew*
l'équipement hôtelier, *hotel equipment*
l'estivant (m), *summer visitor*
étaler les vacances, *to spread holiday period*
éviter, *to avoid*
le fabricant, *manufacturer*
la file, *queue*
le fonctionnement, *functioning*
fourmillant, *swarming (with people)*
les frais (mpl), *expenses*
frais de logement, *accommodation expenses*
fréquenté, *frequently visited*
le fret aérien, *air freight*
la frontière, *frontier*
la gestion, *management, administration*
la hardiesse, *boldness, daring*
l'hôtel classé, *classified hotel*
hôtel non classé, *non-classified hotel*
hôtel de tourisme, *tourist hotel*
l'hôtesse de l'air, *air hostess*
l'industrie hôtelière, *hotel industry*
l'ingénieur (m), *engineer*
l'invention (f), *invention*
la jeunesse, *youth*
jouir de, *to enjoy*
la liaison commerciale, *trade connection*
la ligne aérienne, *air-line*
la livraison, *delivery*
le logis, *lodgings, hostelry*
la maison meublée, *furnished house*
malgré, *in spite of*

la modernisation, *modernization*
moderniser, *to modernize*
mondial, *world-wide*
monter à bord, *to go on board*
le moyen de transport, *means of transport*
la moyenne, *average*
  en moyenne, *on average*
les moyens (*mpl*), *means (financial)*
le niveau de vie, *standard of living*
l'ordinateur (*m*), *computer*
le passeport, *passport*
perfectionné, *perfected*
le personnel, *staff*
la piste, *runway*
  piste de décollage, *take-off runway*
pittoresque, *picturesque*
la plage, *beach*
le pli, *letter, note*
poser un problème, *to pose a problem*
le prix de revient, *cost price*
le problème de logement, *accommodation problem*
  problème d'équipement sanitaire, *sanitation problem*
  problème de ravitaillement, *problem of supply of provisions*
  problème de transport, *transport problem*
profiter de, *to take advantage of*
le progrès, *progress*
propre, *clean*
ralentir, *to slow down*
la rapidité, *swiftness*
par rapport à, *with regard to*
les renseignements (*mpl*), *information*

répartir, *to distribute, divide*
la réservation, *reservation*
réserver, *to reserve*
résoudre un problème, *to solve a problem*
restauré, *restored*
les revenus (*mpl*), *income*
  revenus limités, *limited income*
le risque, *risk*
satisfaire, *to satisfy*
la sécurité, *safety*
le sol, *ground*
le son, *sound*
souhaiter, *to wish*
supérieur, *higher*
supprimer, *to suppress*
le tarif, *price, tariff, scale of charges*
le terrain, *ground, site*
  terrain de camping, *camping ground, site*
la terrasse (de l'aéroport), *public observation deck (at airport)*
tirer parti de quelque chose, *to turn something to account*
la tour de contrôle, *control tower*
le tourisme, *tourism*
le touriste, *tourist*
le trajet, *journey, flight*
le transport aérien, *air transport*
utiliser, *to use*
le vacancier, *holiday-maker*
vérifier, *to check, verify*
la ville d'eau, *spa*
la vitesse, *speed*
voler, *to fly*
voyager en avion, *to travel by plane*

Grammatical Index